Inkscape

Sirko Kemter

Inkscape

Umfassendes Handbuch mit großem Praxisteil

mitp

Bibliografische Information der Deutschen Bibliothek
Die Deutsche Bibliothek verzeichnet diese Publikation
in der Deutschen Nationalbibliografie;
detaillierte bibliografische Daten sind im
Internet über *http://dnb.d-nb.de* abrufbar.

ISBN 978-3-8266-9034-1
1. Auflage 2013

www.mitp.de

E-Mail: kundenbetreuung@hjr-verlag.de

Telefon: +49 6221 / 489 -555
Telefax: +49 6221 / 489 -410

© 2013 mitp, eine Marke der Verlagsgruppe Hüthig Jehle Rehm GmbH Heidelberg, München, Landsberg,
Frechen, Hamburg

Lektorat: Miriam Robels
Sprachkorrektorat: Frauke Wilkens
Coverbild: Sirko Kemter
Satz: III-Satz, Husby, www.drei-satz.de
Druck: Kessler Druck + Medien, Bobingen

Inhalt

Kapitel 11 WEITERE WERKZEUGE UND OPTIONEN

Kapitel 12 PRAXIS

Kapitel

1

Grundlagen

1.1　Was sind Vektorgrafiken?

Wenn es darum geht zu erklären, was eine Vektorgrafik ist, muss zunächst das Gegenmodell – die Rastergrafik – vorgestellt werden.

Bei einer *Rastergrafik* ist die Grafik in ein rasterförmiges Gitter eingeteilt. Den Inhalt eines einzelnen Feldes dieses Rasters nennt man Bildpunkt oder auch *Pixel*. Diese Pixel haben jeweils einen Farbwert, der bei der Darstellung ausgegeben wird. Bei einer pixelorientierten Grafik werden die Größe eines Rasters, die Farbtiefe des Bildes und die Werte des jeweiligen Bildpunkts gespeichert. Der Rechenaufwand zur Wiedergabe einer Rastergrafik ist gering, weshalb dieses Format weite Verbreitung in der Welt der Computer gefunden hat. Der Nachteil einer Rastergrafik liegt aber auf der Hand: Das Raster hat eine festgeschriebene Größe für den einzelnen Bildpunkt. Verdoppelt man zum Beispiel die Bildgröße, wird die wiedergegebene Fläche viermal so groß wie im Original. Die geometrische Form wird nur noch annähernd wiedergegeben, der Treppeneffekt und unter Umständen auch der Aliaseffekt kommen dann zum Vorschein. *Treppeneffekt* nennt man das stufenförmige Erscheinungsbild an den Kanten einer solchen Grafik, während der *Aliaseffekt* durch fehlerhafte Signalverarbeitung Muster im Bild erzeugt, die dort eigentlich nicht vorhanden sind. Der Vorteil von Rastergrafiken ist also die weniger rechenintensive Wiedergabe, der Nachteil besteht in der geringen Skalierbarkeit.

Abbildung 1.1
Vergleich
Rastergrafik (oben)
und Vektorgrafik (unten)

Was im Gegensatz dazu ist nun eine *Vektorgrafik*? Vektoren sind im mathematischen/geometrischen Sinn die Verbindungen zwischen zwei Punkten im Raum. Um also eine Linie im Vektorformat zu speichern, sind nur der Anfangs- und der Endpunkt in einem Koordinatensystem sowie die Stärke und die Farbe der Linie zu speichern. (In Inkscape werden diese Punkte später Knoten genannt.) Bei einer Skalierung wird dann nur die Größe des Koordinatengitters vergrößert, die

Punkte selbst behalten mathematisch gesehen die gleiche Größe, nur für uns erscheint die Grafik optisch größer.

Um einen Kreis in einer Vektorgrafik zu beschreiben, brauchen Sie also nur anzugeben, dass es sich um die geometrische Form eines Kreises handelt, und den Mittelpunkt im Koordinatensystem sowie den zweiten Punkt, der den Start- und Endpunkt für den Umfang bildet, zu definieren. Dann werden noch die Linienstärke des Umfangs und die Füllfarbe des Kreises gespeichert.

Für eine Wiedergabe des Bildes wird die Vektorgrafik in eine Rastergrafik gerendert. Bei Inkscape geschieht dies in Echtzeit, und das kostet natürlich Rechenzeit. Diese Tatsache sollten Sie im Hinterkopf behalten.

1.2 Das Format SVG

SVG steht für *Scalable Vector Graphics* – zu Deutsch skalierbare Vektorgrafik – und ist ein empfohlener Standard des World Wide Web Consortium (W3C) zur Beschreibung zweidimensionaler Vektorgrafiken, der von Inkscape benutzt wird.

Abbildung 1.2
Das Logo von SVG
und des W3C

Dieser Standard wurde erstmals im September 2001 veröffentlicht und basiert auf der Auszeichnungssprache Extensible Markup Language (XML). Mittlerweile hat SVG die Versionsnummer 1.1 erreicht und nahezu jeder moderne Browser ist in der Lage, dieses Format zu rendern.

Eine SVG-Datei ist wie im Folgenden erläutert aufgebaut. Sie beginnt mit der Dokumenttypdefinition (Document Type Definition (DTD)), auch kurz Doctype genannt:

```
<?xml version="1.0" encoding="UTF-8"?> <!DOCTYPE svg PUBLIC "-//W3C//DTD SVG 1.1//EN"
"http://www.w3.org/Graphics/SVG/1.1/DTD/svg11.dtd">
```

Dann folgt das öffnende Tag <svg>, das Informationen zu den Namensräumen und Größenangaben enthält:

```
<svg xmlns="http://www.w3.org/2000/svg" xmlns:xlink="http://www.w3.org/1999/xlink"
xmlns:ev="http://www.w3.org/2001/xml-events" version="1.1" baseProfile="full"
width="600mm" height="600mm">
```

Die Angabe hinter baseProfile kennzeichnet, welches SVG-Profil verwendet werden soll. Hier gibt es drei verschiedene Optionen: tiny, basic und full. Die ersten beiden sind für mobile Geräte gedacht und haben einen geringeren Umfang an Elementen. Bei Inkscape kommt aber meist full zum Einsatz und zusätzlich die Namensräume von Sodipodi und die von Inkscape selbst.

Das Dokument wird mit </svg> geschlossen. Dazwischen befinden sich die entsprechenden Tags, die die Grafik beschreiben. Zuerst werden die grafischen Elemente angeben. Das können sein:

- <circle /> für einen Kreis
- <ellipse /> für eine Ellipse
- <rect /> für Rechtecke und Quadrate
- <polygon /> für Vielecke
- <path /> für einen Pfad
- <line /> für eine einfache gerade Strecke
- <polyline /> für eine Linie mit verschiedenen Punkten

Darüber hinaus gibt es:

- <text /> für die Einbettung von Textelementen
- <image /> für das Einbetten von Rastergrafiken

Für die Angabe der jeweiligen Punkte wird ein Koordinatensystem benötigt. Der wesentliche Unterschied ist hier, dass im Koordinatensystem einer Rastergrafik nur ganzzahlige Abstände möglich sind, während dies im Koordinatensystem einer Vektorgrafik auch Gleitkommazahlen sein können. Am Ende ist aber das Koordinatensystem dimensionslos.

Der zweite wesentliche Unterschied beim Koordinatensystem ist, dass bei einer Rastergrafik immer die Felder links oben beginnen und rechts unten enden.

Abbildung 1.3
Vergleich des Koordinatensystems von Rastergrafik und Vektorgrafik

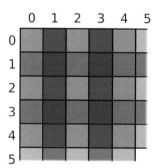
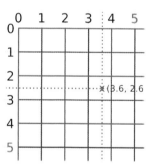

Beim Koordinatensystem einer Vektorgrafik gibt es eine x- und eine y-Achse. Abhängig vom grafischen Element kann so das Bild beschrieben werden. Bei einem Kreis sähe das zum Beispiel so aus:

```
<circle cx ="40" cy ="40" r ="20" />
```

wobei cx für die horizontale Position, cy für die vertikale Position des Mittelpunkts und r für den Radius stehen.

Für eine einfache Gerade sähe das Beispiel dann so aus:

```
<line x1="5" y1="5" x2="200" y2="100" />
```

Hier stehen x1 und y1 für den Startpunkt sowie x2 und y2 für den Endpunkt der Geraden. Für jedes grafische Element gibt es eigene Angaben im Tag; so kann ein Rechteck zum Beispiel auch abgerundete Ecken haben.

Um den Ausflug in den Aufbau von SVG-Dateien abzuschließen, möchte ich noch einen Blick auf Füllungen werfen. Es gibt zwei Attribute von Objekten, denen Füllungen zugewiesen werden können: stroke und fill.

stroke bezieht sich auf die Umrandung und fill auf die eigentliche Füllung des Objekts. Der Umriss kann neben durchgezogenen Linien auch aus gepunkteten und gestrichelten Linien oder Ähnlichem bestehen. Für die Füllung können derzeit Farben, Muster und Farbverläufe – linear oder radial – verwendet werden.

Die Version des aktuellen Standards 1.1 von SVG ist bereits mehrfach erweitert worden. So ist zum Beispiel Unschärfe über Filter für Objekte hinzugekommen. Vor der Erweiterung wurden Schatten durch eine große Anzahl von Objekten mit verschiedenen Farbabstufungen dargestellt. Wie gesagt, der Standard wird ständig weiterentwickelt und so ist die nächste Version bereits beschlossene Sache und wird zum Beispiel Farbverläufe in Form eines Gitters enthalten. Die Inkscape-Entwickler arbeiten bereits an der Integration dieser neuen Features des Standards.

Das soll es mit dem kurzen Ausflug in den Aufbau eines SVG-Dokuments aber schon gewesen sein. Wenn Sie mehr zu SVG wissen möchten, finden Sie im Internet bei SelfSVG (http://www.selfsvg.info/) und natürlich auf den Seiten des W3C (http://www.w3.org/TR/SVG/), die den Standard SVG beschreiben, weitere Informationen.

Wichtig

Hier alle Tags einzeln vorzustellen, würde den Rahmen des Buches sprengen. Wenn Sie sich bei der Arbeit mit diesem Buch hin und wieder im XML-Editor den Code ansehen, werden Sie die Tags schnell kennenlernen.

1.3 Über Inkscape

Die erste Version von Inkscape erschien im Jahr 2003. Seitdem hat sich dieses Programm zum wohl meistgenutzten Vektoreditor in der Open-Source-Welt gemausert und hat alle Alternativen weit hinter sich gelassen.

INKSCAPE

Abbildung 1.4
Logo und Slogan von Inkscape

Aber die Entstehungsgeschichte von Inkscape reicht noch weiter zurück. Raph Levien begann 1999 ein Programm zu schreiben, das den SVG-Standard des W3C für Vektorgrafiken nutzte. Das Programm hieß Gill (GNOME Illustrator Application) und war nach dem englischen Schriftdesigner Eric Gill benannt. Schon ein Jahr später wurde die Fortführung der Arbeit an diesem Programm eingestellt. Trotzdem gab es auch weiterhin einen SVG-Vektoreditor im Open-Source-Bereich, da es bereits einen Fork von Gill gab. Als *Fork* wird in der Open-Source-Welt eine Abzweigung vom eigentlichen Code bezeichnet. Dieser Fork mit dem Namen Sodipodi wurde hauptsächlich von Lauris Kaplinski entwickelt und die Benutzeroberfläche ähnelte dem Design von GIMP. Das hauptsächliche Augenmerk der Sodipodi-Entwickler lag auf der Schaffung eines Werkzeugs zur grafischen Gestaltung mit möglichst viel Freiheit.

Im Jahr 2003 kam es dann zu Differenzen im Sodipodi-Projekt über die Benutzeroberfläche und die möglichst exakte Implementierung des SVG-Standards. Wie in der Open-Source-Welt üblich, führen derartige Differenzen zu einem Fork des Projekts und so gründeten die Sodipodi-Entwickler Ted Gould, Bryce Harrington, Nathan Hurst und »MenTaLguY« das Inkscape-Projekt. Die erste Version erschien im Oktober 2003 und ähnelte der Version 0.32 von Sodipodi. Seitdem hat sich allerdings viel getan; es gab einen Wechsel von C auf C++ und auf gtkmm und die Benutzeroberfläche wurde komplett überarbeitet.

Seit der Gründung von Inkscape hat sich das Programm beständig weiterentwickelt, aber nicht nur das. Angeregt durch eine kleine Sammlung von Grafiken, die zumeist Fahnen enthielt und mit der Sodipodi begonnen hatte, wurde ein ähnliches Projekt ins Leben gerufen. John Phillips und Bryce Harrington gründeten die Open Clip Art Library (http://openclipart.org). Diese hat es sich zur Aufgabe gemacht, Cliparts zu sammeln, die nicht nur im freien Vektorformat vorliegen, sondern auch in der Verwendung frei sind. Heute haben über 500 Grafiker zu dieser Bibliothek beigetragen, und eine Im- und Exportfunktion in Inkscape sorgt für einen beständigen weiteren Ausbau der Library.

Abbildung 1.5
Die Webseite des Inkscape-Projekts

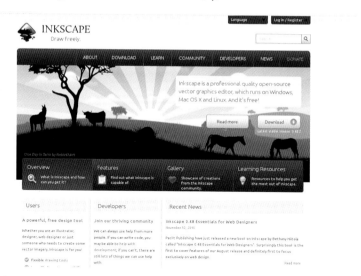

Von Anfang an beteiligten sich die Inkscape-Entwickler auch stark am Libre Graphics Meeting. Dem Austausch auf diesem Treffen verdanken Inkscape und Scribus unter anderem den Uniconvertor, mit dem sich die Vektordateien aus CorelDRAW und auch WMF-Dateien in SVG konvertieren lassen.

Weitere Entwicklungen zeichnen sich bereits ab, so zum Beispiel das Unified Plugin API, mit dem es möglich sein wird, applikationsübergreifend Plugins zu nutzen, Swatches als universelles Format für Farbpaletten inklusive eines Open-Color-Standards und ein applikationsübergreifendes Tagging für Ressourcen.

1.4 Community

Inkscape ist ein offenes Softwareprojekt, das als Freizeitprojekt von Entwicklern rund um die Welt geschrieben wird. Deshalb gibt es auch keinen professionellen Support für Inkscape. Das heißt aber nicht, dass keine Hilfe zur Verfügung steht. Es gibt jede Menge Seiten im Internet, auf denen Sie Informationen und Hilfe bei Problemen mit Inkscape finden können.

Es gibt zum einen sehr gute Foren; ein deutschsprachiges Forum ist unter http://www.inkscape-forum.de zu finden. Dort können Sie Ihre Arbeiten vorstellen, sich Tipps holen und konkrete Fragen zu Problemen stellen. Ein weiteres, allerdings englischsprachiges Forum ist unter http://www.inkscapeforum.com zu finden. Auch dort können Sie sich Hilfe holen; in diesem Forum sind außerdem die Inkscape-Entwickler anzutreffen.

Abbildung 1.6
Das deutschsprachige Inkscape-Forum

Eine weitere Möglichkeit, Hilfe zu erhalten, ist der Internet Relay Chat. Die Kanäle von Inkscape befinden sich auf den Servern von freenode.net. Es gibt dort einen deutschsprachigen Kanal #inkscape.de, in dem aber wenig Betrieb ist. Der eigentliche Projektkanal ist #inkscape. Im Gegensatz zu den sonstigen Gepflogenheiten haben die Inkscape-Entwickler nichts dagegen, wenn dort auch Handhabungsfragen geklärt werden. Allerdings ist dieser Kanal englischsprachig. Es spricht aber nichts dagegen, sich zu erkundigen, ob jemand Deutsch spricht. Für den englischsprachigen Kanal ist eine Registrierung bei freenode erforderlich, anderenfalls kann man zwar dem Kanal beitreten, bekommt jedoch vom Server kein Rederecht.

Hilfe finden Sie auch in anderen Kanälen. Es spricht nichts dagegen, in den Kanälen der Designer im Open-Source-Bereich nachzufragen, zum Beispiel bei #fedora-design. In der Regel wird dort ebenfalls geholfen. Aber auch hier gilt es, Zeit mitzubringen und höflich zu bleiben. Dafür erhält man dort auch Hilfe, die über die Handhabung von Inkscape hinausgeht.

Für alle Kanäle gilt die Chatiquette und man sollte ein wenig Zeit mitbringen. Die meisten Entwickler lassen zwar IRC laufen, schauen aber nur von Zeit zu Zeit nach.

Das Inkscape-Projekt bietet auch selbst eine Dokumentation auf Basis eines Wiki an, das keinen Anspruch auf Vollständigkeit und Aktualität erhebt. Das Wiki ist unter http://wiki.inkscape.org zu finden. Es gibt auch eine Übersetzung dieses Wiki ins Deutsche; hier sind aber nicht alle Seiten aktuell. Die deutschsprachigen Seiten sind unter http://wiki.inkscape.org/wiki/index.php/Startseite zu finden. Wer sich an der Entwicklung von Inkscape beteiligen möchte, kann das jederzeit tun. Die Pflege des Wiki ist definitiv ein Ort, an dem gerne Hilfe angenommen wird.

Kapitel

2

Erste Schritte

In diesem Kapitel geht es um die Installation von Inkscape. Außerdem wird die Aufteilung des Programmfensters beschrieben und es werden die Einstellungen von Inkscape vorgestellt.

2.1 Installation von Inkscape

Die Benutzer von Windows und Mac OS finden eine stabile Version auf der dem Buch beiliegenden DVD. Linux-Nutzer sollten die Version aus den Installations-repositories ihrer Linux-Distribution benutzen.

Windows

Die letzte stabile Version von Inkscape finden Sie natürlich auf den Internetseiten des Projekts zum Download oder direkt bei SourceForge, wohin die Down-loadlinks führen. Dort gibt es auch ein Archiv mit älteren Versionen. Eine aktuelle Version finden Sie auf der dem Buch beiliegenden DVD.

Inkscape lässt sich mit nur wenigen Klicks installieren:

1. Ein Doppelklick auf `Inkscape-0.48.2-1-win32.exe` und es öffnet sich eine Abfrage, ob Sie die Software eines unbekannten Veröffentlichers installieren möchten.
2. Es öffnet sich ein Dialogfenster für die Sprachauswahl während der Installation.
3. Zunächst wird ein Begrüßungsfenster angezeigt. Ein Klick auf WEITER führt zum nächsten Schritt.
4. Die GNU General Public License (GPL) als die Lizenz für Inkscape wird angezeigt; diese muss nur zur Kenntnis genommen werden. Ein Klick auf WEITER schließt dieses Fenster.

Abbildung 2.1
Der Installations-Assistent von Inkscape Links das Begrüßungsfenster und rechts die Lizenzvereinbarung

5. Es öffnet sich das Fenster zur Komponentenauswahl. Standardmäßig werden alle Dateien, auch die Hilfeseiten, installiert und es wird eine Verknüpfung auf dem Desktop angelegt. Wer möchte, kann das entsprechend seinen Wünschen anpassen; dafür muss nur das Häkchen beim betreffenden Punkt entfernt werden.

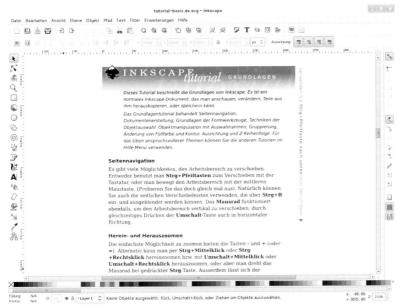

Abbildung 2.2
Das in Inkscape geöffnete
Grundlagen-Tutorial

Hilfeseiten sind in Inkscape als SVG angelegt und unter dem Menüpunkt
HILFE → EINFÜHRUNGEN zu finden. Das hat den Vorteil, dass man die verschie-
denen Funktionen gleich selbst ausprobieren kann. Allerdings umfasst diese
Einführung nicht alle Funktionen von Inkscape.

Abbildung 2.3
Die Installation von Ink-
scape. Links die Auswahl
der Komponenten und
rechts die Auswahl des
Zielverzeichnisses.

6. Es öffnet sich das Fenster zur Angabe des Zielverzeichnisses. Das hier vorge-
   schlagene Verzeichnis kann übernommen werden oder den eigenen Wünschen entsprechend angepasst werden.
7. Die eigentliche Installation wird in einem Fenster mit Fortschrittsbalken
   angezeigt.

8. Nachdem der erfolgreiche Abschluss der Installation gemeldet wurde, können Sie direkt mit Inkscape starten.

Linux

Inkscape ist bei den meisten Linux-Distributionen in den jeweiligen Standardpaketquellen bereits verfügbar und über die Systemwerkzeuge zur Paketinstallation einfach installierbar. Deshalb gibt es auf den Seiten von Inkscape auch keine Binärpakete für die Linux-Distribution, sondern nur die Quellpakete zum Kompilieren.

Der Einfachheit halber sind hier nur die Kommandozeilenbefehle für die jeweilige Distribution genannt, da sich die grafischen Oberflächen zur Paketverwaltung stark unterscheiden. Dafür öffnen Sie ein Terminal und setzen mit root-Rechten die unten genannten Befehle ab.

Haben Sie bei der Installation der openSUSE-Distribution die GNOME-Desktopumgebung ausgewählt, ist Inkscape bereits installiert. Ebenso sind alle Python-Anwendungen, die Sie benötigen könnten, sowie der Import von GIMP-Dateien und die entsprechenden Sprachpakete installiert. Falls Sie die KDE-Desktopumgebung installiert haben, können Sie Inkscape ganz einfach mit Zypper nachinstallieren.

```
zypper install inkscape inkscape-lang inkscape-extensions-extras (inkscape-extensions-
gimp,inkscape-extensions-dia,inkscape-extensions-fig, inkscape-extensions-skencil)
```

Die Extensions werden nur benötigt, wenn Sie Dateien der entsprechenden Programme in Inkscape importieren möchten. Beim Paket inkscape-extensions-extras handelt es sich um die standardmäßig in Inkscape enthaltenen Erweiterungen.

Die Installation unter Ubuntu und Debian gestaltet sich ebenso einfach. Wenn Sie das Derivat Kubuntu verwenden, kommt hier noch das Paket language-pack-de hinzu.

```
sudo apt-get install inkscape
```

Auch Fedora bietet die Installation von Inkscape in den Standardrepositories an und lässt sich ganz einfach mit dem entsprechenden Werkzeug installieren.

```
yum install inkscape
```

Mac OS X

Für die Installation unter Mac OS X wird zuerst die Installation von X11 benötigt. Den X-Server finden Sie auf den Installationsmedien zu Mac OS X.

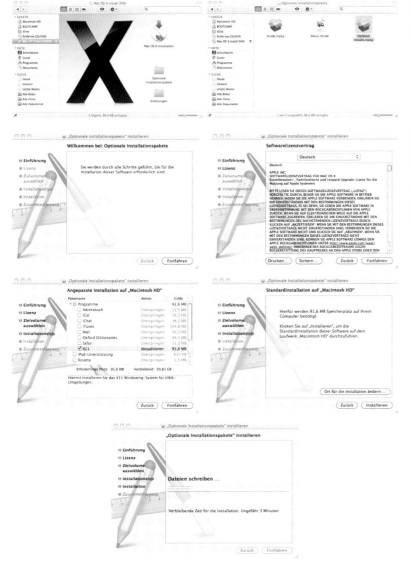

Abbildung 2.5
Der benötigte X-Server ist unter OPTIONALE INSTALLATIONSPAKETE zu finden.

Abbildung 2.6
Die Installation von X11 unter MacOS: links oben die Auswahl von X11, daneben die Lizenzvereinbarung, unten wird X11 installiert.

Nach der Installation von X11 laden Sie die unter http://inkscape.org für OS X bereitgestellte dmg-Datei herunter. Der Installationsprozess beginnt automatisch.

23

Abbildung 2.7
Die Installation von Ink-
scape unter MacOS: die
Anwendung wird nach
dem Download sofort
installiert.

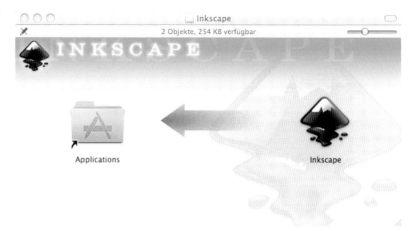

Vorsicht

Denken Sie daran: Ent-
wicklerversionen müs-
sen nicht stabil laufen
und eignen sich nicht
für den Produktivein-
satz im täglichen
Gebrauch!

Da Inkscape freie Software ist, vollzieht sich die Entwicklung komplett offen. Sie
können auch jederzeit den Entwicklungsstand aus dem Versionskontrollsystem
auschecken und selbst übersetzen. So können Sie immer den Entwicklungsstand
testen. Die Inkscape-Entwickler stellen aber auch in der Downloadsektion der
Inkscape-Webseiten sogenannte »Nightly Builds« für Windows und Mac zur Verfügung. Durch die Installation solcher Builds können Sie sich einen Überblick ver-
schaffen, welche Veränderungen Inkscape in der nächsten Version aufzeigen wird.

2.2 Einführung in Inkscape

Wichtig

Unter Ubuntu unter-
scheidet sich die
Ansicht beim ersten
Start ein wenig. Die
Macher dieser Distri-
bution hatten den Ein-
fall, eine benutzerdefi-
nierte Ansicht von
Inkscape als Standard
einzurichten. Die Kom-
mandoleiste wird des-
halb am rechten Rand
angezeigt. Das lässt
sich einfach und
schnell zurücksetzen:
Im Menü ANSICHT stel-
len Sie die betreffende
Option von BENUTZER-
DEFINIERT auf VORGABE
um.

Die Benutzeroberfläche von Inkscape vermittelt einen übersichtlichen Eindruck;
die meisten Einstellungen beispielsweise für Werkzeuge werden nur dann angezeigt, wenn sie benötigt werden. Für sehr viele Einstellungen gibt es auch Dialogfenster. Fast alle Befehle sind über Tastaturkurzbefehle erreichbar. Die folgende Abbildung zeigt, wie die Oberfläche von Inkscape eingeteilt ist und wie
die einzelnen Leisten benannt sind.

1. Menüleiste
2. Kommandoleiste
3. Werkzeugkontrollleiste/-einstellungsleiste mit der Anzeige der Einstellungen für das aktuell gewählte Werkzeug
4. Zeichencanvas
5. Werkzeugleiste
6. Einrasten-Kontrollleiste
7. Schnelleinstellung für Füllung und Kontur
8. Schnelleinstellung für die Ebenen
9. kontextsensitive Hilfe
10. Farbpalette
11. Kurzangaben zu Zoom und Orientierung
12. Schalter für das Farbmanagement
13. Schalter für die Paletteneinstellungen

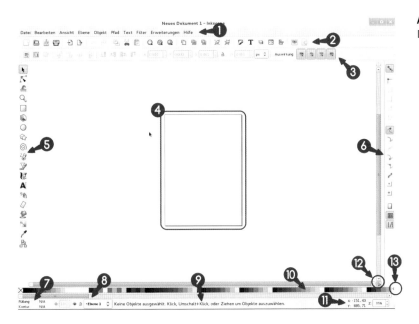

Abbildung 2.8
Der Aufbau von Inkscape

2.3 Inkscape-Einstellungen

Bei Inkscape haben Sie wie bei fast allen Programmen die Möglichkeit, Einstellungen auszuwählen. Ein Klick auf das entsprechende Icon ◆ in der Kommandoleiste reicht oder Sie öffnen den entsprechenden Dialog über Datei → Inkscape-Einstellungen. Der Tastaturkurzbefehl zum Öffnen des Einstellungsdialogs ist ⇧ + Strg + P .

Abbildung 2.9
Der Einstellungsdialog
von Inkscape

In diesem Einstellungsdialog können die meisten Standardeinstellungen für die Werkzeuge und das Verhalten von Inkscape geändert werden. Gespeichert werden diese Einstellungen unter ~/.config/inkscape/preferences.xml. Unter Windows ist diese Datei unter %userprofile%\Application Data\Inkscape\ zu finden.

Die meisten der Standardeinstellungen sind so gewählt, dass Sie damit ohne Probleme arbeiten können. Die einzige Einstellung, die ich verändere, ist unter _SPEICHERN zu finden. Dort schalte ich das automatische Zwischenspeichern ein und gebe ein Verzeichnis sowie die Anzahl für die Sicherungskopien an. Das sollten Sie auch tun. Falls Inkscape abstürzt, versucht das Programm zwar zu speichern; das ist aber nicht immer möglich. Wenn Sie das automatische Zwischenspeichern aktivieren, ist der Schaden nicht allzu groß, sollte das Programm abstürzen.

Wichtig

Umsteiger von anderen Grafikprogrammen können die Tastenkombinationen auf die ihres gewohnten Programms setzen. Dafür liegen im oben genannten Pfad im Ordner keys vorbereitete XML-Dateien für ACD Systems Canvas (acd-canvas.xml), CorelDRAW (corel-draw-x4.xml), Freehand (macromedia-freehand-mx.xml), Illustrator (adobe-illustrator-cs2.xml), Xara (xara.xml) und Zoner Draw (zoner-draw.xml). Die Datei right-handed-illustration.xml enthält eine Konfiguration, deren Tastenkombinationen überwiegend mit der linken Hand erreichbar sind und die sich hervorragend zum Einsatz mit einem Grafiktablett eignet. Um diese Konfiguration zu benutzen, muss die entsprechende Datei nur in defaults.xml umbenannt werden. Unter Linux finden Sie diese Dateien unter /user/share/inkscape/keys; hier muss die entsprechende Datei nur nach ~/.config/inkscape/keys/ verschoben werden.

2.4 Dokumenteneinstellungen

Beim Start von Inkscape wird automatisch ein Dokument mit den Standardeinstellungen geöffnet. Der Standard ist ein Hochformat-A4-Dokument mit weißem Hintergrund und voller Transparenz, der Seitenrand ist eingeschaltet, ebenso dessen Schatten. Der Tastaturkurzbefehl für ein solches Standarddokument ist Strg + N . Diese Einstellungen werden auch im Dokument gespeichert.

Der Dialog mit den Seiteneinstellungen öffnet sich entweder nach einem Klick auf das Icon in der Kommandoleiste oder über den Menübefehl DATEI → DOKUMENTENEINSTELLUNGEN; der Tastaturkurzbefehl für diesen Dialog ist ⇧ + Strg + D .

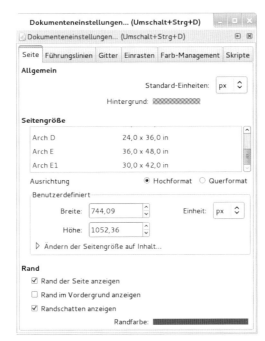

Dokumenteneinstellungen... (Umschalt+Strg+D)

Abbildung 2.10
Dialogfenster für
die Dokumenten-
einstellungen

Im Einstellungsdialog können Sie verschiedene Dinge festlegen, die für das Dokument gelten. Führungslinien und Gitter werden vom Browser nicht gerendert, aber beim Öffnen des Dokuments mit einem SVG-Editor angezeigt. Auf diese Weise können Sie Hilfslinien für Druckränder und Ähnliches anzeigen lassen. Unter SEITENGRÖSSE können Sie zwischen verschiedenen Standardgrößen wählen oder die entsprechende Größe selbst eingeben.

Des Weiteren ist es möglich, ein Farbprofil für das Dokument anzugeben. Diese Einstellungen werden im SVG-Dokument gespeichert, gehen allerdings beim Exportieren verloren. Im letzten Reiter können Sie Skripte mit dem Dokument verknüpfen; auf diese Weise ist es zum Beispiel möglich, das SVG zu animieren.

Vorsicht

Unter DATEI → NEU finden Sie auch weitere Templates mit vorgefertigten Dokumenteneinstellungen.

2.5 Dokument-Metadaten

Für das Dokument können verschiedene Metadaten, wie Titel, Name des Autors, Ursprung, Datum und Uhrzeit sowie Lizenz, angegeben werden. Diese Daten werden auch in exportierten Rastergrafiken gespeichert, sofern das entsprechende Feld für die Daten in der Rastergrafik existiert. Den Dialog für die Eingabe der Metadaten rufen Sie mit DATEI → DOKUMENT-METADATEN auf.

Ab der Version 0.49 befinden sich die Felder für die Meta-Daten und die Auswahl der Lizenz und Nutzungsbedingungen direkt in den Einstellungen für das Dokument. Der Menüeintrag ist daher nicht mehr vorhanden.

Abbildung 2.11
Dialogfenster für die
Metadaten eines
Dokuments

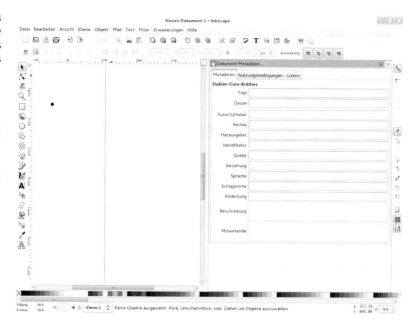

Wichtig

Um generell diese Metadaten in allen Dokumenten zu haben, können Sie die Templates unter /usr/share/templates bzw. ~/.config/inkscape/templates/ anpassen oder ein eigenes Verzeichnis anlegen. Bei Windows sind diese Templates unter %userprofile%\Application Data\Inkscape\ zu finden.

2.6 Öffnen und Speichern von Dokumenten sowie Importieren und Exportieren

Inkscape kann eine ganze Reihe von Grafikformaten öffnen, und erstellte Grafiken können in verschiedenen Formaten abgespeichert werden. Eine Reihe von Importfunktionen hängen auch von dem in Kapitel 1 erwähnten Uniconvertor ab; bei Windows-Versionen wird dieser mit installiert, bei den Versionen für Mac OS hingegen nicht. Die Installation des Uniconvertors ist bei diesem Betriebssystem auch nicht trivial.

Die entsprechenden Funktionen für Im- und Export sind über das Menü DATEI zu erreichen. Natürlich gibt es auch hier entsprechende Tastenkombinationen:

- Strg + N legt ein neues Dokument mit der Standardeinstellung (A4, Hochformat) an.
- Strg + O öffnet das Dialogfenster zum Öffnen einer Datei.

Inkscape ist natürlich auch in der Lage, Bitmapgrafiken zu öffnen. Beim Importieren und Öffnen von Bitmaps, öffnet sich ein Dialogfenster mit der Abfrage, ob diese Grafik in das Dokument eingebettet oder mit diesem verknüpft werden soll. Bei Ersterem wird das komplette Bild in das SVG-Dokument als Base64-Code eingebettet, während beim Verknüpfen nur der Pfad zum Bild gespeichert wird. Wollen Sie in letzterem Fall das Dokument weitergeben, müssen Sie diese Grafik ebenfalls mitgeben und der Empfänger muss den Pfad zum Speicherort anpassen.

Abbildung 2.12
Das Dialogfenster für den Import bzw. das Öffnen von Rastergrafiken

Hier ein Beispiel für ein eingebettetes Bild; die Codezeilen des Base64-Codes wurden gekürzt, sie sind eigentlich um ein Vielfaches länger:

```
<image
    y="0"
    x="0"
    id="image3047"
    xlink:href="data:image/
png;base64,iVBORw0KGgoAAAANSUhEUgAADAQAAAc4CAYAAAAV9PXhAAAABHNCSVQICAgIfAhkiAAAAAlwS
FlzAAuIwAALiMBeKU/
dgAAAB10RVh0U29mdHdhcmUAd3d3Lmlua3NjYXBlLm9yZ5vuPBoAACAASURBVHic7N3LjyRJeiB2M4/
MevRzpufBoYZDkQKX3F2JWEKARAESIN100mkP+1f0........."
    height="1848"
    width=6" "307/>
```

Das Bild in Form einer Verknüpfung:

```
<image
    width="3076"
    height="1848"
    xlink:href="Hier steht der Pfad zum Bild"
    id="image3047"
    x="0"
    y="0" />
```

Es geht aber auch wesentlich angenehmer. Sollten nicht alle Bitmapgrafiken in das Dokument eingebettet sein, hat Inkscape hierfür eine Funktion. Diese ist unter ERWEITERUNGEN → BILDER → ALLE BILDER EINBETTEN zu finden. Um die Bilder wieder zu extrahieren, gibt es ebenfalls eine Funktion. Dafür muss das entsprechende Bild ausgewählt sein. Rufen Sie dann die Funktion unter ERWEITERUNGEN → BILDER → EIN BILD EXTRAHIEREN auf. Es öffnet sich ein kleiner Dialog, in dem Sie den Speicherort für dieses Bild angeben können.

Wichtig

Benutzen Sie beim Speichern in Fremdformate, also nicht SVG, immer die Methode SPEICHERN ALS KOPIE. Es kann sonst zu Problemen beim Arbeiten in der aktuellen Datei kommen.

Vorsicht

Inkscape kann zwar eine Reihe von pixelorientierten Grafiken importieren, der SVG-Standard sieht aber nur die Unterstützung von PNG und JPG vor. Es kann also sein, dass andere Programme andere Dateiformate dann nicht vernünftig rendern.

Verknüpfte Grafiken lassen sich auch extern bearbeiten. Wenn Sie mit der rechten Maustaste auf die betreffende Grafik klicken, öffnet sich ein Kontextmenü, in dem Sie EXTERN BEARBEITEN wählen. Das Bild wird dann mit dem für den Dateityp festgelegten Bearbeitungsprogramm geöffnet.

- Strg + S speichert das aktuelle Dokument. Wurde es noch nicht gespeichert, wird es im Arbeitsverzeichnis unter dem Namen `Zeichnung.svg` abgelegt. Ist eine entsprechende Datei bereits vorhanden, wird an den Dateinamen eine fortlaufende Ziffer angehängt.
- ⇧ + Strg + S öffnet das Dialogfenster der Option SPEICHERN UNTER. Hier können sowohl Name und Format als auch der Ablagespeicherort gewählt werden.
- ⇧ + Strg + Alt + S ruft ebenfalls das Dialogfenster der Option SPEICHERN UNTER auf. In diesem Fall wird aber nur eine Kopie des Dokuments gespeichert. Speichern Sie das Dokument wieder über Strg + S, wird diese Kopie nicht überschrieben.
- Strg + I öffnet das Dialogfenster für das Importieren von Dateien. Eine Besonderheit stellt das Öffnen und das Importieren von PostScript-Formaten (*.ps, *.eps, *.pdf usw.) dar. Hier öffnet Inkscape vor dem Import ein Dialogfenster für deren Einstellungen. Beim Importieren von SVG-Grafiken wird die Grafik als Gruppe importiert. Eventuell in der Grafik enthaltene Ebenen werden nicht mit importiert; die Objekte befinden sich dann alle auf einer Ebene.

Vorsicht

PDF-, EPS- und PS-Dateien mit darin enthaltenen Vektorgrafiken lassen sich zwar in Inkscape importieren, ihre Bearbeitung bringt jedoch oft Probleme mit sich.

PDF-Importeinstellungen
Seiteneinstellungen
Seite auswählen:
1
Beschneide zu:
Medienrahmen
Importeinstellungen
Präzision zur Annäherung an gradient meshes:
2,0
rauh
Hinweis: Die Präzision zu hoch einzustellen kann zu einem großen SVG und schlechter Performance führen.
Behandlung von Text:
Fließtext in Text umwandeln
PDF-Fonts durch namenähnlichste installierte Fonts ersetzen
Alle Bilder einbetten
Abbrechen
OK

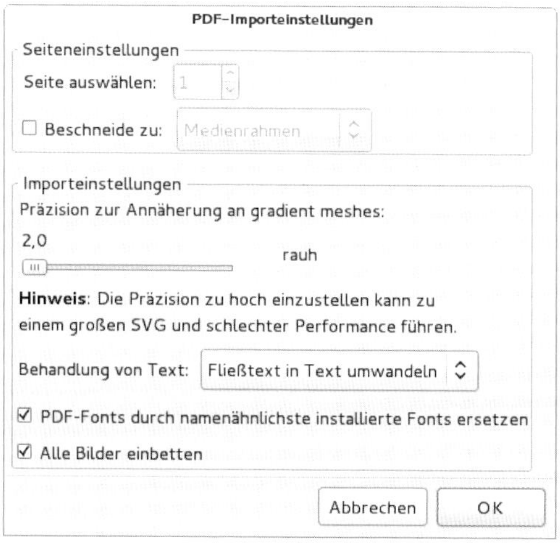

Abbildung 2.13
Der Importdialog für PDF- und PS/EPS-Dateien

- ⇧ + Strg + E zeigt das Dialogfenster für das Exportieren in das Bitmapformat PNG an.

Abbildung 2.14
Das Dialogfenster für den
Export als PNG

Nur über den Menübefehl DATEI → IMPORT AUS DER OPEN CLIP ART LIBRARY ist der Dialog für den Import für Cliparts aus eben dieser Bibliothek zu erreichen. Hier öffnet sich ein kleines Dialogfenster mit einem Suchfeld zur Eingabe eines Suchbegriffs. Entsprechende Resultate werden dann angezeigt, die auch in einem kleinen Vorschaufenster betrachtet werden können. Dieser Import ist aber aufgrund des Servers, den die Clip Art Library verwendet, sehr zäh.

Eine Exportfunktion von Zeichnungen in die Open Clip Art Library hat Inkscape derzeit nicht. In den Einstellungen von Inkscape sind die Optionen dafür aber noch vorhanden. Insgesamt ist auch die Importfunktion nicht sehr ausgereift, denn es lässt sich nur nach einzelnen Begriffen suchen.

Wichtig

Das Open-Clip-Art-Projekt freut sich über jede kleine Spende zum Erhalt des Projekts und zur Verbesserung des Service. Einen entsprechenden Link finden Sie auf den Seiten des Projekts.

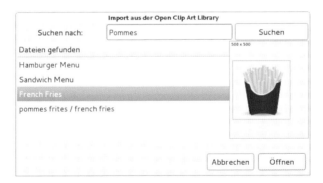

Abbildung 2.15
Das Dialogfenster für den
Import aus der Open Clip
Art Library

Inkscape verfügt noch über eine Menge mehr Funktionen für Im- und Export. So lassen sich zum Beispiel Grafiken zerschneiden und einzeln exportieren. Diese Funktion wird in Kapitel 10, »Erweiterungen« näher vorgestellt. Außerdem lassen sich mithilfe des Batchexports Objekte in einer Grafik reihenweise exportieren; das wird in Kapitel 11, »Weitere Werkzeuge und Optionen« besprochen.

2.7 Zeichenhilfsmittel

Lineale

Inkscape kann am Rand der Zeichenfläche Lineale anzeigen; standardmäßig sind diese auch eingeschaltet. Die Maßeinheit der Lineale können Sie in den Dokumenteneinstellungen bestimmen. Ein- und Ausblenden können Sie die Lineale mit dem Tastaturkurzbefehl `Strg` + `R`.

Führungslinien

In Inkscape lassen sich schnell Führungslinien einrichten, mit denen Dokumente aufgeteilt werden können und die eine optische Hilfe beim Zeichnen bieten.

Um eine Führungslinie einzublenden, klicken Sie auf eines der Lineale und ziehen mit gedrückter Maustaste auf die Zeichenfläche. Vom oberen Lineal werden waagerechte Führungslinien gezogen und vom seitlichen Lineal. Das gestaltet sich in der Praxis allerdings oft schwierig, da unter Umständen die Werkzeugleiste verschoben wird. Aus den Ecken heraus können Sie auch diagonale Führungslinien ziehen.

Standardmäßig sind Führungslinien blau. Bewegen Sie den Mauszeiger auf eine Führungslinie, wird diese rot hervorgehoben. Auf den Führungslinien befinden sich runde Anfasser; ein Doppelklick darauf öffnet das Dialogfenster für die Einstellungen der Führungslinien.

Abbildung 2.16
Die Ansicht von Inkscape mit gesetzten Hilfslinien

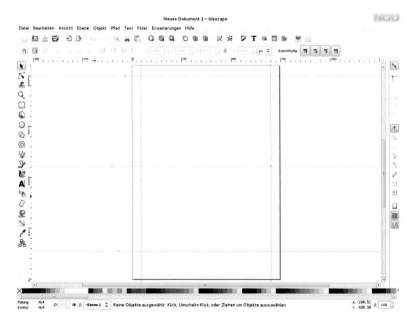

Abbildung 2.17
Das Dialogfenster für Führungslinien

Damit ist es möglich, die exakte Position und den Winkel für die Führungslinien einzugeben, aber auch Führungslinien schnell zu löschen. Die Führungslinien lassen sich bei Bedarf ab der Version 0.49 mit einem Klick auf die Lineale oder bei allen Versionen mit dem Tastaturkurzbefehl ⬚ ein- und ausblenden.

Führungslinien können auch mithilfe von Funktionen gesetzt werden. So finden Sie im Menü BEARBEITEN den Eintrag FÜHRUNGSLINIEN AN SEITENRÄNDERN, der automatisch an den Seitenrändern Führungslinien setzt. Eine weitere Möglichkeit stellt die Erweiterung FÜHRUNGSLINIEN ERSTELLEN dar, die in Kapitel 10 näher vorgestellt wird.

Führungslinien können aber auch mithilfe von Formen erstellt werden. Hierzu finden Sie im Menü OBJEKT den Eintrag OBJEKTE IN FÜHRUNGSLINIEN UMWANDELN. Bei komplexeren Formen wie Sternen oder Kreisen werden bei der Anwendung dieser Funktion Führungslinien entlang der Bounding Box gesetzt. Bei einfacheren Formen wie Rechtecken, Dreiecken oder Rhomben erscheinen sie entlang der Kanten des Objekts.

Abbildung 2.18
Mithilfe der Funktion OBJEKTE IN FÜHRUNGSLINIEN UMWANDELN gesetzte Führungslinien

Gitter

Sie können in Inkscape auch ein Gitter anzeigen lassen. Der Tastaturkurzbefehl dafür ist die #-Taste oder Sie klicken im Dialogfenster DOKUMENTENEINSTELLUNGEN unter dem Reiter GITTER auf GITTER|NEU. Standardmäßig hat das Gitter einen Linienabstand von je einem Pixel und alle fünf Pixel eine etwas dickere Linie. Die Standardfarbe des Gitters ist wie bei den Hilfslinien blau.

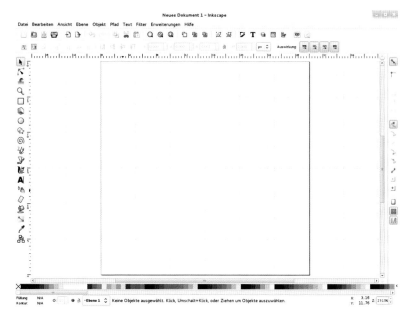

Abbildung 2.19
Die Ansicht von Inkscape
mit eingeschaltetem Gitter

Das Gitter ist das ideale Werkzeug, um exakt gerade Linien und Objekte zu zeichnen. Von Hand werden Linien zwar gerade, aber nicht exakt horizontal oder vertikal ausgerichtet. Bei normaler Auflösung ist das nicht zu erkennen. Wird aber
die Grafik skaliert, werden solche Abweichungen deutlich. Ist jedoch das Gitter
eingeschaltet und das Einrasten aktiviert, werden Linien auch wirklich gerade.

Als Hilfe für perspektivisches Zeichnen können Sie auch ein axonometrisches
Gitter einblenden lassen.

Das axonometrische Gitter besteht aus senkrechten Hilfslinien und horizontalen
Hilfslinien in einem Winkel von 30 Grad. Der Winkel der horizontalen Hilfslinien
kann in den Dokumenteneinstellungen unter dem Reiter GITTER angepasst werden.

Abbildung 2.20
Ein axonometrisches Git-
ter; darauf ein mithilfe dieses Gitters gezeichneter
3D-Würfel

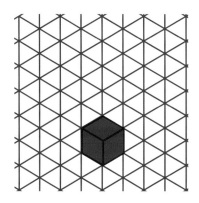

Measurement-Werkzeug

Seit der Version 0.49 verfügt Inkscape auch über ein Werkzeug zum Ausmessen von Strecken und Winkeln. Die Anwendung ist denkbar einfach: Wählen Sie das Werkzeug aus. Klicken Sie an einen Punkt im Dokument und ziehen mit gedrückter Maustaste bis zum Endpunkt. Dabei wird die Länge der Strecke in einem grauen Kästchen und der Winkel zur Horizontalen in einem grünen Kästchen angezeigt.

Abbildung 2.21
Ausmessen von Strecken und Winkeln

Anzeigemodi

Inkscape besitzt verschiedene Anzeigemodi für die Darstellung gezeichneter Objekte. Es gibt den NORMAL-Modus – das Objekt wird dargestellt wie gezeichnet –, den Modus OHNE FILTER – die Filter werden ausgeblendet – und den Modus UMRISS, in dem nur die Kanten der gezeichneten Objekte dargestellt werden. Durch den Umrissmodus können Sie an hinter einem Objekt befindliche Objekte gelangen oder auch Objekte finden, die durch eine unglückliche Einstellung nicht mehr sichtbar sind. Der Anzeigemodus OHNE FILTER spart Ressourcen bei der Arbeit in Dokumenten, die rechenintensive Filtereffekte enthalten.

Der Tastaturkurzbefehl für das Wechseln des Modus ist `Strg` + `5` oder Sie benutzen den Menüeintrag ANSICHT → ANZEIGEMODUS. Der jeweils aktive Modus wird in Klammern hinter dem Dokumentnamen angezeigt.

Abbildung 2.22
Anzeigemodi: links einige Objekte im Anzeigemodus NORMAL und daneben im Anzeigemodus UMRISS, in dem Sie auch die hinter den anderen Objekten teilweise verborgenen Elemente ganz erkennen können; rechts ein Objekt mit einem Filter und im Anzeigemodus OHNE FILTER

Ebenen und Stapel

Inkscape kann mit verschiedenen Ebenen umgehen. Beim Programmstart hat das Dokument eine Ebene mit dem Namen »Ebene 1«; diese ist im Modus NORMAL, sichtbar und die Bearbeitung ist nicht gesperrt. Die Sichtbarkeit 👁 👁 und die Sperre 🔓 🔒 können Sie im Schnellwahlmenü in der unteren Leiste von Inkscape ein- und ausschalten; dort können Sie auch zu einer anderen Ebene wechseln. Neue Ebenen legen Sie über den Ebenendialog an, den Sie über EBENE → EBENEN oder ⎇ + Strg + L öffnen.

Abbildung 2.23
Der Ebenendialog von
Inkscape

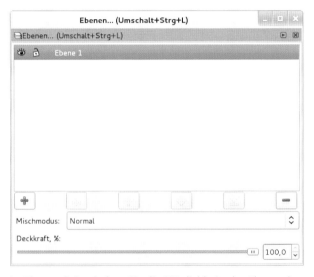

Im Ebenendialog haben Sie die Möglichkeit, der Ebene einen neuen Namen zu geben, sie für die Bearbeitung zu sperren sowie die Sichtbarkeit ein- und auszuschalten. Sowohl die Sichtbarkeit als auch die Sperrung der Ebene können auch über die Schnelleinstellung unten links in der Leiste im Inkscape-Programmfenster festgelegt werden. Hier kann außerdem zwischen den vorhandenen Ebenen umgeschaltet werden.

Neue Ebenen hinzufügen können Sie allerdings nur über den Ebenendialog; dafür klicken Sie auf das Symbol mit dem Pluszeichen. Über das Symbol mit dem Minuszeichen lässt sich eine Ebene auch wieder entfernen – bedenken Sie aber, dass dabei alle Objekte, die sich auf dieser Ebene befinden, ebenfalls gelöscht werden.

Im Ebenendialog können Sie auch die Reihenfolge der Ebenen ändern. Hier finden Sie zudem die Möglichkeit, die Deckkraft für alle auf dieser Ebene befindlichen Objekte einzustellen. Außerdem gibt es verschiedene Modi für das Mischen: NORMAL (Standard), MULTIPLIZIEREN, SCREEN, VERDUNKELN und ERHELLEN.

Abbildung 2.24
Objekte auf verschiedenen Ebenen – ganz links im Ebenenmodus NORMAL, in der Mitte im Modus MULTIPLIZIEREN und rechts im Modus SCREEN. Das Ergebnis hängt von den Farbwerten der Objekte ab.

Die Modi für das Mischen sind die Anwendung des Filters MISCHEN – FEBLEND auf alle Objekte in dieser Ebene. Das können Sie überprüfen, wenn Sie einen der Modi einstellen und den Dialog FILTER → FILTER BEARBEITEN öffnen. Die Modi werden in Kapitel 8 noch näher beschrieben.

Für die Version 0.49 von Inkscape wurde der Ebenendialog neu gestaltet. Seitdem lassen sich die Ebenen mit Drag & Drop umsortieren und auch Sub-Ebenen anlegen.

Natürlich lassen sich auch Tastenkombinationen für die Navigation zwischen den einzelnen Ebenen benutzen. Die Kombination ⎡Strg⎤ + ⎡Bild ↑⎤/ ⎡Bild ↓⎤ setzt die jeweils über bzw. unter der aktuellen Ebene befindliche Ebene aktiv. Die Tastenkombination ⎡⇧⎤ + ⎡Strg⎤ + ⎡Bild ↑⎤/⎡Bild ↓⎤ bewegt die Ebene über bzw. unter die aktuelle Ebene. Und natürlich lassen sich auch gezeichnete Objekte mithilfe einer Tastenkombination zwischen den einzelnen Ebenen verschieben. Dazu muss das entsprechende Objekt ausgewählt sein. Die Tastenkombination ⎡⇧⎤ + ⎡Bild ↑⎤/⎡Bild ↓⎤ bewegt das Objekt dann auf die nächste bzw. darunterliegende Ebene.

Inkscape arbeitet mit sogenannten Stapeln – *Z-Order* korrekt benannt. Das bedeutet, das zuletzt gezeichnete Objekt liegt über dem vorhergehenden und verdeckt dieses unter Umständen. Vergleichbar ist das mit einem gläsernen Bücherregal, die Tablare entsprechen den Ebenen, auf denen man verschiedene Dinge stapeln kann. Die Ansicht von Inkscape ist dann die Ansicht auf das Regal von oben. Um an verdeckte Objekte zu gelangen, können Sie entweder in den Anzeigemodus UMRISS wechseln oder Sie benutzen die ⎡⇆⎤-Taste, die die Objekte in der Reihenfolge des Stapels selektiert.

Zum Ändern der Stapelreihenfolge können Sie die ⎡Bild ↑⎤- und ⎡Bild ↓⎤-Tasten benutzen. Die Tasten ⎡Pos1⎤ und ⎡Ende⎤ bringen das selektierte Objekt jeweils ganz nach oben bzw. ganz nach unten im Stapel.

2.8 Navigation im Zeichenfenster

Zoomen

Um besser zeichnen zu können, ist es nötig, an bestimmte Bereiche des Bildes heranzuzoomen. Dafür gibt es in Inkscape verschiedene Möglichkeiten. Zum einen befindet sich im unteren Bereich des Programmfensters in der Schnellwahl der Zoomfaktor, den Sie entweder durch Klicken oder durch die direkte Eingabe des Wertes ändern können. Sie können auch mithilfe der Tasten ⊕ und ⊖ oder mit gedrückter Strg-Taste und dem Mausrad zoomen; oder Sie drücken schlicht die mittlere Maustaste.

Auch in der Kommandoleiste befinden sich drei Möglichkeiten für die Zoomeinstellung. Sie können hier die Auswahl in das Fenster einpassen ⊛, die Zeichnung in das Fenster einpassen ⊛ oder die Seite in das Fenster einpassen ⊛. Die Tastaturkurzbefehle dafür sind ③, ④ und ⑤.

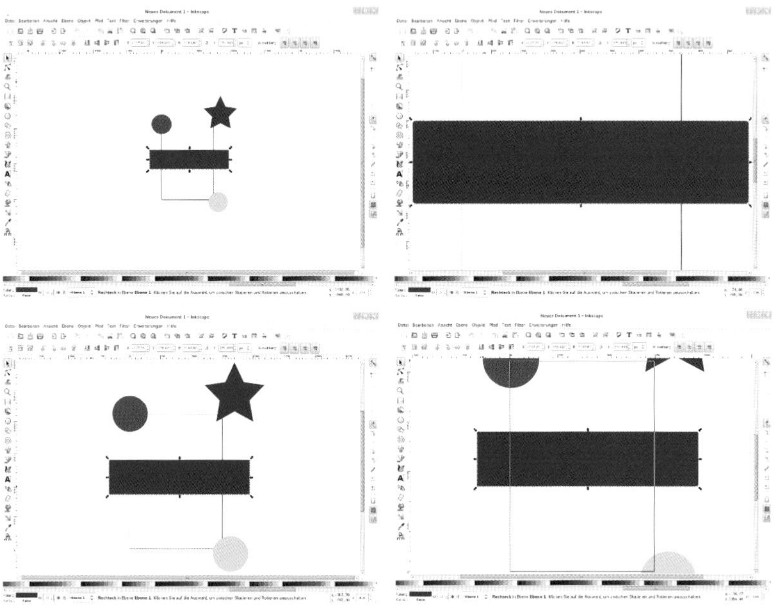

Abbildung 2.25
Die Funktionen für den Zoom: Links oben die Ansicht, mit der gestartet wurde; rechts daneben AUSWAHL EINPASSEN (③) – das ausgewählte blaue Rechteck wurde in die Ansicht eingepasst. In der zweiten Reihe links ZEICHNUNG EINPASSEN (④) – alle Objekte, die sich in dem Dokument befinden, werden in die Ansicht eingepasst. Das letzte Bild ist SEITE IN AUSWAHL EINPASSEN (⑤) – alles innerhalb der eingestellten Seitengröße wurde in die Ansicht eingepasst.

Eine weitere Möglichkeit ist das Werkzeug ⌕ für den Zoomfaktor. Selektieren sie es, können Sie mit der linken und der rechten Maustaste in das Dokument ein- bzw. auszoomen. Sie können aber auch um einen bestimmten Ausschnitt mit gedrückter linker Maustaste einen Markierungsrahmen aufziehen und diese Auswahl damit in das Fenster einpassen.

Navigation

Die einfachste Art, im Zeichenfenster von Inkscape zu navigieren, sind die Scrollleisten am rechten und unteren Rand des Programmfensters. Diese Leisten lassen sich bei Bedarf über ANSICHT → ANZEIGEN/AUSBLENDEN oder mit dem Tastaturkurzbefehl Strg + B ein- und ausschalten.

Sie können aber auch die ⇧- oder die Strg-Taste gedrückt halten und mit der gedrückten rechten Maustaste im Zeichenfenster scrollen. Ebenso komfortabel lassen sich die Cursortasten benutzen; dabei muss ebenfalls die Strg-Taste gedrückt werden.

2.9 Selektieren von Objekten

Zum Selektieren oder Auswählen von Objekten gibt es in Inkscape das Werkzeug ▸ OBJEKTE AUSWÄHLEN UND VERÄNDERN. Dieses Werkzeug können Sie durch Drücken von [F1] oder mittels Anklicken aktivieren. Anschließend können Sie mit der Maus auf das Objekt klicken, woraufhin die Anfasser für das Skalieren und der Begrenzungsrahmen sichtbar werden.

Ein weiterer Klick auf das Objekt aktiviert den Modus für die Rotation des Objekts; ein Doppelklick auf das Objekt aktiviert das Knotenbearbeitungswerkzeug und das betreffende Objekt.

Wichtig

Nun ist auch die Größe des Objekts in der Werkzeugkontrollleiste sichtbar und kann mit einer Eingabe in die Felder für die Größe angepasst werden.

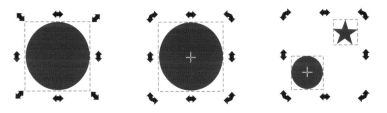

Abbildung 2.26
Ein ausgewähltes Objekt in Inkscape: links die Auswahl für das Skalieren und rechts für die Rotation. Der grau gestrichelte Rahmen ist die Bounding Box, die Inkscape für verschiedene Berechnungen, unter anderem des Mittelpunkts, benutzt. Das hellblaue Kreuz rechts ist das Rotationszentrum. Ganz rechts ist eine Auswahl mehrerer Objekte dargestellt, das Rotationszentrum ist der Mittelpunkt der Bounding Box des zuletzt ausgewählten Objekts.

Objekte können aber auch mit aktiviertem Knotenbearbeitungswerkzeug selektiert werden. Handelt es sich dabei nicht um Formen, sondern um Pfade, wird der Umriss des Objekts hervorgehoben, sobald der Mauszeiger sich darüber befindet. Um mehrere Objekte gleichzeitig auszuwählen, können Sie mit dem Mauszeiger bei aktiviertem Auswahlwerkzeug einen Rahmen um die betreffenden Objekte ziehen. Da das nicht immer funktioniert, weil andere Objekte unerwünscht mitselektiert werden könnten, gibt es die Möglichkeit, weitere Objekte mit gedrückter [⇧]-Taste auszuwählen. Zudem lassen sich bei gedrückter [⇧]-Taste einzelne Objekte wieder abwählen.

Die Auswahl mithilfe der [⇆]-Taste wurde bei Ebenen und Stapeln bereits angesprochen. Diese Auswahlmethode selektiert immer vom derzeit ausgewählten Objekt das nächstjüngere. Ist kein Objekt selektiert, wird mit dem ältesten Objekt begonnen. Um in die andere Richtung auszuwählen, halten Sie die [⇧]-Taste gedrückt. Allerdings wird diese Art der Auswahl mit zunehmender Anzahl von Objekten (und bei vielen Zeichnungen können das mehrere Hundert sein) unangenehmer. Deshalb verfügt Inkscape über eine Suchfunktion für Objekte. Diese finden Sie im Menü unter BEARBEITEN → SUCHEN oder indem Sie [Strg] + [F] drücken. Um diese Suchfunktion zu benutzen, sollten Sie aber grobe Kenntnisse des Aufbaus eines SVG-Dokuments haben.

Es gibt jedoch noch weitere Methoden zum Auswählen:

- [Strg] + [A]: Selektiert alle Objekte in der aktuellen Ebene.
- [Strg] + [Alt] + [A]: Wählt alle Objekte in allen Ebenen aus, die nicht zur Bearbeitung gesperrt und sichtbar sind.
- [!]: Kehrt die Auswahl in der aktuellen Ebene um; alle nicht ausgewählten Objekte werden selektiert und die Auswahl der selektierten aufgehoben.

- $\boxed{\text{Alt}}$ + $\boxed{!}$: Wie der vorhergehende Befehl nur in allen sichtbaren und nicht gesperrten Ebenen.
- $\boxed{\text{Esc}}$: Hebt die Auswahl aller selektierten Objekte auf.

Abbildung 2.27
Der Dialog zum Suchen in
SVG-Dokumenten

Suchen... (Strg+F)
Text:
Kennung:
Stil:
Attribut:
Typ: ☑ Alle Typen
☐ Auswahl durchsuchen
☐ In aktueller Ebene suchen
☐ Einschließlich Ausgeblendete
☐ Einschließlich Gesperrte
Leeren · Suchen

2.10 Die Einrasten-Kontrollleiste

Das Setzen von Hilfslinien und das Einrichten eines Gitters habe ich Ihnen ja bereits gezeigt. Diese Hilfsmittel dienen nicht nur der Orientierung, sondern vielmehr der exakten Positionierung von Objekten in einem Dokument. In den Einstellungen für das Dokument gibt es einen Reiter EINRASTEN, in dem Sie angeben können, wie nah sich ein Objekt befinden muss, um magnetisch an einer Führungslinie, dem Gitter oder einem anderen Objekt »eingerastet« zu werden.

Am rechten Rand des Programmfensters befindet sich die Kontrollleiste für das Einrasten. Mithilfe dieser Leiste kann bestimmt werden, auf welche Art eingerastet werden soll. Da die Einrastfunktion unter Umständen auch stören kann, lässt sie sich ein- und ausschalten. Den entsprechenden Schalter finden Sie ganz oben in dieser Leiste ⟋; zusätzlich gibt es dafür den Tastaturkurzbefehl $\boxed{\%}$.

Die Einrasten-Kontrollleiste ist in Abschnitte eingeteilt, die durch Separatoren auch kenntlich gemacht sind.

Im ersten Abschnitt finden Sie:

- AN ECKEN DER UMRANDUNG EINRASTEN (ein- und ausschalten) ⌐
- AN KANTEN DER UMRANDUNG EINRASTEN ⌐
- AN ECKEN EINER UMRANDUNG EINRASTEN ⌐
- AN MITTELPUNKTEN VON UMRANDUNGSLINIEN EIN-/AUSRASTEN ⌐
- AN MITTELPUNKTEN VON UMRANDUNGEN EIN-/AUSRASTEN ⌐

Der zweite Abschnitt umfasst:

- KNOTEN ODER ANFASSER EINRASTEN (ein- und ausschalten) ⟋
- AN OBJEKTPFADEN EINRASTEN ⟋
- AN PFADÜBERSCHNEIDUNGEN EINRASTEN ⟋
- AN SPITZEN KNOTEN EINRASTEN ⟋
- AN GLATTEN KNOTEN EINRASTEN ⟋

- Einrasten an Mittelpunkten von Liniensegmenten
- An Objektmittelpunkten ein-/ausrasten
- Ein-/Ausrasten an Rotationszentren von Objekten

Im letzten Abschnitt befinden sich:

- Am Seitenrand einrasten
- Am Gitter einrasten
- An Führungslinien einrasten

2.11 Objekte ausrichten und Abstände ausgleichen

Ein weiteres Hilfsmittel zum exakten Positionieren von gezeichneten Objekten in Inkscape ist das Werkzeug Objekte ausrichten und Abstände ausgleichen. Der entsprechende Dialog lässt sich entweder über den Schalter in der Kommandoleiste ⬛, über den Menüpunkt Objekt → Ausrichten und Abstände ausgleichen oder über die Tastenkombination ⇧ + Strg + A aufrufen.

Abbildung 2.28
Das Dialogfenster zum Ausrichten von Objekten

Mit diesem Werkzeug lassen sich bequem verschiedene Objekte in Bezug zueinander oder auf die Seite oder die Zeichnung positionieren. Im Dialogfenster können Sie verschiedene Einstellungen festlegen und im Dropdownmenü einstellen, auf was sich die Ausrichtung beziehen soll. Dort stehen die Optionen Zuletzt oder Zuerst ausgewählt, Größtes oder Kleinstes Objekt, Zeichnung und wohl am wichtigsten SEITE und AUSWAHL zur Verfügung. Setzen Sie in der betreffenden Checkbox ein Häkchen, wird die Auswahl wie eine Gruppe behandelt.

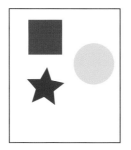  

Dann folgen gruppiert die Möglichkeiten für die Anordnung:

- RECHTE bzw. LINKE KANTEN DER OBJEKTE AN LINKER bzw. RECHTER VERANKERUNG AUSRICHTEN ⬜ ⬜
- LINKE bzw. RECHTE KANTEN AUSRICHTEN ⬜ ⬜
- OBER- bzw. UNTERKANTEN AUSRICHTEN ⬜ ⬜
- OBJEKTE HORIZONTAL bzw. VERTIKAL ZENTRIEREN ⬜ ⬜
- GRUNDLINIEN DER TEXTELEMENTE AUSRICHTEN bzw. VERTIKAL AUSRICHTEN ⬜ ⬜

Darunter befinden sich die Funktionen für das Verteilen von Objekten, mit denen Objekte in Bezug zueinander ausgerichtet werden können:

- LINKE bzw. RECHTE OBJEKTKANTEN GLEICHMÄßIG AUSRICHTEN ⬜ ⬜
- OBJEKTMITTELPUNKTE VERTIKAL bzw. HORIZONTAL GLEICHMÄßIG AUSRICHTEN ⬜ ⬜
- UNTER- bzw. OBERKANTEN GLEICHMÄßIG AUSRICHTEN ⬜ ⬜
- GRUNDLINIEN VON TEXTELEMENTEN HORIZONTAL bzw. VERTIKAL VERTEILEN ⬜ ⬜
- MITTELPUNKTE VON OBJEKTEN ZUFÄLLIG HORIZONTAL UND VERTIKAL VERTEILEN ⬜
- OBJEKTE ENTKLUMPEN: VERSUCHE, ZWISCHENABSTÄNDE ANZUGLEICHEN ⬜

Bei ÜBERLAPPUNGEN ENTFERNEN können Sie angeben, welchen minimalen Abstand horizontal und vertikal die Objekte zueinander nach der Ausführung der Funktion haben sollen. Sollten Objekte bereits größere Abstände zueinander haben, werden diese beibehalten.

Mit der Funktion DAS GEWÄHLTE NETZWERK VON OBJEKTVERBINDERN GEFÄLLIG ANORDNEN ⬜ können die Objektverbinder ausgerichtet werden.

Im letzten Abschnitt des Dialogfensters sind die Schalter für das Ausrichten von Knoten zu finden. Hier stehen folgende Optionen zur Verfügung:

- HORIZONTAL und VERTIKAL ZENTRIERT ⬜ ⬜
- HORIZONTAL und VERTIKAL AUSGERICHTET ⬜ ⬜

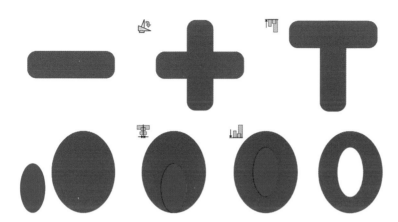

Abbildung 2.30
Objekte ausrichten in der
Praxis: Um das T zu zeichnen, wurde zunächst ein
Rechteck mit abgerunde-
ten Ecken gezeichnet. Dieses wurde dupliziert und
um 90 Grad gedreht. Dann
wurden beide Objekte
selektiert und im Ausrichtendialog die Einstellun-
gen RELATIV ZUR AUSWAHL
und OBERKANTEN AUSRICH-
TEN gewählt.
Für das O wurde erst ein
großes Oval gezeichnet
und dann ein schmaleres.
Anschließend wurden
beide ausgewählt und im
Ausrichtendialog erst
HORIZONTAL und dann VERTI-
KAL auf AUSWAHL ZENTRIERT
gewählt. Im Anschluss
daran wurde das kleine
Oval aus dem großen aus-
geschnitten.

Das Dialogfenster für das Ausrichten ist in der Version 0.49 überarbeitet worden.
Neben der etwas anderen Anordnung kommen weitere Möglichkeiten hinzu: Sie
finden Schalter zum Ändern sowohl der Position ausgewählter Objekte in der
gewählten Ordnung, d.h. des Stapels bzw. der Z-Order, als auch für das Drehen
im Uhrzeigersinn.

2.12 **Transformieren von Objekten**

Objekte und Pfade können in Inkscape bewegt, skaliert, rotiert, schräg gestellt
oder horizontal bzw. vertikal umgekehrt, also geflippt, werden.

Objekte verschieben

Am einfachsten ist das Bewegen von Objekten mit der Maus. Dazu fahren Sie mit
dem Mauszeiger über das entsprechende Objekt und drücken die linke Maustaste. Das Objekt wird ausgewählt und kann mit gedrückter Maustaste an den
gewünschten Ort verschoben werden. Diese Aktion kann mit verschiedenen Tasten kombiniert werden.

Drücken Sie zusätzlich die `Strg`-Taste, bleibt entweder die horizontale oder
die vertikale Positionierung gleich, je nachdem, in welche Richtung das Objekt
zuerst bewegt wurde.

Die zusätzlich gedrückte `⇧`-Taste deaktiviert das Einrasten vorübergehend,
sodass das Objekt ohne das gegebenenfalls störende Einrasten bewegt werden
kann.

Objekte lassen sich aber auch mit der Tastatur verschieben. Dafür muss wiederum
das entsprechende Objekt ausgewählt sein. Die Cursortasten bewegen das Objekt
um den in den Inkscape-Einstellungen angegebenen Wert. Standardmäßig sind
das 2 Pixel. Auch hier kann mit verschiedenen Tasten kombiniert werden.

Bei gedrückter ⟨⇧⟩-Taste wird das Verschieben um den Faktor 10 maximiert, bei der Standardeinstellung wird also um 20 Pixel statt um 2 verschoben. Bei gedrückter ⟨Alt⟩-Taste wird das Objekt um ein Bildschirmpixel verschoben und die ⟨⇧⟩-Taste maximiert dies wieder um den Faktor 10.

Bewegen lassen sich Objekte natürlich auch durch Eingabe der Koordinaten in die Felder, die in der Werkzeugkontrollleiste angezeigt werden, wenn ein Objekt selektiert und das Werkzeug OBJEKTE AUSWÄHLEN ⟨ aktiviert ist.

Abbildung 2.31
Das Koordinatensystem von Inkscape: Der Nullpunkt der Achsen x und y ist immer unten links am Dokument. Die Koordinaten in der Werkzeugeinstellungsleiste geben die linke Unterkante der Bounding Box an.

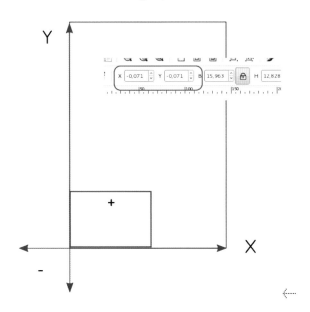

Objekte skalieren

Das Skalieren ist auch mit der Maus möglich. Dafür selektieren Sie mit der linken Maustaste einen der Anfasser und ziehen mit gedrückter Maustaste in die gewünschte Richtung. Bei dieser Art zu skalieren kommt es aber eher zu Verzerrungen des Objekts. Wollen Sie das Objekt dimensionsgerecht skalieren, müssen Sie dazu die ⟨Strg⟩-Taste gedrückt halten. Drücken Sie noch zusätzlich die ⟨⇧⟩-Taste, bleibt auch der Mittelpunkt des Objekts erhalten.

Natürlich lassen sich Objekte auch mithilfe von Tastaturkurzbefehlen skalieren. Die ⟨.⟩-Taste in Kombination mit ⟨>⟩ bzw. ⟨<⟩ skaliert das Objekt um die in den Einstellungen angegebene Schrittweite größer oder kleiner. Wird zusätzlich noch die ⟨Alt⟩-Taste gedrückt, wird um ein Pixel skaliert. ⟨Strg⟩ + ⟨.⟩ oder ⟨Strg⟩ + ⟨>⟩ skalieren das Objekt auf die doppelte Größe und ⟨Strg⟩ + ⟨.⟩ oder ⟨Strg⟩ + ⟨<⟩ halbieren die Größe.

Außerdem können Sie durch die Eingabe der entsprechenden Werte in die Werkzeugkontrollleiste Objekte skalieren. Ist das Schloss zwischen den beiden Feldern mit den Werten aktiviert, wird dimensionsgerecht skaliert und Sie müssen nur einen Wert eingeben.

Objekte rotieren und flippen

Rotieren oder Flippen lassen sich Objekte auch mithilfe der Maus oder mit der Tastatur. Für das Flippen horizontal oder vertikal gibt es in der Werkzeugkontrollleiste jeweils einen Schalter: ◣ und ◤. Sie können aber auch die Tastaturkurzbefehle [H] für horizontales und [V] für vertikales Flippen benutzen.

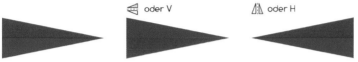

◤ oder V   ◥ oder H

Abbildung 2.32
Links das Originalobjekt, in der Mitte vertikal und rechts horizontal geflippt

Gedreht werden können Objekte mit der Maus über die Anfasser. Bei einem zweiten Klick auf ein selektiertes Objekt verwandeln sich diese Anfasser in die Anfasser für das Drehen. Gedreht wird um den Mittelpunkt der sogenannten Bounding Box, der durch ein kleines Kreuz dargestellt wird. Dieser Punkt lässt sich auch mit gedrückter Maustaste versetzen.

Ein Doppelklick in Kombination mit der [⇧]-Taste setzt diesen Punkt auf den Mittelpunkt zurück.

Abbildung 2.33
Auswirkung des Versetzens des Drehpunkts: links das Original, in der Mitte gedreht mit dem Originaldrehpunkt und rechts nach dem Versetzen an das spitze Ende

Mithilfe von Tastaturkurzbefehlen lassen sich natürlich Objekte auch drehen. [[ ] und [ ]] drehen das Objekt um 15 Grad im Uhrzeigersinn bzw. gegen den Uhrzeigersinn. Mit zusätzlich gedrückter [Strg]-Taste wird das Objekt jeweils um 90 Grad rotiert. Für diese Drehoperation gibt es in der Werkzeugkontrollleiste auch jeweils einen Schalter. In Kombination mit der [Alt]-Taste wird um ein Pixel gedreht.

Der Transformationsdialog

Für das Verschieben, Skalieren und Drehen gibt es auch ein Dialogfenster, das Sie über OBJEKT → TRANSFORMATIONEN oder [⇧] + [Strg] + [M] aufrufen.

Hiermit ist die Transformation von Objekten auch über die Eingabe von Werten möglich. Zusätzlich zum Bewegen, Skalieren und Rotieren von Objekten ist es außerdem möglich, Objekte zu scheren und die Matrix für Transformationen zu bearbeiten.

Im ersten Reiter VERSCHIEBEN finden Sie die Optionen für das Ändern der Position eines Objekts. Das Objekt kann horizontal und vertikal mittels Eingabe der betreffenden Werte verschoben werden. Ist das Häkchen in der Checkbox RELA-

Vorsicht

Diese Funktion ist bei Sternen mit Vorsicht zu genießen. Beim Zurücksetzen wird der Mittelpunkt der Bounding Box benutzt und der stimmt nicht mit dem geometrischen Mittelpunkt des Sterns überein.

TIVE BEWEGUNG gesetzt, erfolgt das Verschieben des Objekts relativ; ist die Checkbox deaktiviert, ist die linke untere Ecke der Bounding Box des Objekts der Punkt, der bewegt wird. Es wird immer von links nach rechts und von unten nach oben verschoben. Möchten Sie das umkehren, müssen Sie einen negativen Wert eingeben.

Unter dem Reiter MAßSTAB finden Sie die Optionen, um ein Objekt in einem exakten Maßstab zu skalieren. Neben der Breite und Höhe können Sie hier die Checkbox PROPORTIONAL SKALIEREN aktivieren, was bewirkt, dass Sie nur einen Wert eingeben müssen und der zweite entsprechend berechnet wird. Das Objekt wird dann proportional skaliert.

Abbildung 2.34
Der Transformationsdialog: links die Optionen für das Verschieben und rechts für die Maßstabsänderungen.

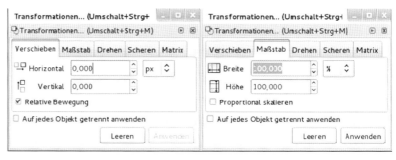

In der Version 0.49 gibt es jetzt auch Wählschalter, mit denen Sie im Uhrzeigersinn oder in der entgegengesetzten Richtung drehen können.

Für das Drehen gibt es nur ein Feld für die Eingabe des Wertes in Grad oder Radiant.

Im Reiter SCHEREN gibt es jeweils ein Eingabefeld für den horizontalen und den vertikalen Wert.

Abbildung 2.35
Der Transformationsdialog mit den Einstellung für das Drehen (rechts) und den Matrix-Optionen (links)

Alle diese Transformationen können unter dem Reiter MATRIX ebenfalls ausgeführt werden. Hier wird die Transformation als eine 3 x 3-Matrix beschrieben, von der die oberen beiden Reihen modifizierbar sind. Die Felder A, B, C und D steuern dabei das Skalieren, die Rotation und das Scheren, während E und F die Verschiebung des Objekts steuern.

Abbildung 2.36
Der Transformationsdia-
log mit den Optionen für
das Scheren von Objekten
und rechts daneben, ein
mit diesen Einstellungen
geschertes Objekt.

Optionen für das Skalieren und Bewegen

Es gibt verschiedene Optionen, die das Verhalten bei Transformationen von
Objekten beeinflussen. Diese Optionen finden Sie in der Werkzeugeinstellungsleiste bei aktiviertem Auswahlwerkzeug. Im Einzelnen sind das:

- bei der Skalierung von Objekten die Konturlinie in den gleichen Proportionen
mit skalieren
- beim Skalieren von Rechtecken die Radien der abgerundeten Ecken mit skalieren
- wenn Objekte mit Farbverlaufsfüllungen bewegt werden, diese mit bewegen
- wenn Objekte mit Musterfüllungen bewegt werden, diese mit bewegen

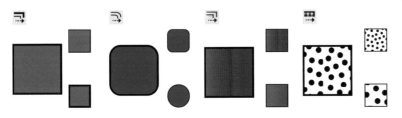

Abbildung 2.37
Die Auswirkung der Schal-
ter auf das Skalierungser-
gebnis: links immer das
Original, rechts um 50%
skaliert, oben mit und
unten ohne den Schalter

2.13 Gruppierungen

Objekte und Pfade können in Gruppen zusammengefasst werden, sodass sie
gemeinsam bearbeitet werden können, ohne dass sie einzeln ausgewählt werden müssen. Auch bereits bestehende Gruppen können wieder zu Gruppen
zusammengefasst werden.

Für das Gruppieren und das Auflösen einer Gruppierung von Objekten und Pfaden gibt es in der Kommandoleiste jeweils einen Schalter:

- 🎛 – gruppiert die ausgewählten Objekte
- 🎛 – löst die Gruppierung der ausgewählte Gruppe auf

Vorsicht

Benutzen Sie diese Funktion nach Möglichkeit nicht. Zum Beispiel werden danach importierte Objekte der Gruppe automatisch hinzugefügt, sodass es Objekte in der Gruppe geben kann, die dort nicht sein sollten.

Für beide Funktionen gibt es auch Tastenkombinationen: Strg + G gruppiert Objekte und Strg + U löst die Gruppierung auf. Eine Gruppierung können Sie auch aufheben, indem Sie den entsprechenden Eintrag im Kontextmenü wählen, das erscheint, wenn Sie mit der rechten Maustaste auf eine Gruppe klicken oder Strg + ↵ drücken.

Sie können aber auch Objekte innerhalb einer Gruppe bearbeiten, ohne die Gruppe aufzulösen. Klicken Sie hierfür dreimal schnell mit der linken Maustaste auf das betreffende Objekt in der Gruppe; daraufhin wird die Gruppe zur Bearbeitung aufgelöst. Sobald Sie ein anderes Objekt oder eine andere Gruppe mit der Maus auswählen, werden die Objekte wieder gruppiert. Allerdings löst diese Methode nur eine Gruppierung; befindet sich das Objekt in einer weiteren Gruppe, muss der Schritt wiederholt werden. Das gestaltet sich in der Praxis umständlich. Deshalb gibt es für diese Fälle auch wieder eine Tastenkombination: Strg + linke Maustaste wählt ein Objekt in einer Gruppe aus, wobei es egal ist, ob es in einer weiteren Untergruppe ist oder nicht. Auch hier besteht die Gruppierung sofort wieder, wenn eine andere Gruppe oder ein anderes Objekt ausgewählt wird. Wenn sich die entsprechende Gruppe unter einem anderem Objekt oder einer Gruppe befindet, können Sie die Tastenkombination Strg + Alt + linke Maustaste benutzen. Hiermit wird ein Objekt aus einer Gruppe selektiert, das in der Z-Order tiefer angesiedelt ist als das vorher ausgewählte Objekt.

Ab der Version 0.49 lassen sich Objekte auch über das Kontextmenü, das mit Klick auf die rechte Maustaste erreichbar ist, gruppieren oder einer Gruppe hinzufügen.

Kapitel

3

Zeichnen

3.1 Formen und Pfade

Werkzeuge zum Erstellen von Formen

Inkscape stellt verschiedene Werkzeuge zum Erstellen von Formen bereit. Dies sind:

- RECHTECKE UND QUADRATE ERSTELLEN ☐
- 3D-BOXEN ERZEUGEN 📦
- KREISE, ELLIPSEN UND BÖGEN ERSTELLEN ○
- STERNE UND POLYGONE ERSTELLEN ✧
- SPIRALEN ERSTELLEN ◎

Zu finden sind diese Werkzeuge in der Werkzeugleiste am linken Rand des Inkscape-Programmfensters oder mit den Tastaturkurzbefehlen F4 für Rechtecke, ⇧ + F4 für 3D-Boxen, F5 für Kreise und Ellipsen, * für Sterne und Polygone sowie F9 für Spiralen. Ist ein Werkzeug aktiviert, wird das durch den Cursor angezeigt. Beim Werkzeug RECHTECKE UND QUADRATE ERSTELLEN ist dann neben dem Kreuz für den Cursor ein kleines Rechteck zu erkennen, beim Kreis eine kleine Ellipse usw. Jede dieser Formen hat bestimmte Eigenschaften, die vom Format SVG so vorgesehen sind. So kann ein Rechteck zum Beispiel abgerundete Ecken haben.

```
<?xml version="1.0"?>
<!DOCTYPE svg PUBLIC "-//W3C//DTD SVG 1.1//EN"
  "http://www.w3.org/Graphics/SVG/1.1/DTD/svg11.dtd">
<svg version="1.1" xmlns="http://www.w3.org/2000/svg">
  <rect x ="10" y ="10" width ="100" height ="50" rx ="15" ry ="15" />
</svg>
```

Hier wird ein Rechteck beschrieben, das 100 x 50 Pixel groß ist; rx und ry geben die Abrundung der Ecken an.

Abbildung 3.1
Ein Rechteck im Bearbeitungsmodus zum Abrunden der Ecken; links sind die runden Anfasser zu erkennen, der linke für den Radius x und der rechte für y.

In Inkscape lassen sich diese Eigenschaften über die Werkzeugkontrollleiste beeinflussen.

Rechtecke und Quadrate

Wenn das Werkzeug RECHTECKE UND QUADRATE ERSTELLEN ☐ aktiviert oder ein entsprechendes Objekt selektiert ist, werden in der Leiste dessen Eigenschaften angezeigt und neben der Größe die Angaben rx und ry für die Abrundung der Ecken. Es gibt auch einen Schalter, um abgerundete Ecken wieder in spitze Ecken zu verwandeln. Eine weitere Möglichkeit, die Eigenschaften des Objekts zu bearbeiten, sind die Anfasser, die nach dem Zeichnen eines Objekts sichtbar werden oder wenn das entsprechende Objekt mit aktiviertem Knotenbearbeitungswerkzeug selektiert wird. Hier können Sie dann die Anfasser einzeln für x und y verschieben. Halten Sie dazu Strg gedrückt, bekommen beide den gleichen Radius.

Kreise und Ellipsen

Ähnlich wie bei Rechtecken funktioniert das Bearbeiten beim Werkzeug KREISE UND ELLIPSEN ERSTELLEN ○: Hier lassen sich Bögen und Kreisteile erzeugen. Für das Zeichnen eines Kreises muss zusätzlich die Strg-Taste gedrückt werden.

Abbildung 3.2
Kreis, Bogen und Kreissegment und die entsprechenden Schalter

Um einen Bogen zu erstellen, zeichnen Sie einen Kreis oder eine Ellipse und ziehen dann den runden Anfasser mit gedrückter Maustaste entsprechend nach unten oder nach oben. Der Kreis wird in einen Bogen umgewandelt und die entsprechenden Schalter ◡ ◡ werden aktiv. Anschließend können Sie bei Bedarf in der Werkzeugeinstellungsleiste auf SEGMENT umschalten und Anfangs- und Endwerte für das Segment oder den Bogen eingeben. Einen Kreis oder eine Ellipse können Sie auch in ein Segment umwandeln, wenn Sie beim Verschieben des Anfassers die Strg-Taste gedrückt halten.

Wichtig
Ein Bogen hat keine geschlossene Konturlinie!

Und so sieht das Ganze im Quelltext aus:

```
<?xml version="1.0"?>
<!DOCTYPE svg PUBLIC "-//W3C//DTD SVG 1.1//EN"
  "http://www.w3.org/Graphics/SVG/1.1/DTD/svg11.dtd">
<svg version="1.1" xmlns="http://www.w3.org/2000/svg">
  <circle cx ="40" cy ="40" r ="20" />
</svg>
```

Die Werte cx und cy geben die horizontale und die vertikale Position des Kreises an und r den Wert für den Radius.

Für das Segment und den Bogen sieht das Ganze schon wesentlich komplizierter aus, denn diese Objekte sind in Wirklichkeit keine Kreise mehr, sondern Pfade:

```
<?xml version="1.0"?>
<!DOCTYPE svg PUBLIC "-//W3C//DTD SVG 1.1//EN"
  "http://www.w3.org/Graphics/SVG/1.1/DTD/svg11.dtd">
<svg version="1.1" xmlns="http://www.w3.org/2000/svg">
 <path d="M 305.5847,235.31241 A 115.71429,144.28572 0 1 1 193.5823,431.80085"
    transform="matrix(0.86419752,0,0,0.69306928,25.220458,160.76748)"  />
</svg>
```

Sterne und Polygone

Noch vielfältiger sind die Einstellungen für das Werkzeug STERNE UND POLYGONE ERSTELLEN ✩. Sie haben grundsätzlich die Wahl zwischen einem Polygon und einem Stern und können bestimmen, wie viele Ecken das Objekt bekommen soll. Die Einstellung POLYGON MIT DREI ECKEN bewirkt, dass Sie ein gleichseitiges Dreieck zeichnen. Beim Stern können Sie zusätzlich das Spitzenverhältnis einstellen. Außerdem können Sie hier die Abrundung der Spitzen bestimmen und zusätzlich noch eine Zufallsänderung.

Abbildung 3.3
Mit dem Werkzeug zum
Erstellen von Polygonen
und Sternen erzeugte
Objekte

Auf diese Weise lassen sich die verschiedensten Objekte erstellen, vom Dreieck, was ja nichts anderes als ein Polygon mit drei Ecken ist, über den Stern und sternförmige Muster bis hin zum Tintenfleck.

Wer sich noch an das erste Kapitel und die kurze Einführung in SVG erinnern kann, erinnert sich vielleicht auch daran, dass es keine Definition für einen Stern in SVG gibt. Deshalb bedient sich Inkscape eines Tricks.

```
<path
      sodipodi:type="star" style="fill:#ff0000;fill-opacity:1;stroke:none;
        stroke-width:0.60000001999999997;stroke-miterlimit:4;stroke-
        dasharray:1.19999999999999996,0.59999999999999998;stroke-
        dashoffset:0"
      id="path3843"
      sodipodi:sides="5"
      sodipodi:cx="185.71429"
      sodipodi:cy="186.6479"
      sodipodi:r1="138.32821"
      sodipodi:r2="53.558121"
      sodipodi:arg1="0.90250691"
      sodipodi:arg2="1.5308254"
      inkscape:flatsided="false"
      inkscape:rounded="0"
      inkscape:randomized="0"
    d="m 271.42858,295.21934 -83.57409,-55.05609 -78.91059,61.5542 26.53564,-
96.49695 -82.926249,-56.02714 99.974019,-4.5823 27.65936,-96.180886
35.2517,93.664936 100.02067,-3.41592 -78.18727,62.47041 z"
      inkscape:transform-center-x="1.7081314"
      inkscape:transform-center-y="-11.574089" />
```

Hierbei handelt es sich um einen fünfzackigen Stern ohne Zufallsänderung und mit abgerundeten Ecken. Wie Sie erkennen können, sind alle Werte, die sich ändern lassen, im Namensraum von Sodipodi bzw. Inkscape gespeichert. Die eigentliche Darstellung des Sterns wird über einen Pfad realisiert. Beim Speichern als für das Internet optimierte oder Standard-SVG gehen diese Informationen verloren; der Stern lässt sich anschließend nicht mehr mit dem Werkzeug bearbeiten. Er wird als normaler Pfad dargestellt.

Natürlich gibt es auch bei Stern und Polygon die Möglichkeit der Bearbeitung über die Anfasser.

Abbildung 3.4
Ein Stern und ein Polygon im Bearbeitungsmodus mit ihren Anfassern

Allerdings sind hier die Möglichkeiten der Bearbeitung eingeschränkter. Beim Polygon können Sie die Form über den Anfasser nur skalieren. Beim Stern lässt sich das Spitzenverhältnis über die beiden Anfasser anpassen und die Spitzen können verdreht werden.

3D-Boxen

Das Werkzeug 3D BOXEN ERSTELLEN 🔲, das auch über den Tastaturkurzbefehl ⬆ + F4 aktivierbar ist, bietet die Möglichkeit, auf einfachem Weg dreidimensional wirkende Boxelemente zu erstellen. Eine solche Form ist im SVG-Standard nicht vorgesehen.

Damit die Boxen trotzdem in anderen Programmen dargestellt werden, bedient man sich eines Tricks. Bei diesen 3D-Boxen handelt es sich um eine Gruppe aus sechs Pfaden. Die Fluchtpunkte für die 3D-Box werden im Namensraum von Inkscape gespeichert, so bleibt diese Gruppe in Inkscape editierbar. Und so sieht die in Abbildung 3.5 dargestellte Box im SVG-Quellcode aus:

```
<g
      inkscape:corner7="-0.66929687 : 0.014221029 : 0.25 : 1"
      inkscape:corner0="-0.63398369 : 0.046185772 : 0 : 1"
      inkscape:perspectiveID="#perspective3927"
      id="g3929"
      style="fill:#d40000;fill-opacity:1;stroke:none"
      sodipodi:type="inkscape:box3d">
    <path
   d="m 291.1695,944.58665 28.55419,-8.25504 0,55.0449 -28.55419,5.09959 z"
      inkscape:box3dsidetype="11"
      style="fill:#e9e9ff;fill-rule:evenodd;stroke:none"
      id="path3941"
      sodipodi:type="inkscape:box3dside" />
    <path
     d="m 149.69696,900.37483 0,87.33147 141.47254,8.7698 0,-51.88945 z"
```

```
            inkscape:box3dsidetype="6"
            style="fill:#353564;fill-rule:evenodd;stroke:none"
            id="path3931"
            sodipodi:type="inkscape:box3dside" />
         <path
      d="m 149.69696,900.37483 35.03342,-19.2166 134.99331,55.17338 -28.55419,8.25504 z"
            inkscape:box3dsidetype="5"
            style="fill:#4d4d9f;fill-rule:evenodd;stroke:none"
            id="path3933"
            sodipodi:type="inkscape:box3dside" />
         <path
      d="m 149.69696,987.7063 35.03342,-9.89116 134.99331,13.56137 -28.55419,5.09959 z"
            inkscape:box3dsidetype="13"
            style="fill:#afafde;fill-rule:evenodd;stroke:none"
            id="path3939"
            sodipodi:type="inkscape:box3dside" />
         <path
       d="m 184.73038,881.15823 0,96.65691 134.99331,13.56137 0,-55.0449 z"
            inkscape:box3dsidetype="14"
            style="fill:#d7d7ff;fill-rule:evenodd;stroke:none"
            id="path3937"
            sodipodi:type="inkscape:box3dside" />
         <path
            d="m 149.69696,900.37483 35.03342,-19.2166 0,96.65691 -35.03342,9.89116 z"
            inkscape:box3dsidetype="3"
            style="fill:#8686bf;fill-rule:evenodd;stroke:none"
            id="path3935"
            sodipodi:type="inkscape:box3dside" />
      </g>
```

Unter Umständen sind nicht alle Pfade eines Boxobjekts zu sehen, da sich einige Pfade in der Z-Order unter anderen befinden. Dass die verborgenen Pfade sich im Dokument befinden, lässt sich überprüfen, indem die Gruppierung des Objekts ausgelöst und die sichtbaren Pfade beiseitegeschoben werden. Eine Auflösung der Gruppe bewirkt aber auch, dass die Informationen der 3D-Box im Namensraum von Inkscape gelöscht werden.

Abbildung 3.5
Eine 3D-Box im Bearbeitungsmodus; die Anfasser für das Ändern der Box sind zu sehen.

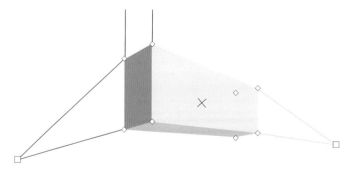

Das ist auch die empfehlenswerte Vorgehensweise, wenn Sie 3D-Boxen in Grafiken nutzen wollen. Lösen Sie die Gruppe der 3D-Box auf und löschen Sie die nicht benötigten Pfade. Beim Speichern als Standard-SVG oder weboptimiertes SVG gehen die Informationen im Inkscape-Namensraum ohnehin verloren.

Abbildung 3.6
Dieselbe 3D-Box, Gruppie-rung aufgehoben und in ihre Einzelbestandteile aufgelöst

Das Werkzeug 3D-Box ERSTELLEN bietet in der Werkzeugkontrollleiste die Mög-lichkeit, den x, y und z-Winkel der Box einzustellen. Außerdem lassen sich die Fluchtpunkte zwischen endlich und unendlich umschalten **1**.

Zum Erstellen dreidimensional wirkender Objekte kann auch die Erweiterung EXTRUDIEREN oder PERSPEKTIVE benutzt werden. Die Erweiterung 3D POLYHEDRON rendert eine Vielzahl anderer 3D-Objekte. Diese Funktionen werden in Kapitel 10 näher vorgestellt.

Archimedische Spiralen

Das Werkzeug SPIRALEN ERSTELLEN ⊚ kann dazu benutzt werden, sogenannte archimedische, auch arithmetische Spiralen genannte, Objekte zu erstellen. Das Werkzeug lässt sich auch über den Tastaturkurzbefehl F9 aktivieren. Die Werkzeugfeineinstellungen für dieses Werkzeug sind zum einen die Anzahl der Umdrehungen und zum anderen die Abweichung, mit der bestimmt werden kann, ob der Abstand zwischen den Umdrehungen zu- oder abnimmt. Der innere Radius bestimmt, wie groß eben dieser beim Start der Spirale ist.

Der innere Radius sowie die Anzahl der Umdrehungen können auch mithilfe der Anfasser geändert werden, die zu sehen sind, wenn die Spirale mit dem Spiral-werkzeug oder dem Knotenbearbeitungswerkzeug selektiert wurde.

 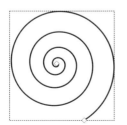 

Abbildung 3.7
Verschiedene Spiralen im Bearbeitungsmodus: ganz links eine Spirale mit den Standardeinstellungen, in der Mitte wurde die Abweichung auf 2 gesetzt und ganz rechts eine gefüllte Spirale, die zeigt, dass es sich um einen nicht geschlossenen Pfad handelt

Die Spirale stellt einen nicht geschlossenen Pfad dar; das macht sich beim Füllen dieses Objekts bemerkbar. Möchten Sie der eigentlichen Spirale eine andere Farbe geben, müssen Sie die Farbe der Konturlinie ändern.

3.2 Werkzeuge zum Erstellen von Pfaden

Neben der Möglichkeit, in Inkscape mithilfe von Objekten zu zeichnen, können Sie dies auch mithilfe von Pfaden. Ein Pfad ist die Verbindung zwischen zwei Punkten, die in Inkscape *Knoten* genannt werden. Mithilfe der Anfasser und deren Winkel können diese Pfade auch Kurven beschreiben. Mittels Pfaden lassen sich die komplexesten Formen in SVG beschreiben.

Zum Erstellen von Pfaden stehen Ihnen drei Werkzeuge zur Verfügung.

Wichtig

Merke: Ein Viereck lässt sich zum Beispiel ebenso mit vier Knoten in einem geschlossenen Pfad beschreiben. Allerdings ist diese Methode auch rechenintensiver beim Rendern.

- FREIHANDLINIEN ZEICHNEN 𝕝 oder F6
- BÉZIERKURVEN UND GERADE LINIEN ZEICHNEN 𝕝 oder ⇧ + F6
- KALLIGRAFISCH ZEICHNEN 𝕝 oder Strg + F6

Wie bei den Werkzeugen zum Erstellen von Objekten können Sie auch das Verhalten der Pfadwerkzeuge über die Einstellungen in der Werkzeugeinstellungsleiste beeinflussen. Die Werkzeuge FREIHANDLINIEN und BÉZIERKURVEN UND GERADE LINIEN ZEICHNEN haben nahezu identische Einstellungsmöglichkeiten. Außerdem können mit beiden Werkzeugen zum Beispiel gerade Linien erzeugt werden.

Das Werkzeug zum Zeichnen von Freihandlinien

Das Werkzeug FREIHANDLINIEN ZEICHNEN 𝕝 setzt mit gedrückter Maustaste bei jeder kleinen Richtungsänderung einen Knotenpunkt. Die Feinheit, ab der eine Richtungsänderung zum Setzen eines Knotenpunkts interpretiert wird, können Sie über den Schieberegler in der Werkzeugeinstellungsleiste festlegen. Standardmäßig ist dort der Wert 4 eingestellt. Bereits bei einem Wert ab 20 wird die Linie aber schon sehr gerade.

Um generell mit diesem Werkzeug eine gerade Linie zu zeichnen, klicken Sie auf die Zeichenfläche, gehen dann an den Punkt, an dem die Linie enden soll, und setzen dort mit einem Klick den Endpunkt. Dies ist der wesentliche Unterschied zum Werkzeug BÉZIERKURVEN UND GERADE LINIEN ZEICHNEN, denn bei diesem Werkzeug wird mit einem Einzelklick ein weiterer Knotenpunkt gesetzt und erst ein Doppelklick beendet das Zeichnen der Linie. Der Einzelklick macht das Werkzeug FREIHANDLINIEN ZEICHNEN zu einem idealen Werkzeug bei der Verwendung eines Grafiktabletts.

Bézierkurven zeichnen

Im Gegensatz zum Werkzeug FREIHANDLINIEN ZEICHNEN wird beim Werkzeug BÉZIERKURVEN UND GERADE LINIEN ZEICHNEN 𝕝 mit gedrückter Maustaste wirklich eine Bézierkurve erzeugt. Das funktioniert folgendermaßen: Mit einem Mausklick setzen Sie den ersten Knotenpunkt, halten die Maustaste gedrückt und ziehen. Solange Sie die Maustaste gedrückt halten, zeichnen Sie die Tangente für den ersten Knotenpunkt. Lassen Sie die Maustaste los, wechselt das Werkzeug in den Zeichenmodus und Sie können mit einem Doppelklick den letzten Knoten setzen.

Abbildung 3.8
Eine Bézierkurve – der Bogen der Kurve lässt sich jederzeit durch Versetzen der Knoten oder Verlängern bzw. Ändern des Winkels mit dem Anfasser anpassen.

Wie oben angesprochen, wird bei einem einfachen Mausklick nur ein Knotenpunkt gesetzt und zwischen den Knotenpunkten eine gerade Linie erstellt. Um sicherzugehen, dass Sie nicht aus Versehen eine Bézierkurve zeichnen, können Sie in der Werkzeugeinstellungsleiste den Modus ERSTELLE EINE FOLGE VON GERADEN LINIENELEMENTEN ⚡ einstellen.

Der Modus EINE FOLGE VON ACHSENPARALLELEN LINIENELEMENTEN ERSTELLEN ⊞ wechselt beim Setzen eines Knotenpunkts die Richtung, in der weitergezeichnet werden kann. Sie zeichnen dann im Winkel von 90 Grad zum vorhergehenden Liniensegment weiter.

Abbildung 3.9
Die Ergebnisse mit den verschiedenen Einstellungen, von links nach rechts: ERSTELLE EINE FOLGE VON GERADEN LINIENELEMENTEN, ERSTELLE SPIRAL-PFAD, EINE FOLGE VON ACHSENPARALLELEN LINIENELEMENTEN ERSTELLEN

Seit der Version 0.47 von Inkscape gibt es einen weiteren Modus zum Zeichnen von Freihandlinien bzw. Bézierkurven: den Modus ERSTELLE SPIRALPFAD ∽. In diesem Modus werden die gezeichneten Kurven in spiralförmige Pfade umgewandelt, mit denen sich schöne Swirl-Muster erzeugen lassen. Dieser Modus ist allerdings schwerer zu handhaben.

Abbildung 3.10
Der Swirl wurde mit diesem Pfadeffekt erzeugt. Dazu wurde noch der Pfadeffekt MUSTER AUF PFAD mit dem linken roten Muster angewendet.

Wesentlich einfacher lassen sich diese Swirl-Muster über die Pfadeffekte erzeugen, denn hier lässt sich das Ergebnis besser beeinflussen. Dazu mehr in Kapitel 6, »LPE – Live-Path-Effekte«.

Wichtig

Bei Anfängern ist immer wieder zu beobachten, dass sie versuchen, die benötigte Bézierkurve möglichst exakt zu zeichnen. Das ist aber nicht nötig. Nach dem Zeichnen lässt sich durch Verschieben und Ziehen der Tangente die Kurve so anpassen, wie man sie braucht.

Kalligrafie-Werkzeug

Mit dem Werkzeug KALLIGRAFISCH ZEICHNEN 🖋, das auch über die Tastenkombination `Strg` + `F6` oder `C` aktiviert werden kann, können Sie verschiedene Linien im Stil von kalligrafischen oder handgezeichneten Linien erstellen. Dieses Werkzeug verhält sich wie beim Schreiben mit einem Federkiel. Die Geschwindigkeit und bei Verwendung eines Grafiktabletts auch der Druck, der ausgeübt wird, haben Einfluss auf das Ergebnis. Je schneller Sie die Linie ziehen, umso dünner wird sie. Das Ergebnis lässt sich aber auch über die Einstellungen beeinflussen.

Bei diesem Werkzeug stehen verschiedene Vorlagen zur Verfügung. Das im Standard eingestellte KEINE VORLAGE verhält sich wie eine normale Feder. Außerdem stehen die Optionen TUSCHSTIFT, FILZSTIFT, PINSEL, WACKELIG, KLECKSIG und NACHZEICHNEN zur Verfügung. Welche Auswirkung die verschiedenen Vorlagen haben, können Sie in Abbildung 3.11 sehen.

Abbildung 3.11
Die verschiedenen Vorlagen des Kalligrafie-Werkzeugs: 1. TUSCHSTIFT, 2. FILZSTIFT, 3. PINSEL, 4. WACKELIG und 5. KLECKSIG

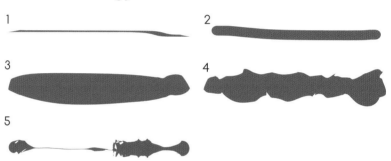

Mit der Vorlage NACHZEICHNEN orientiert sich das Werkzeug an darunterliegenden Grafiken. Je dunkler die darunterliegende Farbe, desto breiter wird die Linie; je heller, desto dünner.

Abbildung 3.12
Verwendung der Vorlage NACHZEICHNEN

Der Punkt SPEICHERN erlaubt es, eine Vorlage mit den jeweils gewählten Einstellungen zu speichern.

Das KALLIGRAFIE-Werkzeug lässt sich zum Beispiel dazu verwenden, eine Holzmaserung zu zeichnen (siehe Abbildung 3.13). Dafür zeichnen Sie schnell von links nach rechts kalligrafische Linien. Sie können sich die besten aussuchen, duplizieren und verschieben. Haben Sie genug Linien zum Füllen der Fläche gezeichnet, wählen Sie alle aus und vereinigen sie zu einem Gesamtpfad. Anschließend können Sie mithilfe der Pfadoperationen die Fläche von diesen Pfaden ausschneiden.

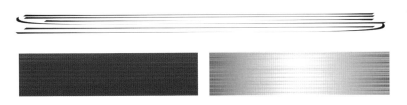

Abbildung 3.13
Hier das Beispiel einer solchen Holzmaserung. Rechts: Auf die gleiche Art lässt sich auch gebürstetes Metall darstellen, dafür müssen nur die Farben geändert werden.

Objektverbinder

Ein weiteres Werkzeug, mit dem sich Pfade erstellen lassen, ist das Werkzeug OBJEKTVERBINDER ERZEUGEN 🎋, das auch über den Tastaturkurzbefehl ⟨Strg⟩ + ⟨F2⟩ aktiviert werden kann. Die damit erstellten Pfade haben eine besondere Eigenschaft: Sie folgen den Objekten, mit denen sie verbunden wurden. Objektverbinder zeichnen sich außerdem dadurch aus, dass sie zum Mittelpunkt des Objekts verbunden werden, nicht wie man das etwa von Visio oder ähnlichen Programmen gewöhnt ist zum Rand. Dieses Werkzeug hat drei Optionen:

- OBJEKTVERBINDER WEICHEN DEN GEWÄHLTEN OBJEKTEN AUS 🔋
- OBJEKTVERBINDER IGNORIEREN DIE AUSGEWÄHLTEN OBJEKTE 🔋
- ERSTELLE DEN VERBINDER WINKELRECHT ODER ALS POLYLINIE ⌐

Abbildung 3.14
Objektverbinder in Inkscape: links ohne weitere Einstellung und rechts mit der Option ERSTELLE WINKELRECHT

Zusätzlich können die KRÜMMUNG, der ABSTAND und die LÄNGE angegeben werden. Objektverbinder verhalten sich recht eigenwillig. Sie können nicht wirklich bestimmen, welchen Weg sie nehmen.

3.3 Pfade bearbeiten, ändern und vervielfältigen

Knotenbearbeitungswerkzeug

Wie beschrieben, besteht ein Pfad aus einer Reihe von Knotenpunkten. Auch diese Punkte besitzen bestimmte Eigenschaften, die Sie beeinflussen können.

Das hauptsächliche Werkzeug für die Bearbeitung der Knoten ist das Werkzeug BEARBEITEN DER KNOTEN ODER DER ANFASSER EINES PFADES 🖈, das auch über den Tastaturkurzbefehl ⟨F2⟩ zu aktivieren ist.

Bei ausgewähltem Knotenbearbeitungswerkzeug sind wieder die entsprechenden Einstellungen in der Werkzeugeinstellungsleiste zu sehen.

- NEUE KNOTEN IN DEN GEWÄHLTEN SEGMENTEN EINFÜGEN ⚏ fügt exakt in der Mitte der gewählten Knotenpunkte einen weiteren Knoten ein. Sollten mehrere selektiert sein, geschieht das Einfügen in jedem Segment. Bei einem Dreieck zum Beispiel, bei dem alle drei Knoten in den Ecken selektiert sind, werden drei neue Knoten hinzugefügt.
- Ab Version 0.49 gibt es einen Wählschalter zum Einfügen neuer Knoten bei maximal X oder Y oder minimal X oder Y.
- DEN GEWÄHLTEN KNOTEN LÖSCHEN ⚏ entfernt den selektierten Knoten. Sie können hierzu aber auch einfach die ⌈Entf⌉-Taste drücken.
- GEWÄHLTE ENDKNOTEN VERBINDEN ⚏ und PFAD AN DEN GEWÄHLTEN KNOTEN AUFTRENNEN ⚏ schließt einen offenen Pfad bzw. öffnet einen Pfad.
- GEWÄHLTE KNOTEN DURCH EIN NEUES SEGMENT VERBINDEN ⚏ bzw. PFAD ZWISCHEN DEN GEWÄHLTEN KNOTEN AUFTRENNEN ⚏ schließt bzw. trennt Pfade an den gewählten Knotenpunkten.

Die nächsten vier Optionen in der Werkzeugeinstellungsleiste haben Einfluss auf die Anfasser der Knotenpunkte und damit auf die Form, die der Pfad an der Stelle bekommt:

- DIE GEWÄHLTEN KNOTEN IN ECKEN UMWANDELN ⚏
- DIE GEWÄHLTEN KNOTEN GLÄTTEN ⚏
- DIE GEWÄHLTEN KNOTEN SYMMETRISCH MACHEN ⚏
- DIE GEWÄHLTEN KNOTEN AUTOMATISCH ABRUNDEN ⚏

Welche Eigenschaften der Knoten hat, ist an seiner Form zu erkennen, wenn Sie ihn mit dem Werkzeug selektiert haben. Bei einem abgerundeten Knoten wird dieser in Form eines Kreises dargestellt, bei allen anderen in Form eines kleinen Quadrats, bei einer Ecke eher in Form einer Raute. Haben Sie eine dieser Einstellungen für den gewählten Knoten festgelegt, werden auch die Anfasser für diesen Knoten sichtbar. In deren Verhalten liegt der wesentliche Unterschied dieser Einstellungen.

Abbildung 3.15
Die verschiedenen Knoten: links oben ein zu einer Ecke umgewandelter Knoten, oben rechts ein symmetrischer Knoten, links unten ein abgerundeter Knoten und unten rechts ein geglätteter Knoten

Bei einem Knoten, der zu einer Ecke umgewandelt wurde, lässt sich jeder Anfasser in der Richtung völlig frei bewegen. Bei einem symmetrischen Knoten haben beide Anfasser den gleichen Abstand zum Knotenpunkt. Wird einer der Anfasser bei einem symmetrischen Knoten bewegt, verändert sich der Abstand des anderen ebenfalls, während bei einem geglätteten Knoten auch der Abstand verändert werden kann. Bei einem abgerundeten Knoten haben die Anfasser den gleichen Abstand und Winkel zum Knoten. Wird hier einer der Anfasser bewegt, wird der Knoten automatisch in einen geglätteten Knoten umgewandelt.

Mit den Schaltern DIE GEWÄHLTEN ABSCHNITTE IN LINIEN UMWANDELN 🖋 und DIE GEWÄHLTEN ABSCHNITTE IN KURVEN UMWANDELN 🖋 lassen sich Kurven in gerade Linien umwandeln bzw. gerade Linien in Kurven. Die Knotenpunkte bekommen dabei jeweils eine Tangente mit Anfasser, die Linie selbst bleibt gerade.

Mit den nächsten beiden Schaltern können Sie Objekte in Pfade umwandeln:

- OBJEKT ZU PFAD UMWANDELN 🔲
- KONTUR ZU PFAD UMWANDELN 🔲

Beide Optionen sind auch über den Menübefehl PFAD → OBJEKT bzw. KONTUR IN PFAD UMWANDELN sowie über die Tastenkombination ⌨ + Strg + C bzw. Strg + Alt + C aktivierbar.

Ein Viereck zum Beispiel wird damit in einen Pfad mit vier Knoten umgewandelt, die Kontur eines solchen Objekts hat dann acht Knoten.

Abbildung 3.16
Ein Quadrat – einmal als Rechteckelement, in der Mitte umgewandelt in einen Pfad und rechts die Konturlinie umgewandelt in einen Pfad. Hier lässt sich die Zunahme der Knoten gut erkennen.

Hier ein Beispiel. Dabei handelt es sich um ein rotes Rechteck mit abgerundeten Ecken. Für dessen Darstellung als Pfad sind bereits acht Knoten nötig.

Hier als Rechteckobjekt:

```
<rect
      style="fill:#d40000;fill-opacity:1;stroke:none"
      id="rect2985"
      width="37.142857"
      height="54.285713"
      x="77.14286"
      y="83.790756"
      ry="17.142857"
/>
```

Und das gleiche Objekt in der Beschreibung als Pfad:

```
<path
      style="fill:#d40000;fill-opacity:1;stroke:none"
  d="m 94.285717,83.790756 2.857143,0 c 9.49714,0 17.14286,7.645714
17.14286,17.142854 l 0,20 c 0,9.49715 -7.64572,17.14286 -17.14286,17.14286
l -2.857143,0 c -9.497143,0 -17.142857,-7.64571 -17.142857,-17.14286 l 0,
-20 c 0,-9.49714 7.645714,-17.142854 17.142857,-17.142854 z"
      id="rect2985"
/>
```

Vorsicht

Ein solches Viereck erzeugt natürlich mehr Aufwand für das Rendern und benötigt innerhalb des SVG-Dokuments mehr Platz, wodurch auch die Größe der Datei zunimmt.

Pfadoperationen

Eine weitere Möglichkeit, Pfade zu erzeugen, mit denen spezielle Formen darge-stellt werden, besteht in gezeichneten Objekten oder Pfaden und den Pfadope-rationen, die Sie im Menü PFAD finden. Dies sind:

- VEREINIGUNG: Hier werden zwei oder mehr Objekte zu einem einzigen verei-nigt.
- DIFFERENZ: Hier wird das zuletzt erstellte Objekt vom vorhergehenden abge-zogen.
- ÜBERSCHNEIDUNG: Hier entsteht ein neues Objekt; nur die Schnittmenge der vorhergehenden Objekte bleibt übrig.
- EXKLUSIV-ODER oder AUSSCHLUSS: Hier werden die entsprechenden Objekte zusammengefügt und an den Stellen, an denen sie sich überschneiden, wird von der Form subtrahiert.

Abbildung 3.17
Die Ergebnisse der verschiedenen Pfadoperationen

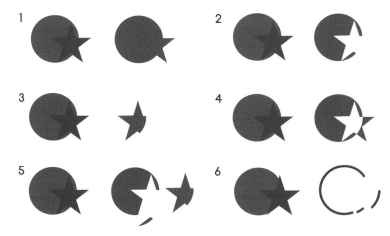

- DIVISION: Hier wird das zuerst gezeichnete Objekt dort, wo es sich mit dem anderen Objekt überschneidet, geteilt. Es entsteht je nach Überschneidung eine neue Anzahl an Objekten.
- PFAD ZERSCHNEIDEN: Wie bei der Division, nur bleiben hier nicht geschlossene Pfade übrig.

Diese Pfadoperationen werden sehr häufig beim Zeichnen benötigt und erleich-tern das Erstellen komplexer Formen.

Abbildung 3.18
Der Glossyeffekt mit Hilfe der Pfadoperationen erstellt. Unten die einzel-nen Schritte: auf ein Dupli-kat der Schrift wurde ein Oval gezeichnet; mit Hilfe von PFAD → ÜBERSCHNEI-DUNG bleibt die Form übrig, die den Glanz darstellt.

Mit diesen Funktionen kann man ganz schnell die beliebten Glossy-Effekte generieren: Erstellen Sie hierzu den Text mit dem Textwerkzeug und wandeln Sie ihn in einen Pfad um. Lösen Sie die Gruppierung der entstandenen Pfade auf und vereinigen Sie diese zu einem Gesamtpfad. Danach duplizieren Sie das Objekt und zeichnen ein Oval auf das Schriftobjekt. Dieses Oval wählen Sie gemeinsam mit dem Schriftobjekt aus und wenden ÜBERSCHNEIDUNG an; übrig bleibt die Form für den Glanz. Dieses Objekt müssen Sie nur noch mit einem Farbverlauf von Weiß nach transparent füllen und den Farbverlauf Ihrem Geschmack entsprechend anpassen.

Pfade kombinieren und zerlegen

Das PFAD-Menü hält noch mehr Möglichkeiten zum Bearbeiten und Erstellen von Pfaden bereit. Eine weitere Option ist PFAD → KOMBINIEREN, die auch mit der Tastenkombination $\boxed{\text{Strg}}$ + $\boxed{\text{K}}$ aufgerufen werden kann. Dieser Befehl bewirkt, dass mehrere einzelne Pfade zu einem zusammengefügt werden. Das ist mit der Pfadoperation VEREINIGUNG vergleichbar und hat den gleichen Effekt.

Wesentlich wichtiger ist PFAD → ZERLEGEN. Auch für diese Funktion gibt es natürlich einen Tastaturkurzbefehl: $\boxed{\Uparrow}$ + $\boxed{\text{Strg}}$ + $\boxed{\text{K}}$. Mithilfe dieser Funktion können Pfade in Einzelteile zerlegt werden. Dabei werden immer geschlossene Pfade erzeugt. Der Buchstabe »A« nur in der Kontur wird hierbei in vier Einzelteile zerlegt.

Diese Funktion ist sehr nützlich, wenn Sie zum Beispiel Skizzen vektorisiert haben, die in der Regel nur mit Konturlinien versehen oder »geinkt« sind, wie die Comiczeichner das nennen. Auf diese Weise lässt sich die Zeichnung schnell in Einzelteile zerlegen, die dann entsprechend eingefärbt werden können. Die Teile, die durchsichtig sein sollen, können mit der Pfadoperation DIFFERENZ auch schnell ausgeschnitten werden. Die Reihenfolge innerhalb der Z-Order ist dabei auch schon korrekt.

Abbildung 3.19
Den Buchstaben A mit Hilfe der Funktion PFAD ZERLEGEN in einer Konturlinie zerlegt: Die vier entstehenden Teile wurden zur besseren Sichtbarkeit nebeneinander dargestellt.

Pfade-Offset-Funktionen

Manchmal ist es nötig, Pfade ein wenig zu vergrößern oder zu verkleinern. Auch dafür bietet das PFAD-Menü entsprechende Funktionen. Die ersten beiden sind PFAD → SCHRUMPFEN und PFAD → ERWEITERN, die entsprechenden Tastaturkurzbefehle dafür sind $\boxed{\text{Strg}}$ + $\boxed{\text{[}}$ bzw. $\boxed{\text{Strg}}$ + $\boxed{\text{]}}$. Hier wird der entsprechend selektierte Pfad um die in den Einstellungen angegebene Größe (der Standard ist 2 px) verkleinert bzw. vergrößert.

Eine weitere Möglichkeit, einen Pfad entsprechend zu vergrößern bzw. zu verkleinern sind DYNAMISCHER und VERBUNDENER VERSATZ. Die Tastaturkurzbefehle hierfür sind $\boxed{\text{Strg}}$ + $\boxed{\text{J}}$ bzw. $\boxed{\text{Strg}}$ + $\boxed{\text{Alt}}$ + $\boxed{\text{J}}$. Bei diesen Funktionen wird am Pfad ein kleiner Anfasser in Form eines Quadrats gezeigt, der dann beliebig verschoben werden kann, um den Pfad entsprechend zu verkleinern oder zu vergrößern. Beim VERBUNDENEN VERSATZ wird diese Operation auf einen Klon des Originalpfads angewandt. Das heißt, im Anschluss existieren zwei Pfade, der Originalpfad und dessen Klon. Änderungen am Original haben automatisch Einfluss auf den Klon.

Abbildung 3.20
Ein Stern in verschiedenen Bearbeitungsmodi: links im Bearbeitungsmodus des Sternwerkzeugs, in der Mitte als Pfad mit Knoten, rechts im Bearbeitungsmodus für den Versatz, ganz rechts ein Stern mit dynamischem Versatz bearbeitet und oben das Original, unten das Ergebnis, bei dem Sie erkennen können, dass die Ecken sich abzurunden beginnen

Ein mit den Offset-Funktionen bearbeiteter Pfad bleibt in diesem Modus. Wird ein solches Objekt mit dem Werkzeug BEARBEITEN DER KNOTEN UND ANFASSER EINES PFADES selektiert, wird nur der Anfasser für die Offset-Funktion gezeigt. Zum Zurücksetzen und Anzeigen der einzelnen Knoten dieses Pfades muss er erst wieder über PFAD → OBJEKT IN PFAD UMWANDELN in einen »richtigen« Pfad umgewandelt werden.

Diese Funktionen haben ihre Tücken. Pfade lassen sich nicht endlos vergrößern, ohne ihre exakte Form zu verlieren. Spitze Ecken werden dann abgerundet. Sehr schnell wird das beim Stern deutlich; ein paarmal vergrößert und verkleinert, wird er schnell zum Tintenfleck. Deshalb sollten Sie nicht versuchen, Pfade mit diesen Funktionen endlos zu vergrößern, denn hier geht es nur um wenige Pixel. Für größer benötigte Objekte sollten Sie ein Duplikat oder einen Klon des Originalpfads entsprechend skalieren.

Pfade vereinfachen

Es wurde bereits angesprochen, dass sowohl die Größe der SVG-Datei als auch die Leistung, die zum Rendern der Grafik beansprucht wird, abhängig ist von der Anzahl der Knoten im Dokument. Das PFAD-Menü enthält zur Lösung dieses Problems die Funktion PFAD VEREINFACHEN. Überzählige Knoten, die nicht benötigt werden, werden damit entfernt. Trotzdem ist diese Funktion kein Allheilmittel. In manchen Fällen bewirkt sie sogar das Gegenteil. In einigen Fällen verursacht sie sogar unerwünschte Verformungen des Pfades. Diese Funktion sollten Sie deshalb nur zurückhaltend einsetzen. Am besten bereinigen Sie die Pfade von Hand.

Der Radiergummi

Der Radiergummi oder PFADE ENTFERNEN ⟨⟩, wie das Werkzeug eigentlich heißt, ist eine weitere Möglichkeit, Pfade zu bearbeiten. Dieses Werkzeug hat zwei Modi: OBJEKTE LÖSCHEN ⊠, die vom Radiergummi berührt werden, und AUS OBJEKT HERAUSSCHNEIDEN ▱.

Beim ersten Modus werden die Pfade komplett gelöscht, wenn Sie kurz mit dem Werkzeug mit gedrückter linker Maustaste darüberfahren. Im Modus AUS OBJEKT

HERAUSSCHNEIDEN wird wie mit einer Freihandlinie entsprechend aus dem Objekt oder Pfad ausradiert. Allerdings ist es schwierig, eine exakt gerade Linie zu erlangen. Hierfür setzen Sie besser eine Linie oder ein Rechteck ein, die bzw. das Sie mit der Pfadoperation DIFFERENZ ausschneiden. Beeinflussen können Sie nur noch die Linienbreite. Dieses Werkzeug ist über den Tastaturkurzbefehl ⌂ + E zu aktivieren.

Abbildung 3.21
Die Optionen des Werk-zeugs RADIERGUMMI: links das Original, in der Mitte mit der Option OBJEKTE LÖSCHEN und rechts mit der Option AUS OBJEKT HERAUS-SCHNEIDEN

Tweak-Tool

Mit dem Tweak-Tool, oder eigentlich OBJEKTE VERBESSERN DURCH VERFORMEN UND MALEN ✎, lassen sich erstellte Pfade und Objekte verschieben, rotieren, verviel-fältigen, verformen und umfärben. Die Tastenkombination zum Aktivieren dieses Werkzeugs ist ⌂ + F2. Was auf das Objekt bzw. den Pfad angewandt wird, ist abhängig von dem in der Werkzeugeinstellungsleiste gewählten Modus. Das Werkzeug wird jedoch nur auf Objekte angewandt, die ausgewählt waren, bevor es aktiviert wurde. Das Tweak-Tool hat folgende Modi:

- VERSCHIEBE OBJEKTE IN IRGENDEINE RICHTUNG ▦: In diesem Modus lassen sich die Objekte an eine andere Position bewegen.
- VERSCHIEBT OBJEKTE ZUM CURSOR ▦: Ist dieser Modus aktiviert, werden die Objekte zum Cursor hin verschoben, das heißt, mehrere Objekte, die sich im Umkreis des Pinsels befinden, werden näher zusammengeschoben. In Kom-bination mit der ⌂-Taste wird dieser Effekt umgekehrt, die Objekte bekommen größere Abstände zueinander.

Abbildung 3.22
Die Option VERSCHIEBEN verschiebt die Objekte im Umkreis zum Cursor hin oder mit gedrückter ⌂-Taste vom Cursor weg.

- OBJEKTE IN ZUFÄLLIGE RICHTUNGEN VERSCHIEBEN ▦: Hierbei werden Objekte inner-halb des Umkreises des Pinsels in zufällige Richtungen bewegt.

- SCHRUMPFT OBJEKTE ⬚: In diesem Modus werden alle Objekte im Umkreis des Pinsels geschrumpft; mit gedrückter ⌂-Taste lässt sich dieser Effekt umkehren.

Abbildung 3.23
Die Option SCHRUMPFEN des Tweak-Tools: links das Original, in der Mitte geschrumpft und rechts mit gedrückter ⌂-Taste umgekehrt

- OBJEKTE ROTIEREN ▦: Dieser Modus bewirkt, dass Objekte im Umkreis des Pinsels im Uhrzeigersinn rotiert werden. Je näher dabei ein Objekt dem Zentrum des Pinsels ist, umso größer ist die Rotation. Mit gedrückter ⌂-Taste lässt sich der Effekt umkehren; Objekte werden dann gegen den Uhrzeigersinn rotiert.

Abbildung 3.24
Die Option OBJEKTE ROTIEREN dreht die einzelnen Objekte innerhalb des Umkreises.

- DUPLIZIERT OBJEKTE ⬚: Hierbei werden Objekte, die sich im Umkreis befinden, vervielfältigt. Die gleichzeitig gedrückte ⌂-Taste kehrt diesen Effekt um und löscht Objekte im Umkreis des Pinsels.
- TEILE VON PFADEN IN EINE BELIEBIGE RICHTUNG VERSCHIEBEN ☁: Hierbei werden Objekte verformt, das heißt, die Knoten des Objekts werden zufällig verschoben. Objekte werden dafür automatisch in Pfade umgewandelt.
- TEILE VON PFADEN SCHRUMPFEN ✂: In diesem Modus werden die Knotenpunkte innerhalb des Umkreises des Pinsels in Richtung seines Zentrums verschoben, der Pfad schrumpft. Die gleichzeitig gedrückte ⌂-Taste kehrt diesen Effekt um und der Pfad wird erweitert.

Abbildung 3.25
Die Option SCHRUMPFT OBJEKTE schrumpft Pfade im Umkreis (links); in Kombination mit der ⌂-Taste werden die Pfade erweitert (rechts).

- TEILE VON PFADEN WERDEN VOM ZEIGER ANGEZOGEN ✕: In diesem Modus werden die Knotenpunkte, die sich im Umkreis des Pinsels befinden, in dessen Richtung gezogen und folgen der Bewegung des Pinsels. Sie können auf diese Weise verformt werden. Die gleichzeitig gedrückte ⇧-Taste kehrt auch hier den Effekt um, und die Teile des Pfades werden abgestoßen.

- TEILE VON PFADEN ANRAUHEN 🐾: Hierbei werden einige Knoten an den Pinsel gezogen und einige gleichzeitig abgestoßen. Das Objekt bekommt dadurch einen rau wirkenden Rand. Damit dieser Effekt allerdings wirkt, muss an dem entsprechenden Objekt eine gewisse Anzahl von Knoten vorhanden sein. Bei einem simplen Pfad aus vier Knoten wird das Objekt ansonsten ein wenig verformt. Wichtig an dieser Stelle ist auch zu wissen, dass dieser Effekt nur auf den Umkreis des Pinsels angewendet wird. Teilweise werden nicht für die Beschreibung nötige Knoten des Objekts gelöscht. Wollen Sie also diesen Effekt auf ein gesamtes Objekt anwenden, sollte der Pinsel etwas größer als dieses Objekt sein.

Abbildung 3.26
Die Option OBJEKTE ANRAU-HEN: Mit dieser Option können Objekte wie rechts gezeigt angeraut werden. Links zeigt das Objekt vorher; diesem Objekt wurde eine Anzahl von Knoten hinzugefügt, damit die Funktion ein vernünftiges Ergebnis erzielt.

- MALT MIT DER FARBE AUF AUSGEWÄHLTE OBJEKTE ◉: In diesem Modus werden die Objekte unterhalb des Pinsels mit der eingestellten Farbe umgefärbt. Die genaue Farbe, die diese Objekte erhalten, ist abhängig von der Farbe, die sie zu Beginn hatten, der eingestellten Farbe und der eingestellten »Kraft« bzw. wie oft dieser Effekt auf ein Objekt angewendet wurde. Rote Objekte zum Beispiel, die mit einem hellen Grün und diesem Effekt bearbeitet werden, können sowohl verschiedene Braun- als auch dunkle Grüntöne annehmen. Je öfter dann dieser Effekt angewendet wird, desto mehr nähert sich die Füllung des Objekts der eingestellten Farbe.

Abbildung 3.27
Mit dem Tweak-Tool und der Option MALE MIT DER AUSGEWÄHLTEN FARBE bearbeitete Objekte; die Ausgangsfarbe war Rot und die ausgewählte Farbe Grün.

- FARBEN DER GEWÄHLTEN OBJEKTE VERRAUSCHEN ⸫: Hierbei wird auf die ausgewählten Objekte ein Rauschfilter angewendet. Die Objekte unter dem Pinsel bekommen eine neue Farbe in Abhängigkeit von der Ausgangsfarbe. Das

Ergebnis kann durch die Schalter für Farbton, Sättigung, Helligkeit und Objektsichtbarkeit beeinflusst werden.

Abbildung 3.28
Mit dem Tweak-Tool und der Option FARBEN VERRAU-SCHEN bearbeitete Objekte; die Ausgangs-farbe war hier wieder Rot.

- AUSGEWÄHLTE OBJEKTE STÄRKER VERWISCHEN : In diesem Modus wird die Unschärfe in den Objekteinstellungen heraufgesetzt, das Objekt verwischt und wird unscharf. Die gedrückte ⇧-Taste kehrt diesen Effekt um.

Abbildung 3.29
Mit dem Tweak-Tool und der Option VERWISCHEN bearbeitete Objekte

Objekte vervielfältigen

Häufig werden von einem gezeichneten Objekt mehrere oder ähnlich ausse-hende Exemplare in einer Grafik benötigt. Für diesen Zweck gibt es verschiedene Möglichkeiten in Inkscape.

Kopieren

Inkscape bietet die Option, Objekte in den Zwischenspeicher zu kopieren und aus diesem wieder in das Dokument einzufügen. Damit ist es auch möglich, Objekte zwischen Dokumenten zu transferieren. In der Kommandoleiste finden Sie hierfür drei Schalter:

- KOPIEREN: Kopiert das Objekt und das Original bleibt erhalten.
- AUSSCHNEIDEN: Kopiert das Objekt nur in den Zwischenspeicher, das Original wird gelöscht.
- EINFÜGEN: Fügt den Inhalt der Zwischenablage in das Dokument ein.

Natürlich gibt es für diese Funktionen auch Tastenkombinationen. Es sind die bei anderen Programmen ebenfalls üblichen Strg + C für Kopieren, Strg + X für Ausschneiden und Strg + V für Einfügen.

Die Kopie wird beim Einfügen an der Stelle eingefügt, an der der Cursor im Doku-ment steht. Es ist außerdem möglich, mit der Tastenkombination Strg + Alt + V an dem gleichen Ort wie im Originaldokument einzufügen oder am glei-chen Ort auf einer anderen Ebene.

Für alle diese Optionen gibt es im Menü BEARBEITEN auch einen entsprechenden Menüeintrag.

Duplizieren und Klonen

Die einfachste Möglichkeit, ein Objekt zu vervielfältigen, besteht darin, das entsprechende selektierte Objekt zu duplizieren, entweder mit der Tastenkombination `Strg` + `D` oder über den Menübefehl BEARBEITEN → DUPLIZIEREN oder den Schalter 🗐 in der Kommandoleiste von Inkscape. Eine weitere Variante, ein Duplikat zu erzeugen, ist ein Klick mit der rechten Maustaste auf das entsprechende Objekt und die Wahl des Befehls DUPLIZIEREN im sich öffnenden Kontextmenü. Hier wird auf dem Originalobjekt ein entsprechendes Duplikat angelegt, das Sie dann an die gewünschte Position verschieben können.

Benötigen Sie mehrere gleiche Objekte, ist es günstiger, dieses Objekt zu »stempeln«. Dafür müssen Sie das Objekt auswählen und über die Zeichenfläche bewegen. An der Stelle, an der Sie ein Duplikat benötigen, drücken Sie die `Leer`-Taste, um das Duplikat zu erzeugen.

Es gibt noch eine weitere Methode, ein »Duplikat« eines Objekts oder einer Gruppe von Objekten anzulegen, und zwar als Bitmapgrafik. Dazu werden die ausgewählten Objekte als PNG mit einer Auflösung von 90 dpi exportiert und zurück ins Dokument importiert. Die Bitmapgrafik wird dabei eingebettet. Auch für diese Funktion gibt es eine Tastenkombination: `Alt` + `B`; diese dürfte allerdings bei den meisten Anwendern unwirksam sein, da die `Alt`-Taste die Menüleiste aktiviert und `B` dann das Menü BEARBEITEN öffnet.

Die Varianten des Duplizierens haben allerdings einen Nachteil: Sie erzeugen innerhalb des SVG-Codes neue Objekte mit neuen IDs. Diese können wieder getrennt mit Eigenschaften wie Füllung und Kontur versehen werden. Oft werden aber Objekte benötigt, die exakt die gleichen Eigenschaften aufweisen. Dafür eignen sich Klone besser; sie sparen auch Speicherplatz innerhalb des SVG-Codes. Einfach ausgedrückt, wird hier nur ein Element mit der gleichen ID noch einmal an einem anderen Ort im Dokument wiedergegeben.

Ein Klon eines selektierten Objekts lässt sich über den Menübefehl BEARBEITEN → KLONEN → KLON ERZEUGEN, über die Tastenkombination `Alt` + `D` oder den Schalter 🗐 in der Kommandoleiste erzeugen. Mit dieser Tastenkombination kann es allerdings zu Problemen kommen, da sie zumindest beim Linux-Desktop vorbelegt ist und das Menü DATEI öffnet. Wer hierfür eine Tastenkombination haben möchte, sollte diese entsprechend umkonfigurieren.

Ein Klon hat, wie angesprochen, die gleichen Eigenschaften wie das Originalobjekt. Werden die Eigenschaften des Klons oder des Elternelements geändert, ändern sich diese auch bei allen Klonen. Sollen diese Objekte später getrennt weiterbearbeitet werden, muss die Verbindung zwischen den Klonen gelöst werden. Ein entsprechender Menüeintrag findet sich unter BEARBEITEN → KLONEN → KLONVERBINDUNG AUFTRENNEN und in der Kommandoleiste gibt es hierfür auch einen Schalter: 🗐.

Abbildung 3.30
Das Verhalten von Klonen:
links das Original, in der
Mitte bestehen die Schafe
aus Duplikaten und ganz
rechts aus Klonen.

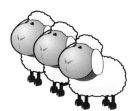

Bei der Auftrennung kommt es darauf an, welches Objekt selektiert ist. Ist das Elternelement verschiedener Klone ausgewählt, werden alle Klonverbindungen gelöst. Sollte nur ein Klon ausgewählt sein, wird nur dessen Verbindung zum Elternelement gelöst. Alle anderen Klone behalten ihre Verbindung. Die Tastenkombination für das Lösen von Klonverbindungen ist ⇧ + Alt + D. Falls Sie sehr viele Klone im Dokument haben und sich nicht mehr daran erinnern können, welches Objekt das Elternelement ist, können Sie dieses anzeigen und selektieren lassen. Dafür gibt es den Menübefehl BEARBEITEN → KLONEN → ORIGINAL AUSWÄHLEN, der auch mit der Tastenkombination ⇧ + D aufrufbar ist. Die Klonverbindung zu allen Klonen wird ebenfalls gelöst, wenn das Elternelement gelöscht wird. Es wird kurz eine gestrichelte Verbindungslinie zwischen dem gewählten Objekt und dem Elternelement angezeigt, und im Anschluss ist das Original ausgewählt.

Kopien und Klone sprühen

Seit der Version 0.48 verfügt Inkscape über das Sprühwerkzeug 🖌, mit dem sich Kopien und Klone von Objekten auch sprühen lassen. Dieses Werkzeug kann mit der Tastenkombination A oder ⇧ + F3 aktiviert werden. Nach dem Aktivieren dieses Werkzeugs können Sie zwischen dem Sprühwerkzeug und dem Auswahlwerkzeug mit der Leer-Taste umschalten.

Dieses Werkzeug hat drei Modi:

- SPRÜHE KOPIEN VOM ZULETZT AUSGEWÄHLTEN OBJEKT 🖿
- SPRÜHE KLONE VOM ZULETZT AUSGEWÄHLTEN OBJEKT 🖿
- SPRÜHE OBJEKTE IN EINEN EINZELNEN PFAD 🖿

Abbildung 3.31
Modus des Sprühwerkzeugs: Die oberen Sterne
sind mit dem Modus
KOPIEN bzw. KLONE und die
unteren mit dem Modus
OBJEKTE IN EINEN EINZELNEN
PFAD gesprüht. Die Konturlinie macht den Unterschied sichtbar.

Außerdem lassen sich die Größe des Pinsels, die Anzahl der Klone/Kopien, die innerhalb dieses Pinsels gesprüht werden, die Rotation, der Maßstab, die Streuung und der Fokus bestimmen.

Da Sie unter Umständen auch während des Sprühens Einstellungen ändern möchten, um ein besseres Ergebnis zu erzielen, gibt es hierfür auch Tastaturkurzbefehle. Die Größe des Pinsels kann mit den Cursortasten ← und → geändert werden. Pos1 setzt die Größe auf 1 und Ende auf 100. Die Anzahl kann mit den Cursortasten ↑ und ↓ erhöht bzw. verringert werden.

Interessant ist hier, dass der Maßstab, der die Zu- oder Abnahme in Bezug auf das Elternelement darstellt, auch auf Klone angewendet werden kann. Nach dem Sprühen verhalten sich diese Objekte wie alle anderen Klone auch; Änderungen auf das Elternelement haben also Einfluss auf alle Klone.

Kapitel

Textobjekte

4.1 Text und SVG

Text-Tags

Einer der großen Vorteile von SVG als Standard für das Internet ist, dass Text innerhalb des Dokuments als Text vorliegt, und nicht als Grafik wie bei anderen Formaten. Das hat eine Reihe von Vorteilen; so kann der Inhalt zum Beispiel von Suchmaschinen erfasst werden.

Text wird in einem SVG-Dokument folgendermaßen definiert:

```
<text x="10 40 70 100" y="30" style="font-size:30;font-family: Arial;
font-weight:bold;font-style:oblique;stroke:black;stroke-width:1;fill:none" >
  Text in SVG
</text>
```

Der Standard sieht eine Reihe von Eigenschaften für Text vor: Verschiebung oder Translation, Rotation der Zeichen, Laufrichtung und Orientierung, Textbündigkeit, Schriftdehnung, Zeichen-/Wortabstand und Kerning können beeinflusst werden. Selbst Text an einem Pfad ist im Standard definiert, nur an Zeilenumbrüche wurde bei der Definition des Standards nicht gedacht.

Abweichung vom Standard in Inkscape

Text in Inkscape weicht ein klein wenig vom SVG-Standard ab. Inkscape fügt zu Orientierungszwecken für jede Zeile Text ein <tspan>-Element mit Informationen aus dem Inkscape-Namensraum in das SVG-Dokument ein. Der Menüeintrag TEXT → IN NORMALEN TEXT UMWANDELN entfernt diese Elemente. Sie gehen natürlich auch verloren, wenn die Datei als normale oder für das Internet optimierte SVG-Datei gespeichert wird. Inkscape hat dann manchmal Probleme, derartigen Text wie gewohnt zu bearbeiten. Das kann vor allem der Fall sein, wenn von anderen Programmen erzeugte SVG verwendet werden sollen.

Hier ein entsprechendes Codebeispiel:

```
<text
   xml:space="preserve"
   style="font-size:40px;font-style:normal;font-weight:normal;
     line-height:125%;letter-spacing:0px;word-spacing:0px;
     fill:#000000;fill-opacity:1;stroke:none;font-family:Sans"
   x="192.47699"
   y="381.29376"
   id="text2985"
   sodipodi:linespacing="125%"><tspan
     sodipodi:role="line"
     id="tspan2987"
     x="192.47699"
     y="381.29376">Text über mehr als</tspan><tspan
     sodipodi:role="line"
     x="192.47699"
     y="431.29376"
     id="tspan2989">eine Zeile</tspan>
</text>
```

Wie Sie sehen, wird der Text über <tspan>-Elemente formatiert.

Problematik – Schrift im Browser

Generell gibt es mit Text innerhalb eines SVG-Dokuments das gleiche Problem wie mit Text innerhalb von HTML. Der entsprechende Font muss auf dem System, das das SVG später darstellen soll, ebenfalls installiert sein.

Abbildung 4.1
Die Darstellung von Text innerhalb von SVG im Browser, links mit der installierten Schriftart und rechts ohne die Schriftart, die Schrift wird mit der im Browser eingestellten Standardschriftart dargestellt.

Für Grafiken, die im Internet eingesetzt werden sollen, gibt es verschiedene Lösungen, die im Folgenden vorgestellt werden.

Text als Pfad

Für die Weitergabe der SVG bietet es sich an, den Text vorher in einen Pfad umzuwandeln. Dafür selektieren Sie das Textobjekt und wählen dann den Menübefehl PFAD → OBJEKT IN PFAD UMWANDELN oder drücken die Tastenkombination ⇧ + Strg + C . Jeder Buchstabe des Textobjekts wird dabei in einen eigenen Pfad umgewandelt und alle Buchstaben sind zu einer Gruppe zusammengefasst. In älteren Versionen von Inkscape wurde der Text komplett in einen Pfad umgewandelt.

Es hat sich auch eingebürgert, auf einer weiteren, ausgeblendeten Ebene diesen Text nochmals als Textelement zu haben. Dann bleibt der Text für den Empfänger editierbar.

Sind die Schriftelemente in einen Pfad umgewandelt, geht der Vorteil, dass sie durch Suchmaschinen indiziert werden können, verloren. Legt man auf die Indizierung keinen Wert, stellt diese Methode die einfachste Lösung dar.

Eingebetteter SVG-Font

Es ist auch möglich, eine Schriftart im SVG-Dokument einzubetten. Dazu wird das Element <font> in den <defs> benutzt. Die einzelnen Zeichen werden dann im <glyph>-Element als Pfad beschrieben. Der Name und die Familie werden ebenfalls niedergelegt.

Und so sieht das Ganze im Quellcode aus; zuerst die Beschreibung des Fonts:

```
<font id="DejaVuSans-BoldOblique" horiz-adv-x="1716" >
  <font-face
    font-family="DejaVu Sans"
    font-weight="700"
    font-style="oblique"
    font-stretch="normal"
    units-per-em="2048"
```

```
panose-1="2 11 8 3 3 3 4 11 2 4"
ascent="1556"
descent="-492"
x-height="1120"
cap-height="1493"
bbox="-2185 -789 4105.67 2295"
underline-thickness="90"
underline-position="-85"
slope="-11"
unicode-range="U+0020-1F640"
/>
```

Auf diese folgt dann die Beschreibung der einzelnen Zeichen:

```
<glyph glyph-name="uniFB00" unicode="ff" horiz-adv-x="1705"
d="M1107 1556l-46 -235h-198q-76 0 -111 -27q-36 -28 -49 -96l-15 -78h410l15 78q36
183 155 270q119 88 333 88h2741-46 -235h-198q-76 0 -111 -27q-36 -28 -49 -96l-15
-78h306l-50 -256h-306l-168 -864h-358l168 864h-410l-168 -864h-358l168 864h-178l50
256h178l15 78
q36 183 155 270q119 88 333 88h274z" />
```

Nicht dass es mit der Beschreibung aller Zeichen bereits getan ist, am Ende folgt noch eine ganze Reihe von Informationen, die das Kerning, also die Stellung mehrerer Zeichen nebeneinander, betreffen. Dies wird mit den Tags <hkern> und <vkern> angegeben und kann folgendermaßen aussehen:

```
<hkern g1="hyphen,uni2010"
  g2="T"
  k="301" />
```

Sie könnten die Beschreibungen der Glyphen mit Inkscape erzeugen, denn die Pfadbeschreibungen erhalten Sie, wenn Sie die einzelnen Zeichen in Pfade umwandeln. Sie müssten sie dann nur korrekt in die <defs> kopieren. Aber ehrlich gesagt möchte das keiner mit einem kompletten Zeichensatz tun, dafür gibt es Konvertierungsmöglichkeiten.

Der Nachteil der Einbettung des Fonts liegt auf der Hand: Das Dokument wird unendlich größer und komplizierter. SVG-Fonts können zwar auch in einem eigenen Dokument abgelegt und dann in einem anderen referenziert werden, jedoch hat diese Methode so einige Nachteile. Die Darstellung von kleineren Schriftgrößen zeigt außerdem einen Qualitätsverlust.

Die Typografie-Erweiterung

Diese Erweiterung bringt eine Reihe von Werkzeugen mit, um Fonts in Inkscape zu erstellen und ist ab der Version 0.49 standardmäßig enthalten.

Sie finden hier eine Funktion zum Setup der Zeichenfläche für einen Glyphen. Glyphen werden mit dieser Erweiterung einzeln auf jeweils einer Ebene angelegt, deshalb findet sich auch eine Funktion zum Anlegen eines solchen Glyphenlayers.

Exportieren können Sie die entworfenen Fonts als SVG-Fonts. Sie können aber SVG Fonts auch importieren und so zum Beispiel fehlende Zeichen ergänzen.

Abbildung 4.2
Eine Zeichenfläche für Glyphen mit den zum Setup
gesetzten Hilfslinien

WOFF

Die derzeit aussichtsreichste Lösung für das Problem mit den Schriftarten bei den Auszeichnungssprachen für eine Standardisierung durch das W3C stellt WOFF – Web Open Font Format – dar. Zurzeit ist dieses Format als Arbeitsentwurf in den Standardisierungsprozess aufgenommen worden. Bei diesem Format handelt es sich um ein komprimiertes Containerformat, das die Schriftart und Metadaten enthält. In diesen Angaben können zum Beispiel die Lizenz für den Font niedergelegt werden. Alle modernen Browser beherrschen dieses Format, der Internet Explorer seit der Version 9. Damit steht seinem Einsatz auch ohne Standardisierung nichts im Wege.

Da SVG mit internem und externem CSS umgehen kann, lassen sich auch WOFF in das Dokument einbinden. Inkscape sieht bisher noch keine Funktion für diese Möglichkeit vor. Das Stylesheet muss deshalb von Hand mit dem XML-Editor oder einem Texteditor hinzugefügt werden.

```
<defs>
    <style type="text/css">
     @font-face {
     font-family: 'Name der Schriftfamilie';
     src: url('Name-der-Datei.woff') format('woff');
     font-weight: normal; /* Nicht fett */
     font-style: normal; /* Nicht kursiv */
     }
    </style>
</defs>
```

Natürlich kann auch ein externes CSS-File verlinkt werden.

Werkzeuge

Wollen Sie also SVG im Internet verwenden und Text auch als Text darstellen, müssen Sie sich für eine der Methoden entscheiden. Auf welche auch immer Ihre Wahl fällt, benötigen Sie ein Werkzeug, um die erforderlichen Dateien zu erstellen.

Für beide Formate gibt es eine große Anzahl von Services, die die Konvertierung im Internet anbieten, wie beispielsweise Font Squirrel (http://www.fontsquir-rel.com/fontface/generator) oder Googles Web Fonts (http://www.google.com/webfonts).

Abbildung 4.3
Der Font-Face Generator
von Fontsquirrel

Es gibt aber auch Programme, die auf dem eigenen Rechner installiert werden können und für diese Aufgabe geeignet sind.

Batik

Abbildung 4.4
Das Logo von
Apaches Batik

Der erste Kandidat beherrscht mehr als nur das Konvertieren von Fonts. Apaches Batik kann beispielsweise SVG auch in JPEG oder TIFF rendern.

Batik ist einst von IBM ins Leben gerufen worden und heute ein von der Apache Foundation weiterentwickeltes Toolset zum Erzeugen und Manipulieren von SVG (http://xmlgraphics.apache.org/batik/). Batik ist in Java implementiert und damit plattformunabhängig und steht unter der freien Apache Software License.

Linux-Nutzer sind hier wieder im Vorteil; sie finden die Software in den Repositories ihrer Distribution zur Installation, meist sogar zerlegt in die Hauptwerkzeugsets.

Windows-Nutzer finden auf den Seiten des Projekts entsprechende Pakete zum Download, müssen aber vorher eine Java Runtime Engine (JRE) installieren (http://www.java.com/de/download/). Der Download muss dann nur entpackt werden.

Da Batik aber ein Werkzeugset zum Entwickeln eigener Anwendungen ist, gibt es natürlich keine grafische Benutzeroberfläche. Es muss also auf der Kommandozeile bedient werden. Der Aufruf für die Schriftkonvertierung ist:

```
java -jar batik-ttf2svg.jar OPTIONEN
```

Unter den Optionen können Sie den Pfad zum True Type Font angeben und natürlich den Pfad, wohin das Ergebnis gespeichert werden soll. Sie können auch Zeichen auswählen und eine Testcard (also Zeichen in der Darstellung in das SVG) rendern lassen.

FontForge

Wer es lieber grafisch mag, der sollte eventuell zu FontForge greifen. FontForge ist ein freies Schriftbearbeitungsprogramm zum Entwickeln von Fonts. Da es eine ganze Reihe von Fontformaten beherrscht, darunter auch SVG und WOFF, kann es für beide zum Konvertieren benutzt werden. Vom Aussehen sollte man sich nicht täuschen lassen, für seinen Anwendungsbereich ist dieses Programm sehr mächtig.

Linux-Nutzer können dieses Programm wieder aus den Repositories ihrer jeweiligen Distribution installieren.

Für Windows-Nutzer ist der Installationsaufwand recht hoch. Sie müssen erst Cygwin installieren (http://www.cygwin.com/), denn der Autor von FontForge stellt selbst keine Binärpakete für Windows mehr bereit (http://fontforge.source-forge.net/ms-install.html). Aber Cygwin selbst bietet auf seinen Seiten ein entsprechendes Paket an.

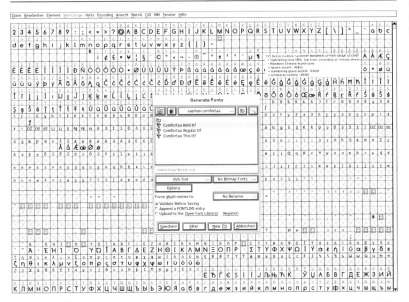

Abbildung 4.5
Die Programmoberfläche von FontForge

Nach dem Öffnen des Fonts muss dann eigentlich nur FONT GENERIEREN gewählt und das gewünschte Format eingestellt werden.

4.2 Text erstellen

Textwerkzeug

Das Tool, mit dem Sie Textobjekte in Inkscape »zeichnen« können, ist das Werkzeug TEXTE ERSTELLEN UND BEARBEITEN **A**, das auch über den Tastaturkurzbefehl F8 oder T zu aktivieren ist.

Die Werkzeugeinstellungsleiste bietet fast die gleichen Optionen wie von Office-Programmen gewohnt. Sie können die Schriftart, Schriftgröße, den Schriftstil fett oder kursiv auswählen, auch die Ausrichtung links- oder rechtsbündig, zentriert oder Blocksatz können Sie festlegen.

Einige Besonderheiten gibt es im Umgang mit dem Textwerkzeug aber zu erwähnen: So funktionieren zum Beispiel die meisten Tastaturkurzbefehle nicht, wenn das Werkzeug ausgewählt ist. Es wird in diesem Fall das entsprechende Zeichen erstellt.

Textdialog

Die meisten dieser Optionen sind in der Werkzeugeinstellungsleiste oder im Dialogfenster SCHRIFT UND TEXT, das Sie auch mit der Tastenkombination ⇧ + Strg + T öffnen können, festlegbar.

Abbildung 4.6
Das Textdialogfenster
von Inkscape

Vorsicht

Fließtext war nur als Entwurf für den SVG-Standard 1.2 eingereicht, ist aber nicht angenommen worden. Viele andere Programme können also Probleme haben, Fließtext zu rendern. Deshalb sollte dieser Text vor der Weitergabe in normalen Text umgewandelt werden.

Regulärer Text und Fließtext

Für das Erstellen eines Textobjekts klicken Sie mit dem aktivierten Textwerkzeug in die Zeichenfläche; dann können Sie sofort mit der Eingabe beginnen. Dass Sie sich im Eingabemodus befinden, wird durch einen blinkenden Cursor auf der Zeichenfläche angezeigt. Auf diese Weise erzeugen Sie normale Textelemente. Es gibt aber noch eine weitere Methode, Text in Inkscape zu erstellen.

Die zweite Methode ist die Eingabe als Fließtext. Dafür wird zunächst das Textwerkzeug ausgewählt und mit gedrückter linker Maustaste ein Rahmen auf der Zeichenfläche gezeichnet. Die Texteingabe ist dann innerhalb dieses Rahmens möglich. Dabei wird nur der Text angezeigt, der sich innerhalb des Rahmens befindet. Text außerhalb wird nicht dargestellt und der Rahmen wird rot eingefärbt. Die

Box kann mit dem Anfasser unten rechts in der Größe angepasst werden; mit gleichzeitig gedrückter ⌈Strg⌉-Taste wird die Höhe oder die Breite fixiert.

Abbildung 4.7
Fließtext in Inkscape

Ob Textobjekt oder Fließtext, in beiden Fällen kann Text aus dem Zwischenspeicher in das Dokument kopiert werden. Dabei werden auch Sonderzeichen übertragen.

Glyphendialog – Eingabe von Sonderzeichen

Über Copy & Paste lassen sich zwar Sonderzeichen einfügen, es gibt aber auch die Möglichkeit, das Textwerkzeug in den Modus für die Eingabe von Unicode zu setzen, um Sonderzeichen einzugeben. Dafür drücken Sie bei aktiviertem Textwerkzeug ⌈Strg⌉ + ⌈U⌉, geben dann den Code für das gewünschte Zeichen ein und schließen die Eingabe mit der ⌈↵⌉-Taste ab.

Nicht vorhandene 字體-Zeichen

Abbildung 4.8
Eingabe von Unicode-Zeichen

Da nicht jeder den entsprechenden Unicode für das einzufügende Zeichen im Kopf hat und auch nicht jede Schriftart über die entsprechenden Zeichen verfügt, gibt es in Inkscape eine weitere Möglichkeit, derartige Zeichen zu erzeugen: den GLYPHEN-Dialog. Dieses Dialogfenster öffnen Sie über TEXT → GLYPHEN.

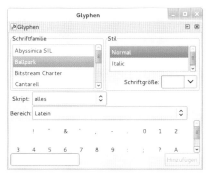

Abbildung 4.9
Inkscapes Glyphendialogfenster

Vorsicht

Vorsicht beim Kopieren von Schriftzeichen in Sprachen, die eine andere Laufrichtung haben, wie zum Beispiel Hebräisch. Die Eingabe wechselt dann in den Modus »von rechts nach links schreiben«.

Dort finden Sie die installierten Schriftarten und können sich die entsprechenden Sonderzeichen anzeigen lassen. Die Suche in den Zeichensätzen lässt sich auch einschränken, sodass das benötigte Zeichen schneller gefunden wird. Um das betreffende Zeichen in die Grafik einzufügen, muss allerdings bereits ein Textobjekt mit einem Zeichen existieren.

Rechtschreibprüfung

Inkscape verfügt über eine Rechtschreibprüfung, und zwar sowohl direkt auf dem Zeichencanvas als auch im Texteditor-Dialog. Die Benutzung ist allerdings eingeschränkt. Für Windows-Nutzer liefern die Entwickler nur die englischen Wörterlisten mit. Auch die Nachrüstung von Wörterlisten unter Windows gestaltet sich problematisch. Für Linux-Nutzer sieht es etwas besser aus, da Inkscape hier auf Aspell setzt. Ist die entsprechende Wörterliste für Deutsch installiert, kann sie in den Einstellungen von Inkscape ausgewählt werden. So können insgesamt bis zu drei Sprachen geprüft werden.

Falls die Option in den Inkscape-Einstellungen nicht vorhanden ist, kann davon ausgegangen werden, dass Inkscape ohne Unterstützung für die Rechtschreibprüfung übersetzt wurde. Bei Fedora und openSUSE ist das derzeit der Fall.

Über eine Funktion zur Silbentrennung verfügt Inkscape nicht.

Suchen und Ersetzen

Eine Funktion zum Suchen und Ersetzen von Text ist unter ERWEITERUNGEN → TEXT → TEXT ERSETZEN zu finden. Das entsprechende Textobjekt muss für die Anwendung ausgewählt sein. Zum Auffinden eines Wortes kann aber auch die Suchmaske, die über BEARBEITEN → SUCHEN geöffnet wird, benutzt werden.

Abbildung 4.10
Das Dialogfenster zum Suchen und Ersetzen von Text.

Text selektieren

Wählen Sie mit aktiviertem Textwerkzeug ein Textobjekt aus, wechselt Inkscape in den Editiermodus. Der Cursor steht dabei hinter dem letzten Zeichen. Ein Einzelklick mit dem Auswahlwerkzeug setzt das Textobjekt ebenfalls in den Editiermodus, nur steht hier der Cursor ungefähr an der Stelle, an der man geklickt hat. Ein Doppelklick markiert dann das ganze Wort.

Befindet sich ein Textobjekt im Editiermodus, können Sie auch die Tastatur zur Navigation und Veränderung benutzen:

- Cursortasten: Bewegen den Cursor jeweils ein Zeichen vor oder zurück bzw. eine Zeile nach oben oder nach unten.
- `Strg` + Cursortasten: Bewegt den Cursor jeweils wortweise.

- [Pos1]: Setzt den Cursor an den Anfang einer Zeile.
- [Ende]: Setzt den Cursor an das Ende einer Zeile.
- [Strg] + [Bild ↑]: Bewegt den Cursor einen Abschnitt nach oben.
- [Strg] + [Bild ↓]: Setzt den Cursor einen Abschnitt nach unten.
- [Strg] + [Pos1]: Setzt den Cursor an den Beginn des Textes.
- [Strg] + [Ende]: Setzt den Cursor an das Ende des Textes.

4.3 Text gestalten

Text in SVG dient der grafischen Gestaltung, deshalb gibt es viele Methoden, Text anzupassen, wie in den folgenden Abschnitten gezeigt wird.

Schriftart und -größe anpassen

Die Schriftart und die Schriftgröße können entweder in der Werkzeugeinstellungsleiste bei aktiviertem Textwerkzeug oder im Dialogfenster SCHRIFT UND TEXT geändert werden.

Abbildung 4.11
Die Optionen für das Anpassen von Schriftzeichen.

Der Schriftstil kann auf BOLD (fett) und/oder ITALIC (kursiv) gesetzt werden, vorausgesetzt, der gewählte Font verfügt über die entsprechenden Zeichen. Die Einstellungen können auf selektierten, aber auch auf den gesamten Text angewendet werden. Allerdings machen weitere Änderungen den gesamten Text betreffend diese Stileinstellung wieder rückgängig. Das gilt auch für Größenänderungen.

Text mal fett und mal kursiv

Abbildung 4.12
Text kann auch in Inkscape fett und/oder kursiv gestaltet werden.

Sie können die Ausrichtung des Textes bestimmen, entweder horizontal oder vertikal. Dafür finden Sie in der Werkzeugeinstellungsleiste die Schalter ▦ und ▦. Diese Schalter stehen ebenso im Dialogfenster SCHRIFT UND TEXT zur Verfügung. Text kann außerdem wie jedes andere Objekt auch rotiert oder geflippt werden.

Die Textbündigkeit kann auf links-, rechtsbündig, zentriert oder Block gesetzt werden. Dafür stehen in der Werkzeugeinstellungsleiste natürlich entsprechende Schalter zur Verfügung; diese Einstellungen sind aber auch im Dialogfenster SCHRIFT UND TEXT zu finden, wobei Letzteres den Text dann in Fließtext umwandelt.

Schriftzeichen können hoch- oder tiefgestellt werden.

Abbildung 4.13
Text hoch- und tiefgestellt

hoch^{gestellt}   tief_{gestellt}

Kerning, Laufweite und andere Abstände anpassen

Neben der Benutzung der entsprechenden Schalter in den Werkzeugeinstellungen des Textwerkzeugs kann Text auch mit Tastenkombinationen angepasst werden.

Abbildung 4.14
Die Eingabefelder für das Anpassen von Text

Der Versatz der einzelnen Buchstaben horizontal und vertikal kann über die Tastenkombination `Alt` + Cursortasten geändert werden. Dabei wird der Zwischenraum um jeweils ein Pixel erweitert, die Tastenkombination `⇧` + `Alt` + Cursortasten vergrößert ihn um zehn Pixel.

Abbildung 4.15
Die Laufweite kann in Inkscape ebenfalls verändert werden: Links der Originaltext, in der Mitte um 2 Pixel und rechts um 10 Pixel verschoben.

Text　Text　T ext

Das Ganze kann auch auf alle Zeichen gleichzeitig angewendet werden. Die entsprechende Tastenkombination dafür ist `Alt` + `>` bzw. `Alt` + `<`; hiermit wird der Abstand zwischen allen Zeichen auf der entsprechenden Zeile um jeweils ein Pixel erweitert bzw. verringert. In Kombination mit der `Strg`-Taste kann auch hier der Abstand um zehn Pixel erweitert bzw. verringert werden. Die Tastenkombination `Strg` + `Alt` + `>` verringert den Abstand also um zehn Pixel.

Vorsicht

Das Textwerkzeug sollte unbedingt aktiv sein und das entsprechende Textobjekt auch richtig selektiert, sonst skaliert dieses Tastenkürzel das Objekt!

Abbildung 4.16
Mit der Tastenkombination Alt + ← bzw. Alt + → kann auch die Laufweite aller Buchstaben auf einer Zeile angepasst werden.

Text　Text　T e x t

Auch die Rotation einzelner Zeichen ist über die Tastatur möglich. Diese Änderung wird auf alle ausgewählten Zeichen angewendet oder das Zeichen hinter dem aktiven Cursor wird rotiert. Die Tastenkombination für das Drehen im Uhrzeigersinn ist `Alt` + `]`; mit `Alt` + `[` wird gegen den Uhrzeigersinn gedreht. Mit diesen Tastenkombinationen wird jeweils um ein Pixel gedreht. In Kombination mit der `Strg`-Taste wird der Buchstabe um 90 Grad gedreht.

Text   Text   T_ext

Abbildung 4.17
Einzelne Zeichen können
gedreht werden.

Der Abstand zwischen den Zeilen lässt sich ebenfalls über eine Tastenkombination verringern oder vergrößern. Die entsprechenden Tastaturkurzbefehle dafür sind [Strg] + [Alt] + [>] und [Strg] + [Alt] + [<]. Hiermit wird der Zeilenabstand um jeweils ein Pixel verringert bzw. vergrößert. Auch hier gibt es eine Tastenkombination für den größeren Schritt um jeweils zehn Pixel. Der Standard ist in diesem Fall aber schlecht gewählt, da [⇧] + [Strg] + [Alt] + [<] bzw. [>] die Vergrößerung bzw. Verkleinerung erreichen soll. Die [⇧]-Taste wird aber bereits für das Erzeugen des >-Zeichens benötigt. Wer unbedingt eine solche Kombination benötigt, muss sie also in den Einstellungen anpassen.

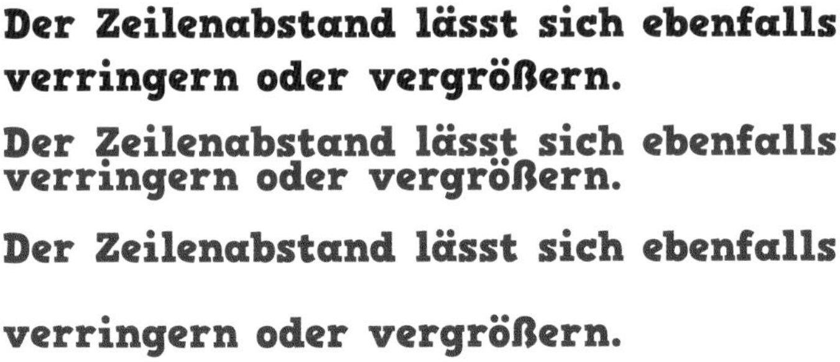

Der Zeilenabstand lässt sich ebenfalls verringern oder vergrößern.

Der Zeilenabstand lässt sich ebenfalls verringern oder vergrößern.

Der Zeilenabstand lässt sich ebenfalls

verringern oder vergrößern.

Abbildung 4.18
Auch die Zeilenabstände
können verändert werden.

Text ausrichten

Text an Pfad ausrichten

In Inkscape wird Text eher zur Gestaltung von Grafiken eingesetzt. Daher ist es oft notwendig, Text an einem Pfad auszurichten. Dafür selektieren Sie zunächst das Textobjekt und den entsprechenden Pfad und wählen dann den Menübefehl TEXT → AN PFAD AUSRICHTEN.

Der Pfad muss allerdings erhalten bleiben und lässt sich nicht löschen. Sollte dieses Objekt stören, können Sie es über die Attribute unsichtbar machen.

Das Textobjekt lässt sich getrennt vom Pfad, an dem es ausgerichtet wurde, bewegen. Bewegen Sie allerdings den Pfad, wird auch das Textobjekt mit bewegt.

Sie können Text an allen gezeichneten Objekten ausrichten, außer an Rechtecken, die zuvor in einen Pfad umgewandelt werden müssen. Der Text wird beim linken unteren Knoten beginnend ausgerichtet; für eine andere Ausrichtung müssen Sie das Rechteck entsprechend drehen.

Um den ausgerichteten Text wieder vom Pfad zu trennen, wählen Sie den Menübefehl TEXT → VON PFAD TRENNEN.

Abbildung 4.19
Text an einem Pfad ausgerichtet – links das Textobjekt und der Pfad, in der Mitte nach der Ausführung der Funktion, rechts wurde der Pfad mit den Objektfarbeinstellungen unsichtbar gemacht.

Text an einem Pfad

Umbruch an Form ausrichten

Um Text in eine bestimmte Form zu bringen, können Sie die Funktion TEXT → UMBRUCH AN FORM ANPASSEN verwenden, die sich auch über die Tastenkombination [Alt] + [W] aufrufen lässt. Sowohl der Text als auch die Form müssen dazu ausgewählt sein.

Um die Bindung an die Form aufzuheben, drücken Sie die Tastenkombination [⇧] + [Alt] + [W].

Der Text lässt sich unabhängig von der Form bewegen; wird jedoch die Form bewegt, wird der Text mit bewegt.

Abbildung 4.20
Text an einem Pfad ausrichten: links der Pfad und das Textobjekt, in der Mitte ausgerichtet, und rechts das Textobjekt nachdem der Pfad über die Objektfarbeinstellungen unsichtbar gemacht wurde.

Text Umbruch an einer Form ausgerichtet

Der Text darf allerdings nicht umfangreicher sein als die Form, andernfalls wird er abgeschnitten.

4.4 Texterweiterungen

Inkscape verfügt über eine Reihe von Erweiterungen mit Textfunktionen; eine haben Sie mit TEXT SUCHEN UND ERSETZEN bereits kennengelernt. Aber es gibt noch weitere, die alle unter ERWEITERUNGEN → TEXT zu finden sind. Für die Anwendung muss das entsprechende Textobjekt ausgewählt sein.

Die meisten dieser Erweiterungen betreffen die Schreibweise. So lassen sich alle Buchstaben in Großbuchstaben und umgekehrt umwandeln. Es kann auch zufällig zwischen Groß- und Kleinschreibung gewechselt werden, was sich ebenfalls umkehren lässt. Es gibt außerdem eine Erweiterung, die die englische Satzbauweise und die Schreibweise in Überschriften auf das Textobjekt anwendet. Die Schrift kann auch in Blindenschrift umgewandelt werden. Alle diese Erweiterungen sind jedoch eher nette Spielereien. Aber gibt es auch nützliche Texterweiterungen.

Lorem ipsum dolor sit amet, consectetuer adipiscing elit.	LOREM IPSUM DOLOR SIT AMET, CONSECTETUER ADIPISCING ELIT.	Lorem Ipsum Dolor Sit Amet, Consectetuer Adipiscing Elit.	**Abbildung 4.21** Die verschiedenen Erweiterungen auf den Beispieltext links oben angewendet
lorem ipsum dolor sit amet, consectetuer adipiscing elit.	lOREM IPSUM DOLOR SIT AMET, CONSECTETUER ADIPISCING ELIT.	LoReM iPsUm doLoR SiT AmEt, ConSeCTeTuER AdIPiScINg eLiT.	

LOREM IPSUM wird zum Erzeugen von Blindtext benötigt, der immer wieder einmal zum Erstellen eines Designs, zum Beispiel einer Webseite, erforderlich ist. Hier können Sie die Anzahl der Abschnitte, die Sätze pro Abschnitt und den Längenunterschied angeben. Anschließend wird ein Blindtext mit diesen Einstellungen erzeugt.

Lorem ipsum dolor sit amet, consectetuer adipiscing elit. Praesent aliquet, neque pretium congue mattis, ipsum augue dignissim ante, ac pretium nisl lectus at magna. In leo ante, venenatis eu, volutpat ut, imperdiet auctor, enim. Nam malesuada sapien eu nibh.

Abbildung 4.22 Das Dialogfenster der Lorem Ipsum Erweiterung und der mit den Einstellungen erzeugte Text.

Ebenfalls interessant ist die Funktion TEXT TEILEN. Mit dieser Erweiterung kann ein Textobjekt in mehrere zerlegt werden. Hierbei können Sie wählen, ob die Funktion den Text zeilenweise, wortweise oder sogar buchstabenweise in neue Objekte zerlegen soll. Das kann für die Weitergabe des SVG-Dokuments sinnvoll sein. Die Funktion zerstört allerdings die Ausrichtung des Textes, er muss also anschließend wieder gesetzt werden.

Kapitel

5

Farben und Füllungen

5.1 Der Dialog für die Objektfarbeinstellungen

Neben der Anzeige der Farben und deren Einstellungen in der Schnellansicht am unteren Rand des Programmfensters von Inkscape können Sie sich die Eigenschaften des gewählten Objekts auch in einem entsprechenden Dialogfenster anzeigen lassen. In diesem Dialogfenster können Sie alle Einstellungen für die Füllung des Objekts und dessen Konturlinie vornehmen. Dieses Dialogfenster rufen Sie durch einen Klick auf das Icon 🖋 in der Kommandoleiste oder über die Tastenkombination ⇧ + Strg + F auf.

Abbildung 5.1
Das Dialogfenster FÜLLUNG
UND KONTUR

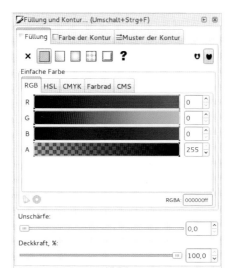

Unter den entsprechenden Reitern weisen Sie der Füllung und/oder der Konturlinie eine Eigenschaft zu:

- × keine Füllung bzw. vorhandene Füllung entfernen
- ☐ VOLLFARBE
- ☐ LINEARER FARBVERLAUF
- ☐ RADIALER FARBVERLAUF
- ☐ MUSTERFÜLLUNG
- ☐ ANGEPASSTE SWATCHES
- ? NICHT SETZEN

Wählen Sie den Schalter für radialen oder linearen Farbverlauf, wird die Füllung in einen entsprechenden Farbverlauf umgewandelt. Sie können auch aus vorhandenen Farbverläufen den gewünschten auswählen oder den Farbverlaufseditor 🖾 öffnen. Farbverläufe werden im Code von SVG den <defs> hinzugefügt. Dort bleiben sie erhalten, selbst wenn der Farbverlauf nicht im Dokument verwendet wird.

Bei Musterfüllungen kann auch aus den vorhandenen ausgewählt werden. Der Schalter ANGEPASSTE SWATCHES ☐ fügt Farbverläufe einer Auswahl von Farbverläufen hinzu, die in diesem Dokument verfügbar sind. Diese Verläufe können dann über die Farbpalette am unteren Rand des Inkscape-Programmfensters zugewiesen werden, wenn die Palette auf AUTO steht. Sie können diese Verläufe aber auch über den Swatchesdialog auswählen, der mit der Tastenkombination ⌂ + Strg + W geöffnet wird.

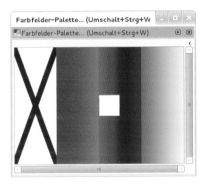

Abbildung 5.2
Der Dialog für »Custom Swatches«: Das Viereck innerhalb des Farbverlaufs gibt an, welchen Farbverlauf das momentan gewählte Objekt hat.

Solche Farbverläufe werden nicht mit der Funktion LEERE DEFS AUFRÄUMEN gelöscht, auch wenn sie nicht im Dokument verwendet werden. Damit das möglich wird, wird im Quelltext dem Farbverlauf eine Option aus dem Inkscape-Namensraum hinzugefügt:

```
<defs>
  <linearGradient
     inkscape:collect="always"
     xlink:href="#linearGradient3761"
     id="linearGradient3765"
     x1="-540.00001"
     y1="490.93362"
     x2="-437.14287"
     y2="490.93362"
     gradientUnits="userSpaceOnUse" />
</defs>
```

Diese Farbverläufe werden in anderen Programmen normal dargestellt.

Die Option NICHT SETZEN kann für Klone verwendet werden, um nur einem einzelnen Klon eine andere Füllung oder Kontur zuzuweisen.

Außerdem gibt es zwei Schalter für die Füllregel:

- EVENODD 🌑
- NONZERO 🌑

Die Füllregel gibt an, wie ein Pfadobjekt gefüllt werden soll, wenn der Pfad sich selbst überlappt. Bei NONZERO wird der komplette Pfad gefüllt; bei EVENODD nur jede zweite Fläche, gezählt wird von links außen nach rechts.

Im Dialogfenster gibt es verschiedene Reiter für die Einstellung der Farbe: RGB (Rot, Grün, Blau) als Standardmethode für Computermonitore, HSL (Hue, Saturation, Lightness) für die Definition der Farbe über Farbton, Sättigung und Helligkeit und CMYK (Cyan, Magenta, Yellow, Key-Black) als Standardmethode für den Printbereich.

Abbildung 5.3
Füllregeln für sich über-
lappende Pfad: links
EVE-NODD, in der Mitte die
Zählmethode für diese
Regel und rechts NONZERO

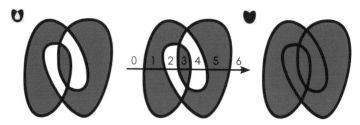

Hier ist anzumerken, dass Inkscape alle Farbwerte trotzdem als RGB-Wert speichert. Das FARBRAD als alternative Eingabemethode für HSL und der letzte Reiter
CMS kommt nur in Betracht, wenn Sie Inkscape im Zusammenhang mit einem
Color-Management-System bzw. einem angegebenen Farbprofil benutzen. In
diesem Reiter können Sie die Farben über die Schieberegler oder über die Eingabe der Werte festlegen.

Schließlich können noch die Sichtbarkeit/Transparenz, die sich auf das gesamte
Objekt, also Füllung und Kontur, bezieht, und eine Unschärfe angegeben werden.

Unter dem Reiter MUSTER DER KONTUR finden Sie alle Einstellungen, die die Konturlinie betreffen.

Hier können Sie unter anderem die Breite der Konturlinie einstellen (und zwar
genauer als das in den Schnelleinstellungen für die Konturlinie möglich ist). Mit
den Schaltern für die Verbindungsart kann eben diese gesetzt werden. Auch die
Angabe des Linienendes können Sie über Optionsschalter festlegen. Sie können
außerdem die Linienart wählen und den Knotenpunkten eine eigene Markierung
zuweisen.

Abbildung 5.4
Einstellungen für die Konturlinie: links die Verbindungsart – von oben nach
unten – spitz (Standard),
abgerundet und abge-
schrägt; in der Mitte links
eine Konturlinie mit abgerundeten Enden, daneben
verschiedene Strichlinien
und rechts verschiedene
Formen von Anfangsmar-
kierungen

5.2 Die Farbpalette

Die einfachste Methode, in Inkscape einem gezeichneten Objekt eine Farbe zu
geben, besteht in der Verwendung der Farbpalette. Wählen Sie in dieser Palette
eine Farbe aus, erhalten alle ausgewählten Objekte diese Farbe als Füllfarbe. In
Kombination mit der ⬚-Taste wird die gewählte Farbe der Konturlinie zugewiesen. War bereits eine Konturlinie vorhanden, bleiben die Einstellungen der
Breite und ein eventuelles Muster erhalten. Objekte, die zuvor keine Konturlinie
hatten, bekommen eine ein Pixel breite Konturlinie in der gewählten Farbe.

Inkscape bringt neben der als Standard eingestellten Farbpalette noch eine ganze Reihe weiterer Farbpaletten mit. So zum Beispiel die Farbpalette SVG, die alle im Standard festgelegten Farben mit dem entsprechenden Namen enthält.

Es gibt verschiedene Methoden, Farben innerhalb von SVG anzugeben: als Hexadezimalwert, als RGB-Wert, als prozentualen RGB-Wert oder mit dem Namen.

```
fill="#FF0000" oder fill="#F00"
fill="rgb(255, 0, 0)" oder fill="rgb(100%, 0%, 0%)"
fill="red"
```

Damit das Rendern über Farbnamen funktioniert, gibt es 140 Farben, deren Namen und Farbwerte definiert sind. Die gleichen Farbnamen verwenden übrigens auch andere Standards des W3C, so zum Beispiel CSS3. Inkscape verwendet selbst immer die Hexadezimalschreibweise für die Farben, kann aber natürlich auch Dokumente öffnen und die Farben korrekt darstellen, bei denen die Schreibweise über Namen gewählt wurde. Beim Speichern als für das Internet optimiertes SVG werden die Farbnamen allerdings entfernt und durch den Hexadezimalwert ersetzt.

Die von Inkscape bereitgehaltenen Farbpaletten lassen sich über den kleinen Pfeil am rechten Ende der Farbpalette einstellen. Inkscape verwendet das gleiche Dateiformat zum Speichern dieser Farbpaletten wie GIMP (GNU Image Manipulation Program). Die Paletten sind bei Linux unter /usr/share/inkscape/palettes bzw. ~/.config/inkscape/palettes und bei Windows im Installationsverzeichnis unter palettes zu finden.

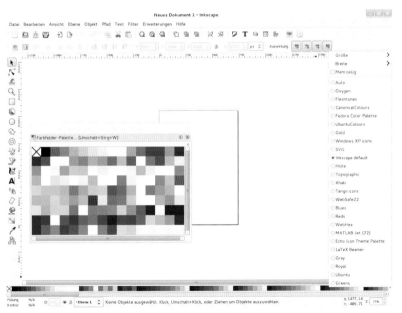

Abbildung 5.5
Inkscape mit der eingeblendeten Auswahl der Farbpaletten. Zusätzlich wurde der Dialog FARBFELDER-PALETTE eingeblendet (er wurde vom Rand gelöst), über den sich ebenfalls die Paletten anzeigen lassen.

Eigene Farbpaletten erstellen

Natürlich lassen sich auch eigene Farbpaletten erstellen und benutzen, dafür müssen die betreffenden Dateien in das entsprechende Verzeichnis kopiert werden. Bei Windows sind die Paletten unter %userprofile%\Application Data\ Inkscape\palettes und bei Linux unter /usr/share/inkscape/palettes bzw. ~/ .config/inkscape/palettes zu finden. Nach dem nächsten Start von Inkscape stehen diese Paletten dann zur Verfügung. Die Dateien lassen sich mit jedem Texteditor öffnen und auch bearbeiten. Der Aufbau einer solchen Datei sieht so aus:

```
GIMP Palette
Name: Name der Palette
# Kommentar
 60 110 180      Farbname
 60 110 180      Farbname
 41  65 114      Farbname
 41  65 114      Farbname
```

Oben befindet sich die Angabe, um was für eine Datei es sich handelt; darunter der Name der Farbpalette und eventuell Kommentare gefolgt von den RGB-Werten und dem Name der Farbe, je Zeile eine Farbe. Der Name muss nicht zwingend angegeben werden; dann wird nur deren Hexadezimalwert angezeigt, wenn sich in Inkscape der Mauszeiger über der Farbe befindet.

Da aber das Ermitteln und Eingeben von vielen dieser Werte nicht gerade benutzerfreundlich ist, gibt es verschiedene andere Wege, eigene Farbpaletten zu erstellen.

Inkscape selbst bietet die Möglichkeit, eine Datei als *.gpl zu speichern. Es werden alle in der Zeichnung verwendeten Farben ermittelt und dann als Farbpalette abgespeichert. Als Name für diese Palette wird der Name der Datei verwendet; für die Namen der Farben werden nur die Hexadezimalwerte angegeben. Das Ganze funktioniert allerdings nur mit Vektorgrafiken, Farben von eventuell eingebetteten Bitmapgrafiken werden nicht berücksichtigt.

In den folgenden Abschnitten stelle ich einige Programme vor, mit denen Sie eigene Farbpaletten anlegen können. Solche Farbpaletten werden oft benötigt, wenn Sie zum Beispiel Logo- oder Icon-Design mit Inkscape erledigen.

GIMP zum Erstellen von Paletten

Da Inkscape das gleiche Format zum Speichern von Farbpaletten wie GIMP verwendet, bietet es sich natürlich zum Erstellen eigener Farbpaletten ebenfalls an. Für die Erstellung nutze ich eine Eigenschaft, die einige Rastergrafiken besitzen. Bei den sogenannten indizierten Rastergrafiken ist für den entsprechenden Farbwert des Pixels nicht der Wert, sondern die Stelle in der Farbtabelle, dem Index, hinterlegt. In diesem Index sind alle im Bild verwendeten Farbwerte, getrennt von den Werten der entsprechenden Bildpunkte gespeichert. Am Ende lässt sich eben diese Tabelle auch in eine Farbpalette umwandeln.

Um nun die Farbpalette zu erstellen, öffnen Sie das entsprechende Bild in GIMP; bei einer Bildreihe sollte diese vorher zu einem Bild vereinigt werden. Dann muss das Bild in ein indiziertes Bild umgewandelt werden, falls es sich nicht bereits um eines handelt.

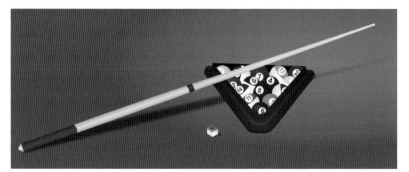

Abbildung 5.6
Die Grafik vor der Indizierung

Klicken Sie dafür auf BILD → MODUS und wählen Sie dann INDIZIERT. Das Fenster INDIZIERTE FARBUMWANDLUNG öffnet sich im Anschluss. Hier könnten Sie das Bild auch umfärben, indem Sie auf INTERNETOPTIMIERTE PALETTE VERWENDEN umstellen, denn dann werden die websicheren Farben verwendet. Sie wollen an dieser Stelle auf die Farben, die das Bild selbst besitzt, zugreifen. Ich benutze dafür die Auswahl OPTIMALE PALETTE ERZEUGEN; den dahinter angegebenen Wert von 255 können Sie getrost reduzieren. Ein Wert zwischen 32 und 8 ist meiner Erfahrung nach optimal. Sie erhalten dann wirklich die typischen Farben des Bildes und müssen die erzeugte Palette später weniger nachbearbeiten.

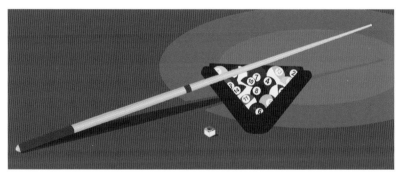

Abbildung 5.7
Die Grafik nach der Farbindizierung; hier wurden 16 Farben indiziert, weniger Farben lassen enthaltene Farben verschwinden.

Das Bild verliert natürlich durch diese Umwandlung an Farben, gerade Farbverläufe werden stufiger dargestellt. Das ist aber an dieser Stelle nicht von Interesse, denn Sie benötigen am Ende nur die Farben des Beginn- und des Endpunkts dieses Farbverlaufs.

Vorsicht

Sie sollten allerdings aufpassen, nicht zu wenige Farben einzustellen, ansonsten gehen auch Farben verloren.

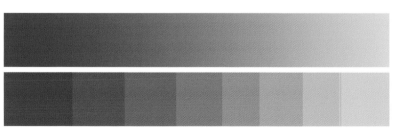

Abbildung 5.8
Indizierung mit acht Farben auf einen Farbverlauf angewendet, oben das Original unten nach der Indizierung. Interessant sind hier nur die Farben der Endpunkte des Farbverlaufs, den Verlauf selbst können Sie später in Inkscape erzeugen.

Als nächsten Schritt öffnen Sie über FENSTER → ANDOCKBARE DIALOGE → PALETTEN den Palettendialog. In diesem Fenster befindet sich rechts ein kleiner Pfeil, der nach links zeigt. Klicken Sie auf diesen Pfeil, um ein weiteres Menü zu öffnen. In diesem wählen Sie PALETTENMENÜ → PALETTE IMPORTIEREN.

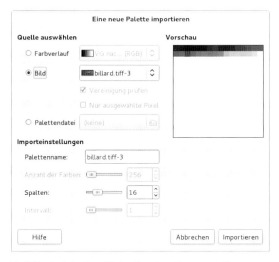

Es öffnet sich das Dialogfenster EINE NEUE PALETTE IMPORTIEREN, in dem Sie als Quelle das geöffnete Bild auswählen. Die Farben, die die Palette enthalten wird, werden rechts im Vorschaufenster angezeigt. Geben Sie der Palette noch einen Namen und klicken Sie dann auf IMPORTIEREN.

Sie finden die Farbpalette im Palettendialog unter dem festgelegten Namen. Sie können sie nun selektieren und noch bearbeiten, indem Sie auf das kleine Stiftsymbol klicken.

Die Palette braucht jetzt nur noch aus den Einstellungen von GIMP (~/.gimp-2.6/ palettes/ bzw. bei Windows im Installationsverzeichnis unter palettes) in die von Inkscape kopiert oder verschoben zu werden. Das war auch schon der ganze Zauber – wie Sie sehen, ist dafür keine Webplattform oder Ähnliches erforderlich.

Gpick

Ein interessanteres Werkzeug im Zusammenhang mit der Erstellung von Farbpaletten ist auch Gpick, ein Programm, das von seinem Entwickler als »fortgeschrittener Farbpicker« bezeichnet wird. Als solcher präsentiert es sich auch nach der Installation. Unter dem Menüpunkt TOOLS → PALETTE FROM IMAGE finden Sie jedoch eine Option zum Erzeugen von Farbpaletten von Bitmapgrafiken.

Ebenfalls interessant ist, dass Gpick Adobes Swatch-Exchange-Dateien (*.ase) öffnen und speichern kann. Damit haben Sie die Möglichkeit, Farbpaletten von Adobe Illustrator in das von Inkscape verwendete Format zu konvertieren. Unter Linux besteht dank DBus die Möglichkeit, direkt per Drag & Drop Farben aus Inkscape nach Gpick und umgekehrt zu transferieren.

Auf den Webseiten des Projekts (http://code.google.com/p/gpick/) werden Binär-pakete sowohl für Windows als auch für Debian-basierte Linux-Distributionen angeboten. Bei den meisten Distributionen befindet sich Gpick mittlerweile in den Installationsrepositories.

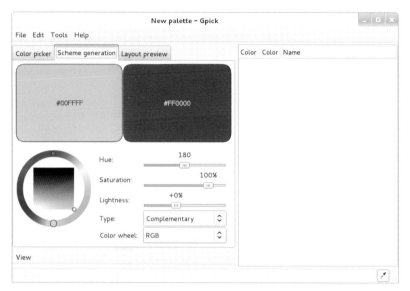

Abbildung 5.10
Gpick in der Ansicht zur Generierung von Farbpaletten

SwatchBooker

Für die Konvertierung von bereits vorhandenen Farbpaletten ist SwatchBooker noch interessanter als Gpick, da es noch mehr Formate verarbeiten kann (http://www.selapa.net/swatchbooker/). SwatchBooker versteht sich allerdings nicht als Werkzeug zum Erzeugen von Farbpaletten, sondern als Werkzeug zum Verwalten von Swatches, wozu auch Farbverläufe und Füllmuster zählen. SwatchBooker bringt einen Batchmodus mit, der es ermöglicht, alle in einem Verzeichnis befindlichen Farbpaletten in das gewünschte Format zu konvertieren. Neben den Formaten, die SwatchBooker konvertieren kann, beherrscht es auch den Import von einigen Onlineanbietern wie Pantone, ICI Dulux oder RAL.

Abbildung 5.11
Der Importdialog von SwatchBooker mit den verschiedenen Anbietern

Da SwatchBooker in Python implementiert ist, lässt es sich auch plattformüber-greifend einfach installieren, wenn man eine Python-Umgebung mit den benö-tigten Modulen besitzt.

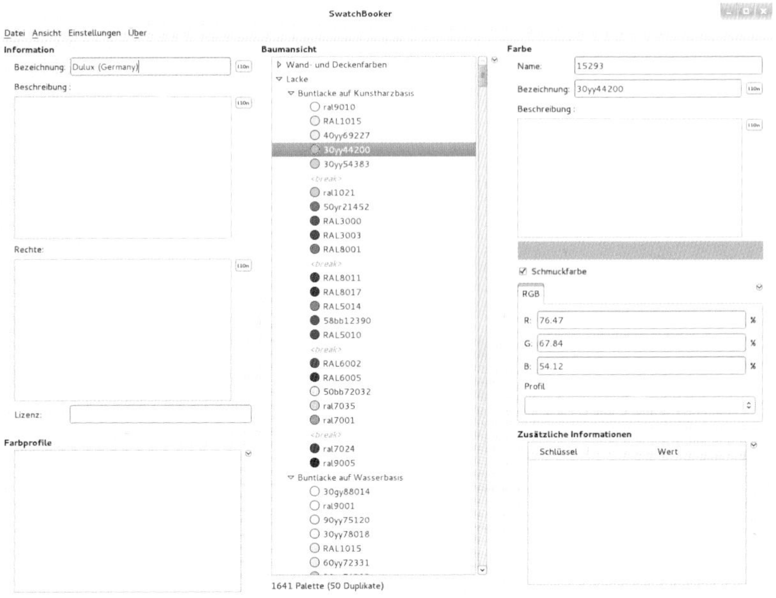

Abbildung 5.12
SwatchBooker mit einer zur Bearbeitung geöffneten Farbpalette

5.3 Werkzeuge für die Farbgestaltung

Neben dem Dialogfenster für die Farbgestaltung und der Farbpalette gibt es in Inkscape aber auch noch Werkzeuge zur Farbgestaltung. Diese werden in den nächsten Abschnitten vorgestellt.

Der Farbeimer

Der Farbeimer, der eigentlich ABGEGRENZTE GEBIETE FÜLLEN heißt und auch mit der Tastenkombination [⇧] + [F7] zu aktivieren ist, kann ein wenig mehr, als nur einem Objekt eine andere Farbe geben. So überträgt dieses Werkzeug nicht nur die ausgewählte Farbe auf das Gebiet oder Objekt, sondern auch die Einstellungen für die Konturlinie.

Warum das Werkzeug ABGEGRENZTE GEBIETE FÜLLEN heißt, ist zu erkennen, wenn man zum Beispiel zwei sich überlappende halbtransparente Objekte oder einen Farbverlauf damit füllen will. Das Werkzeug füllt nur die Bereiche, die mit der gleichen Farbe gefüllt sind. Da die halbtransparenten Objekte an den Stellen, an denen sie sich überlappen, dunkler sind, wird das wie eine weitere Farbe behandelt.

Nur der klar durch eine Farbe abgegrenzte Bereich wird gefüllt. Gefüllt ist eigentlich auch übertrieben. Inkscape legt ein neues Objekt mit der Füllfarbe und den entsprechenden Abmessungen an. Auf diese Weise ist es möglich, mit diesem Werkzeug zu zeichnen.

Abbildung 5.13
Zwei sich überlappende halbtransparente Objekte mit dem Füllwerkzeug gefüllt – links das Original und rechts nach dem Füllen. Als Füllfarbe wurde hier Rot verwendet. Das rote Viereck rechts ist ein neu entstandenes Objekt.

Ähnlich sieht das bei Farbverläufen aus: Hier wird in Abhängigkeit vom eingestellten Schwellwert ebenfalls nur die Fläche mit der entsprechenden Farbe gefüllt.

Abbildung 5.14
Ein mit dem Füllwerkzeug bearbeiteter Farbverlauf: ganz links das Original, dann mit einem Schwellwert von 5, 10, 20 und 40 gefüllt

Neben dem Schwellwert besteht die Möglichkeit, den Parameter FÜLLEN MIT anzupassen. Es sind SICHTBARE FARBEN, ROT, BLAU, GRÜN, FARBTON, SÄTTIGUNG, HELLIGKEIT und ALPHA für den Wert des Alphakanals verfügbar.

Farbgebung über Mausgesten

Es ist auch möglich, einem Objekt über Mausgesten eine andere Farbe zu geben. Dazu muss mit gedrückter Maustaste von den Schnelleinstellungen für die Füllung und Kontur am unteren Rand des Programmfensters auf die Zeichenfläche gezogen werden. Für die Änderung des Farbtons wird hier das HSL-Modell verwendet. Je mehr Sie in die Zeichenfläche ziehen, desto größer die Änderung des Farbtons. Bewegungen im 45-Grad-Winkel ändern die Farbe, mit gedrückter ⇧-Taste wird die Sättigung angepasst und mit gedrückter Strg-Taste die Helligkeit. Dieser Modus verlangt aber einiges an Übung, bevor man ihn nutzbringend anwenden kann.

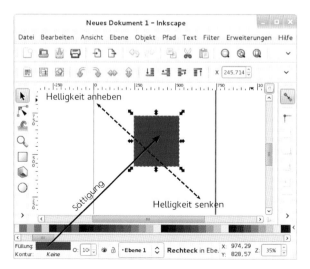

Abbildung 5.15
Farbänderung über Mausgesten

Das Werkzeug »Farbverläufe erstellen und bearbeiten«

Nicht nur Farben spielen eine große Rolle in Grafiken, sondern auch Farbüberblendungen, die gerade bei realistischen Zeichnungen als gestalterisches Mittel benötigt werden. Inkscape kann Objekte und deren Konturlinien mit zwei verschiedenen Formen von Farbverläufen füllen, einem linearen oder einem radialen Farbverlauf.

Abbildung 5.16
Die Möglichkeiten eines Farbverlaufs in Inkscape: links ein linearer, rechts ein radialer Farbverlauf

Vorsicht

Vorsicht bei Farbverläufen mit Transparenz, es gibt viele Programme, die derartige Farbverläufe nicht vernünftig darstellen.

Bei der Erstellung und Bearbeitung von Farbverläufen hilft das Werkzeug FARBVERLÄUFE ERSTELLEN UND BEARBEITEN , das über die Tastenkombination Strg + F1 aktivierbar ist. Bei diesem Werkzeug können Sie optional einstellen, ob Sie einen linearen ☐ oder einen radialen ☐ Farbverlauf erstellen möchten und ob dieser auf die Füllung ☐ oder auf die Konturlinie ☐ des Objekts angewendet werden soll.

Zum Zuweisen eines Farbverlaufs selektieren Sie das entsprechende Objekt, aktivieren das Werkzeug und doppelklicken dann auf das Objekt. Dabei wird immer ein Farbverlauf von der Füllfarbe des Objekts nach der gleichen Farbe nur mit vollem Alphakanal erzeugt, und zwar von links nach rechts. Beim radialen Farbverlauf ist der Mittelpunkt des Farbverlaufs im Mittelpunkt des Objekts und die anderen beiden Endpunkte des Verlaufs befinden sich am Rand des Objekts. Ein Rechteck wird nicht kreisförmig gefüllt, sondern oval. Die Werte des Farbverlaufs lassen sich mit der Tastenkombination ⇧ + R schnell umdrehen.

Nach dem Erstellen des Farbverlaufs wird der Verlauf auch durch eine blaue Linie mit den Stopppunkten angezeigt.

Abbildung 5.17
Farbverläufe in Inkscape, die Darstellung des Farbverlaufs mit den Stopppunkten

Die Stopppunkte lassen sich mit der Maus oder den Cursortasten beliebig versetzen. Benötigen Sie einen Farbverlauf mit mehr als zwei Farben, können Sie mit einem Doppelklick auf die blaue Linie einen weiteren Farb-Stopppunkt setzen. Bei einem radialen Farbverlauf wird dann gleichzeitig auf der zweiten Linie ein solcher Stopppunkt gesetzt. Diese Punkte lassen sich auf der Linie mit der Maus oder den Cursortasten verschieben, um den Farbverlauf anzupassen. Mit der Entf-Taste können solche Stopppunkte auch wieder gelöscht werden.

In Inkscape erstellte Farbverläufe lassen sich auch in anderen Objekten verwenden. Das wird durch das Speichern der Farbverläufe in den <defs> am Anfang des SVG-Dokuments ermöglicht.

```
<defs
    id="defs4167">
  <linearGradient
      inkscape:collect="always"
      id="linearGradient4175">
    <stop
        style="stop-color:#ff00ff;stop-opacity:1;"
        offset="0"
        id="stop4177" />
    <stop
        style="stop-color:#ff00ff;stop-opacity:0;"
        offset="1"
        id="stop4179" />
  </linearGradient>
</defs>
```

Die bereits innerhalb des jeweiligen Dokuments erstellten Farbverläufe lassen sich bei aktiviertem Verlaufswerkzeug in dessen Werkzeugoptionen oder in den Objektfarbeinstellungen auswählen. Ein Klick auf BEARBEITEN in der Werkzeuge-instellungsleiste öffnet das Dialogfenster FARBVERLAUFS-EDITOR.

> **Vorsicht**
>
> Die Speicherung von Farbverläufen in den <defs> ist Segen und Fluch zugleich. Einerseits können Sie so bequem Farbverläufe weiterverwenden, andererseits kann das Dokument schnell durch nicht verwendete Farbverläufe aufgebläht werden. Die nicht verwendeten Farbverläufe können Sie aber einfach löschen: DATEI → LEERE DEFS AUFRÄUMEN entfernt nicht verwendete Definitionen.

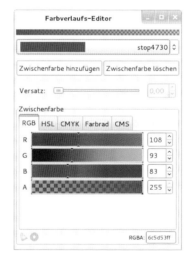

Abbildung 5.18
Der FARBVERLAUFS-EDITOR

In diesem Dialogfenster kann der erstellte Farbverlauf ebenfalls bearbeitet werden. Beim Weiterverwenden von Farbverläufen sollten Sie aber aufpassen, denn wird ein mehrfach verwendeter Farbverlauf bearbeitet, werden alle Objekte, die diesen Verlauf haben, anschließend den bearbeiteten Farbverlauf verwenden.

Eine weitere Option für Farbverläufe gibt es in den Objektfarbeinstellungen ⊞ unter WIEDERHOLUNG. Hier kann eingestellt werden, ob sich der Farbverlauf direkt oder alternierend wiederholen soll. Bei Ersterem wird ein Objekt, das länger ist als die Strecke, zwischen dem Anfangs- und dem Endpunkt des Farbverlaufs fortlaufend mit dem gleichen Farbverlauf gefüllt. Beim alternierenden Farbverlauf hingegen wird der Farbverlauf einmal gedreht, das heißt dort, wo der erste Farbverlauf endet, wird wieder ein neuer angefügt, nur beginnt er dieses Mal mit der Stopp-Farbe des vorhergehenden Farbverlaufs.

Abbildung 5.19
Direkte (links) und alternierende (rechts) Wiederholung eines Farbverlaufs

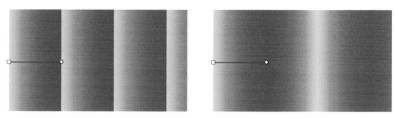

Ein Farbverlauf kann auch über mehrere Objekte angelegt werden. Dazu müssen die entsprechenden Objekte vorher ausgewählt sein; dann ziehen Sie mit dem Farbverlaufswerkzeug mit gedrückter Maustaste über die Objekte. Ein solcher Farbverlauf lässt sich genauso wie ein Farbverlauf für ein einzelnes Objekt bearbeiten. Allerdings macht es sich besser, den Farbverlaufseditor zu benutzen, da bei einem Doppelklick auf die Verlaufslinie unter Umständen auch das darunterliegende Objekt einen eigenen neuen Farbverlauf bekommen kann.

Seit der Version 0.49 befindet sich dafür auch ein Wählschalter in der Werkzeugeinstellungsleiste. Zusätzlich gibt es jetzt einen Schalter zum Umkehren des Farbverlaufes; vorher war dies nur mit Hilfe der Tastenkombination ⌈Shift⌋+⌈R⌋ möglich. Auch Farbverläufe können seitdem im Dialogfenster für die Objektfarbeinstellungen mit Namen versehen werden.

Stopppunkte verschiedener Farbverläufe clippen automatisch aneinander, wenn sie sich nahe kommen. Diese Stopppunkte werden dann wie ein einzelner behandelt. Um die Stopppunkte wieder zu trennen, muss eines der Objekte mit dem Farbverlauf ein klein wenig verschoben werden.

Farbverläufe durch Interpolation

Bei der Interpolation werden die Zwischenschritte berechnet, die erforderlich sind, um ein Objekt in ein anderes zu transformieren. Die Funktion zum Interpolieren finden Sie unter ERWEITERUNGEN → AUS PFAD ERZEUGEN → INTERPOLIEREN. Bei dem hier gezeigten Beispiel wurde ein Stern in fünf Schritten in einen Kreis interpoliert.

Abbildung 5.20
Interpolation von Formen

Die Interpolation kann nicht nur auf Formen angewendet werden, sondern auch auf Farben. Das in Abbildung 5.21 dargestellten Beispiel zeigt, wie Rot in fünf Schritten zu Blau interpoliert wird.

Abbildung 5.21
Farbinterpolation

Diese Funktion lässt sich auch zur Imitation von Farbverläufen benutzen. Das ergibt zum Beispiel dann Sinn, wenn Sie nicht mit linearen oder radialen Farbverläufen auskommen.

Abbildung 5.22
Ein nicht linearer/radialer Farbverlauf mithilfe von Interpolation

In diesem Beispiel wurden fünf Schritte zur Interpolation benutzt; je mehr Zwischenschritte, desto feiner wird der Übergang. Das Ergebnis wurde dann mit Unschärfe versehen und mithilfe eines Ausschneidepfads in die endgültige Form gebracht. Mit dieser Methode wurden in Zeiten, als Filter noch nicht möglich waren, die Schatten für Objekte gestaltet. Der Einsatz ergibt aber auch heute noch Sinn, beispielsweise kann der Internet Explorer noch immer nicht Filter darstellen.

Tipp

Die Interpolation lässt sich auch für das Erzeugen von Farbpaletten benutzen, oft werden Abstufungen von Farben für ein Design benötigt.

Abbildung 5.23
Farbpaletten durch Interpolation: Zuerst wurden vier Quadrate mit den entsprechenden Farben gezeichnet, dann vier weiße Quadrate und diese anschließend mit den anderen interpoliert. Das Ergebnis sind Abstufungen der Farben, wie sie für Designzwecke benötigt werden. Bei den hier gezeigten handelt es sich um die Farben der FEDORA-Farbpalette.

Farbpicker

Inkscape verfügt auch über ein Farbpicker-Werkzeug, das eigentlich FARBEN AUS DEM BILD ÜBERNEHMEN 🖋 heißt und auch über F7 oder D aktivierbar ist. Der Umgang mit diesem Werkzeug ist wie bei anderen Programmen auch. Sie wählen die Objekte, die die Farbe erhalten sollen, aus, aktivieren das Werkzeug und wählen dann die entsprechende Farbe im Bild mit einem Klick aus. Ziehen Sie mit gedrückter Maustaste, wird ein Kreis sichtbar und das ausgewählte Element erhält die durchschnittliche Farbe der Objekte, die sich in diesem befinden. Die für den Hintergrund gesetzte Farbe, in der Regel Weiß, zählt hier mit. In Kombination mit der ⬆-Taste wird die entsprechende Farbe der Konturlinie zugewiesen. Zusammen mit der Tastenkombination Strg + C wird der Farbwert unter dem Farbpicker der Zwischenablage zugewiesen.

Der Farbpicker hat drei Optionen, die im Wesentlichen sein Verhalten bei Objekten mit Transparenzwerten betreffen. Sie können die Transparenz aufnehmen und zuweisen.

Abbildung 5.24
Verhaltensweise des Farbpickers, ganz links die Originalobjekte. Beim ersten Viereck wurde die Farbe mit der Transparenz aufgenommen und später auf 100% gesetzt. Beim zweiten wurde sie nicht mit aufgenommen, es wurde der Farbwert ermittelt und gesetzt. Beim dritten wurde sie mit aufgenommen, aber auf die Farbe angewendet, bei der sich die Originalobjekte überschneiden.

5.4 Musterfüllungen

Objekte und Konturlinien können auch mit Mustern gefüllt werden. Inkscape bringt bereits eine ganze Reihe solcher Muster mit.

Abbildung 5.25
Beispiele der mitgelieferten Muster in Inkscape; bei den drei zuletzt dargestellten handelt es sich um Rastergrafiken.

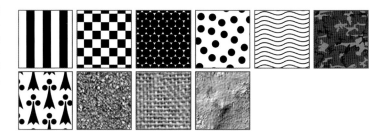

Die Muster werden in einem SVG-Dokument unter /usr/share/inkscape/patterns/ bzw. dem Installationsverzeichnis unter Windows unter patterns gespeichert. Öffnen Sie das Dokument, werden Sie nichts sehen, denn die Muster werden ebenfalls in den <defs> des Dokuments gespeichert.

```
<defs
   id="defs2387">
 <pattern
    inkscape:collect="always"
```

```
    patternUnits="userSpaceOnUse"
    width="2"
    height="1"
    patternTransform="translate(0,0) scale(10,10)"
    id="Strips1_1"
    inkscape:stockid="Stripes 1:1">
    <rect style="fill:black;stroke:none" x="0" y="-0.5" width="1" height="2"/>
  </pattern>
</defs>
```

Objekte lassen sich mit diesen Füllmustern über die Objektfarbeinstellungen füllen. In diesem Dialogfenster klicken Sie bei FÜLLUNG bzw. im Reiter FARBE DER KONTUR auf das Symbol mit dem Muster ▣. Im Anschluss können Sie aus den vorhandenen Mustern das gewünschte auswählen.

Die Größe und Orientierung des Musters können Sie natürlich anpassen. Dafür muss zunächst das entsprechende Objekt ausgewählt sein; dann wechseln Sie zu dem Knotenbearbeitungswerkzeug. Daraufhin werden die Orientierungspunkte zum Bearbeiten des Musters angezeigt. Das kleine Kreuz steht für die Position des Musters, der kleine Kreis für die Ausrichtung und das kleine Viereck für die Skalierung. Diese Orientierungspunkte lassen sich verschieben und damit Größe und Ausrichtung steuern. Je weiter zum Beispiel das Viereck vom Kreuz entfernt ist, desto größer wird das Muster.

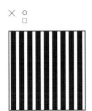 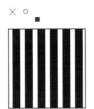 

Abbildung 5.26
Anpassung eines Musters: links das Original; in der Mitte wurde das Muster größer skaliert, indem der viereckige Anfasser nach rechts verschoben wurde, und rechts die Orientierung des Musters verändert, indem der runde Anfasser nach unten verschoben wurde.

Die mitgelieferten Muster von Inkscape sind bis auf die wenigen Musterfüllungen aus Rastergrafiken schwarz oder weiß. Sie können aber auch eigene Muster erstellen, wenn Sie zum Beispiel immer mal wieder farbige Muster benötigen.

Jede eigene Zeichnung in Inkscape lässt sich in ein Muster umwandeln. Dafür wählen Sie die entsprechenden Objekte für das Muster aus und klicken auf OBJEKT → MUSTER → OBJEKTE IN FÜLLMUSTER UMWANDELN. Für diese Operation lautet die Tastenkombination [Alt] + [I].

Abbildung 5.27
Ein selbst erstelltes Muster: links die Objekte, die zu einem Muster umgewandelt wurden, in der Mitte und rechts ein Objekt mit diesem Muster gefüllt und angepasst

Da die Information für das Füllmuster in den <defs> steht, können diese Objekte gelöscht werden, wenn sie nicht mehr benötigt werden. Eine Bearbeitung der Objekte hat auch keinen Einfluss auf die Gestaltung des Musters. Möchten Sie das

Muster bearbeiten, müssen Sie die Objekte bearbeiten und in ein neues Füllmuster umwandeln. Wurden die Originalobjekte gelöscht, können Sie über OBJEKTE → MUSTER → FÜLLMUSTER IN OBJEKTE UMWANDELN die Objekte des Füllmusters wieder anzeigen lassen. Die Tastenkombination für diese Umwandlung ist ⬆ + Alt + I. Natürlich lassen sich auch Bitmapgrafiken in Füllmuster umwandeln; deren Größenanpassung bringt aber die bekannten Probleme mit sich.

Es gibt aber auch noch andere Möglichkeiten zum Erstellen von Mustern. Unter ERWEITERUNGEN → AUS PFAD ERZEUGEN finden Sie zum Beispiel VORONOI-MUSTER. In dem sich öffnenden Dialog können Sie die Größe der Zellen und den Rand angeben, wobei sich dies nicht auf die Stärke der Konturlinie der Pfade des Musters bezieht. Die Linien des Musters werden dabei mit der Füllfarbe des ausgewählten Objekts erzeugt.

Abbildung 5.28
Ein mit einem Voronoi-Muster gefülltes Objekt

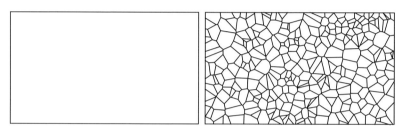

Der Umgang mit dieser Erweiterung ist ein wenig gewöhnungsbedürftig. Sollen im Nachhinein die Felder mit Farbe gefüllt werden, muss diese Funktion auf ein Objekt ohne Füllung angewendet werden. Nur dann lässt sich das Füllmuster in Objekte umwandeln, die Konturlinien sind. Die Konturlinien müssen dann in Pfade umgewandelt, miteinander vereinigt und im Anschluss der ganze Pfad zerlegt werden. Dann können die Felder des Musters als eigene Objekte gefüllt werden. Auf diese Weise ist das Beispiel in Abbildung 5.29 entstanden.

Abbildung 5.29
Das Bild ist auf die oben beschriebene Weise entstanden. Die Teile wurden zusätzlich mit Farben gefüllt, auf die ein Filter angewandt wurde.

5.5 Clipping und Masking

Neben den Musterfüllungen gibt es auch noch andere Methoden, um Objekte mit Inhalt zu füllen: die Funktionen AUSSCHNEIDEPFAD und MASKEN. Clipping und Masking sind einfache Wege zu bestimmen, welche Teile eines Objekts sichtbar sind und welche nicht. Clipping definiert dabei schlicht und einfach, welcher Teil zu sehen sein soll, während beim Maskieren die Sichtbarkeit/Transparenz und die Helligkeit Einfluss auf das Ergebnis haben. In beiden Fällen bleiben die Originalobjekte erhalten. Sowohl Ausschneidepfade als auch Masken werden im SVG-Dokument in den <defs> gespeichert.

Abbildung 5.30
Ein Ausschneidepfad und seine Anwendung; der Pfad wurde im Anschluss größer skaliert.

Hier das Codebeispiel für das in Abbildung 5.30 gezeigte Bild:

```
<clipPath
   clipPathUnits="userSpaceOnUse"
   id="clipPath7316">
   <text
      sodipodi:linespacing="125%"
      id="text7318"
      y="334.26514"
      x="497.33203"
      style="font-size:82.45050812px;font-style:normal;font-variant:normal;font-
weight:bold;font-stretch:normal;text-align:start;line-height:125%;letter-spa-
cing:0px;word-spacing:0px;writing-mode:lr-tb;text-anchor:start;fill:#000000;fill-
opacity:1;stroke:none;font-family:Sans;-inkscape-font-specification:Sans Bold"
      xml:space="preserve"><tspan
         y="334.26514"
         x="497.33203"
         id="tspan7320"
         sodipodi:role="line">Papaya</tspan></text>
</clipPath>
```

Um einen Ausschneidepfad zu setzen, müssen Sie die entsprechenden Objekte auswählen. Das in der Z-Order zuletzt gezeichnete Objekt wird der Ausschneidepfad sein. Es spielt zwar keine Rolle, ob die anderen Objekte gruppiert wurden, es ist aber zu empfehlen. Bleiben die Objekte unter dem Ausschneidepfad ungruppiert, lassen sie sich einzeln bewegen, behalten aber die Form des Ausschneidepfads bei. Dann wählen Sie den Menübefehl OBJEKT → AUSSCHNEIDEPFAD → SETZEN. Diese Operation ist auch über das Kontextmenü, das sich bei einem Klick mit der rechten Maustaste öffnet, ausführbar; dort wählen Sie CLIP SETZEN. Den Ausschneidepfad entfernen können Sie auf dem Weg über den Menübefehl OBJEKT → AUSSCHNEIDEPFAD → ENTFERNEN oder über den Kontextmenübefehl CLIP LÖSEN.

Im Gegensatz zum Ausschneidepfad spielen beim Masking der Helligkeitswert und eine eventuelle Transparenz des Pfades, der als Maske dienen soll, eine Rolle. Ein weiß gefüllter Pfad sorgt für die volle Sichtbarkeit des Objekts nach dem Maskieren. Ein schwarz gefüllter Pfad hingegen macht das Objekt transparent, wie das Bildbeispiel in Abbildung 5.31 zeigt. Hier wurde allerdings kein schwarzes Objekt gewählt, sondern nur ein dunkles.

Abbildung 5.31
Maskierung auf ein Objekt
angewandt – oben der
Maskierungspfad mit
einer weißen Füllung und
hundertprozentiger
Objektsichtbarkeit; unten
mit einer grauen Füllung
und verminderter Objekt-
sichtbarkeit

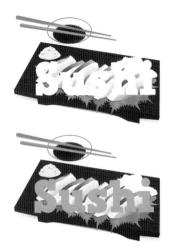

Auch der Pfad für die Maskierung wird in den <defs> des SVG-Dokuments gespeichert, hier das Codebeispiel für die obige Abbildung:

```
<mask
    maskUnits="userSpaceOnUse"
    id="mask4167">
  <text
      sodipodi:linespacing="125%"
      id="text4169"
      y="215.88246"
      x="43.73859"
      style="font-size:108.80857086px;font-style:normal;font-weight:bold;line-
height:125%;letter-spacing:0px;word-spacing:0px;fill:#ffffff;fill-opa-
city:1;stroke:none;font-family:Sans;-inkscape-font-specification:Sans Bold"
      xml:space="preserve"><tspan
        y="215.88246"
        x="43.73859"
        id="tspan4171"
        sodipodi:role="line">Sushi</tspan></text>
</mask>
```

Pfade mit teilweiser oder voller Transparenz werden mit dem gleichen Wert für den Alphakanal maskiert. Dieses Verhalten macht es bei einer Maske möglich, ein Objekt zum Beispiel mit einem Farbverlauf sanft auszublenden, während bei einem Ausschneidepfad ein Farbverlauf keinen Einfluss hätte. Dabei ist es egal, ob der Farbverlauf von Weiß nach Weiß mit voller Transparenz oder von Weiß nach Schwarz geht.

Abbildung 5.32
Eine Maskierung mit
einem Farbverlauf in der
Anwendung

Um eine Maske zu setzen, wählen Sie den Menübefehl Objekt → Maskierung → Setzen oder im Kontextmenü Maskierung setzen. Entfernen lässt sie sich wie folgt: Wählen Sie den Menübefehl Objekt → Maskierung → Entfernen oder den Kontextmenübefehl Maskierung entfernen.

Neben den Einsatzmöglichkeiten unterscheidet sich auch das Verhalten eines Objekts mit einem Ausschneidepfad von dem mit einer Maske.

Zum einen macht sich bereits bei der Auswahl der Objekte ein Unterschied bemerkbar. Bei einem ausgeschnittenen Pfad hat die Bounding Box die Größe des Ausschneidepfads. Bei einem maskierten Objekt entspricht die Größe der Bounding Box der Größe des maskierten Objekts.

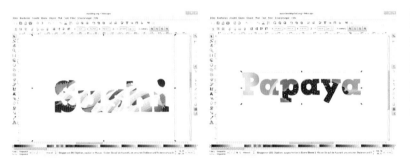

Abbildung 5.33
Vergleich eines maskierten Objekts und eines Ausschneidepfads: Die Bounding Box ist zu erkennen; beim maskierten Objekt links ist sie so groß wie das maskierte Objekt.

Wenn Sie ein maskiertes oder ausgeschnittenes Objekt auswählen, wird es in der kontextsensitiven Hilfe als Gruppe von Objekten angezeigt. Zusätzlich wird dort maskiert oder ausgeschnitten angezeigt.

Ausgeschnittene oder maskierte Objekte lassen sich dann weiter bearbeiten. Dafür gibt es in der Werkzeugeinstellungsleiste des Knotenbearbeitungswerkzeugs die folgenden Schalter:

- Zeige Bézieranfasser für Ausschneidepfade an ausgewählten Objekten
- Zeige Bézieranfasser für Maskierungen an ausgewählten Objekten

Hiermit lassen sich allerdings nur die Pfade des Ausschneidepfads bzw. der Maske bearbeiten. Auf Objekte, die als Ausschneidepfad oder Maske benutzt wurden, hat die Bearbeitung keinen Einfluss. Es empfiehlt sich also, Objekte in Pfade umzuwandeln, bevor eine Maske oder ein Ausschneidepfad gesetzt wird.

Die maskierten bzw. ausgeschnittenen Objekte können ebenfalls bearbeitet werden, allerdings nur eingeschränkt. Mit einem schnellen Dreifachklick mit der linken Maustaste können Sie die Gruppierung der maskierten bzw. ausgeschnittenen Objekte aufheben und die Objekte dann einzeln auswählen und bearbeiten. Die Gruppierung der Objekte ist so lange deaktiviert, bis ein außerhalb dieser Gruppe liegendes Objekt selektiert wird. Wird die Gruppierung auf dem herkömmlichen Weg aufgehoben, wird die Maskierung bzw. der Ausschneidepfad aufgehoben und der Pfad dafür gelöscht. Diese Bearbeitungsweise lässt praktisch nur kleinere Änderungen zu. Für größere Änderungen sollten Sie die Maskierung bzw. den Ausschneidepfad entfernen, die Änderung durchführen und dann wieder setzen.

Weitere Anwendungszwecke für Masking/Clipping

Masking und Clipping haben noch einen weiteren Verwendungszweck, als nur für Füllungen mit Grafiken zu dienen.

Abbildung 5.34
Masking/Clipping in der Anwendung für fotorealistische Zeichnungen

Gerade bei fotorealistischen Zeichnungen gibt es oft asymmetrisch geformte Objekte. Diese sollen an bestimmten Enden weich verlaufen und an anderen wieder hart. Mit den zur Verfügung stehenden Farbverlaufsarten ist das aber unmöglich zu erreichen. Stattdessen müssen Sie dem Objekt Unschärfe zuweisen. Objekte mit Unschärfe werden jedoch vom Umfang größer und so ragt das Objekt über die gewünschte Form hinaus. Den Pfad um die Vergrößerung, die die Unschärfe bewirkt, zu verkleinern, ist nicht die Lösung, denn dann gäbe es auch an den Kanten, an denen es nicht gewünscht ist, eine Unschärfe. Die Lösung ist, dem Objekt Unschärfe zu geben und dann einen Ausschneidepfad oder eine Maske zu benutzen, der bzw. die aus dem Objekt besteht, auf dem das andere Objekt liegt.

Objekte freistellen

Ein weiterer Anwendungszweck von Clipping und Masking ist die Verarbeitung von pixelorientierten Grafiken in Inkscape.

Abbildung 5.35
Eine Rastergrafik mithilfe von Clipping oder Masking freistellen

Bei der obigen Abbildung wurde eine Maske benutzt, um das Bild freizustellen, damit der Hintergrund sichtbar wird. Dafür wurde das Füllwerkzeug zur Auswahl benutzt. Das ist bei unifarbenen Hintergründen so möglich; bei mehrfarbigen sollten Sie einen Pfad um das Objekt erstellen und diesen benutzen.

Sanftes Ausblenden

Ein weiterer Anwendungszweck für eine Maske ist das sanfte Ausblenden einer Grafik, wie das Beispiel in Abbildung 5.36 zeigt.

Abbildung 5.36
Sanfte Ausblendung durch eine Maske: Zuerst wurde die Grundform der Denkblase dupliziert und mit den Pfadwerkzeugen verkleinert. Danach wurde dieser Form Unschärfe zugewiesen (zur besseren Sichtbarkeit hier rot dargestellt), dann wurde diese Maske auf die Gruppe mit dem Fast-Food-Menü angewendet.

5.6 Marker

Im Abschnitt über den Dialog zu den Objektfarbeinstellungen wurde angesprochen, dass Konturlinien und deren Knoten ebenfalls Eigenschaften zugewiesen bekommen können. Über die Änderung der Werte können Sie so jede Art von Muster der Konturlinie erzeugen, die Sie benötigen. Außerdem können Sie diesen Linien eine entsprechende Farbe zuweisen.

Die Marker nehmen seit der Version 0.49 automatisch die Farbe der Konturlinie an. Das funktioniert allerdings nur mit einfarbigen Konturlinien, bei Farbverläufen wird den Markierungen die Farbe zugewiesen, die der Marker am Anfang des Pfades hat. Bei vertikal verlaufenden Farbverläufen wird die durchschnittliche Farbe verwendet oder wenn der Verlauf nicht hundertprozentig vertikal ist, die Farbe, die an einer Endmarkierung den größeren Anteil hat.

Abbildung 5.37
FÄRBE MARKIERUNGEN WIE STRICHE: Oben das Original, in der Mitte mit einer Farbe. Unten ist zu erkennen, dass die Anwendung bei einem Farbverlauf die Marker mit dem Querschnitt der Farben färbt.

Es kann jedoch vorkommen, dass Markierungen mit bestimmten Formen oder Farben benötigt werden. Die Markierungen einer Konturlinie werden zwar ebenfalls in Pfade umgewandelt, wenn Sie die Funktion PFAD → KONTUR IN PFAD UMWANDELN benutzen, jedoch verhalten sich diese Pfade dann nicht mehr wie Markierungen. Deshalb können Sie diese Marker in Inkscape auch erzeugen. Dafür gibt es den Menübefehl OBJEKTE → OBJEKTE IN MARKIERUNGEN UMWANDELN.

Abbildung 5.38
Eine Konturlinie mit selbst erstellten Markern; im Bild links ist zu sehen, dass der Knoten der Konturlinie auf den Mittelpunkt des Markers gesetzt wird.

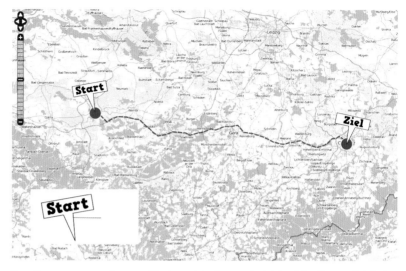

Das Erzeugen von eigenen Markern ist ein wenig trickreich. Ganz oft ist der eigene Marker beim ersten Aufruf der Objektfarbeinstellungen nicht zu finden, ein zweiter Aufruf des Dialogs schafft hier meist Abhilfe. Ein weiterer wichtiger Punkt ist, dass der Knoten auf den Mittelpunkt des Markers gesetzt wird. Außerdem sollte man die Marker sehr klein zeichnen, denn sie werden beim Skalieren der Liniengröße angepasst.

Die selbst erstellten Marker lassen sich natürlich auch zum Weiterverwenden abspeichern. Die von Inkscape mitgelieferten Marker sind unter /usr/share/inkscape/markers/markers.svg zu finden. Bei dem nachfolgenden Codebeispiel handelt es sich um den mitgelieferten Marker Arrow1Lstart:

```
<marker style="overflow:visible" id="Arrow1Lstart" refX="0.0" refY="0.0" orient="auto"
inkscape:stockid="Arrow1Lstart">
<path transform="scale(0.8) translate(12.5,0)" style="fill-rule:eve-
nodd;stroke:#000000;stroke-width:1.0pt;marker-start:none" d="M 0.0,0.0 L 5.0,-5.0 L -
12.5,0.0 L 5.0,5.0 L 0.0,0.0 z "/>
</marker>
```

Da es sich bei diesem Marker um einen Pfeil handelt und dieser als Endmarkierung um 180 Grad gedreht benötigt wird, gibt es eine einfache Methode: Der Code wird kopiert, erhält eine entsprechende neue ID und in die Zeile für transform wird rotate(180) hinzugefügt. Das dreht das Objekt entsprechend.

```
<marker style="overflow:visible;" id="Arrow1Lend" refX="0.0" refY="0.0" orient="auto"
inkscape:stockid="Arrow1Lend">
<path transform="scale(0.8) rotate(180) translate(12.5,0)" style="fill-rule:eve-
nodd;stroke:#000000;stroke-width:1.0pt;marker-start:none;" d="M 0.0,0.0 L 5.0,-5.0 L
-12.5,0.0 L 5.0,5.0 L 0.0,0.0 z "/>
</marker>
```

Entweder fügen Sie diesen Code mit einem Texteditor oder dem XML-Editor von Inkscape der oben genannten Datei hinzu, oder Sie speichern die Datei mit den eigenen Markern im Verzeichnis Markers. Nach einem Neustart von Inkscape stehen die Marker dann zur Verfügung.

6

LPE – Live-Path-Effekte

6.1 Was sind LPE

Live-Path-Effekte sind Effekte, die auf einen Pfad angewendet werden können und bei Änderung des Pfades an diesen wieder angepasst, also neu generiert werden. Einen dieser Pfadeffekte haben Sie schon bei den Pfadwerkzeugen kennengelernt – SPIRO SPLINE.

Der erzeugte Pfad wird als Pfad im SVG gespeichert, während die Informationen zum Originalpfad und zum Effekt in den <defs> im Namensraum von Inkscape gespeichert werden. Die Möglichkeit der Bearbeitung dieser Effekte geht also mit der Speicherung als normales oder weboptimiertes SVG verloren.

Die Speicherung des Effekts mit dem Originalpfad sieht folgendermaßen aus:

```
<defs
    id="defs4">
   <inkscape:path-effect
      effect="bend_path"
      id="path-effect2992"
      is_visible="true"
      bendpath="m 39.535814,449.96123 317.326936,0"
      prop_scale="1"
      scale_y_rel="false"
      vertical="false" />
   </defs>
```

Der Pfad im Dokument sieht dann so aus:

```
<path
     style="fill:none;stroke:#000000;stroke-width:1px;stroke-linecap:butt;stroke-line-
join:miter;stroke-opacity:1"
        d="M 39.535814,497.82037 356.86275,402.10208"
        id="path2990"
        inkscape:connector-curvature="0"
        inkscape:path-effect="#path-effect2992"
        inkscape:original-d="M 39.535814,497.82037 356.86275,402.10208" />
```

Vorsicht

Sie sollten beim Benutzen dieser Effekte daran denken, dass einige, wie zum Beispiel SKIZZE, in Abhängigkeit von der Komplexität des Ausgangspfads sehr viele Knoten erzeugen können.

Diese Pfadeffekte lassen sich auf jeden Pfad und auch auf Gruppen von Pfaden anwenden. Ebenso können sie auf Formen angewendet werden, wobei diese dann in Pfade umgewandelt werden. Allerdings lassen sich Pfadeffekte nicht auf mehrere selektierte Pfade gleichzeitig anwenden. Diese müssen also vorher gruppiert werden.

Obwohl die Speicherung als normaler Pfad erfolgt, können die Konturlinien bei all diesen mit den Effekten bearbeiteten Pfaden nicht in Pfade umgewandelt werden. Versuchen Sie das, wird wieder der Originalpfad angezeigt, der umgewandelt ist. Da solche Objekte aber sehr oft durch Umwandlung in Pfade und Pfadzerlegung weiterbearbeitet werden sollen, muss hier ein Umweg beschritten und der erzeugte Pfad als »normales« SVG gespeichert und wieder geöffnet werden.

6.2 Der Dialog für die Pfadeffekte

Für das Hinzufügen und Anpassen der Pfadeffekte gibt es ein eigenes Dialogfenster. Dieses können Sie entweder über die Tastenkombination ⬦ + Strg + 7 oder über den Menübefehl PFAD → PFADEFFEKTE öffnen.

Abbildung 6.1
Das Dialogfenster für
die Pfadeffekte nach dem
ersten Aufruf

In diesem Dialogfenster können Sie die vorhandenen Effekte auf den Pfad anwenden, indem Sie sie im Dropdownmenü auswählen und dann hinzufügen. Sie können auch – auch wenn das nicht immer sinnvoll ist – mehrere Effekte auf einen Pfad anwenden. Die angewendeten Effekte werden dann in der Effekteliste angezeigt. Selektieren Sie dort einen bestimmten Effekt, werden seine Einstellungen angezeigt. Die Reihenfolge der angewendeten Effekte kann geändert werden und durch Klick auf das Augensymbol lassen sich Effekte auch ausblenden.

6.3 Die Effekte

In den folgenden Abschnitten werden die in Inkscape enthaltenen Pfadeffekte und ihre Funktionsweise näher vorgestellt.

Biegen

Dieser Effekt ermöglicht es, einen Pfad durch eine Kurve zu verbiegen. Dafür wird dem Pfad ein Kontrollpfad hinzugefügt, der sich wie ein Pfad verhält und mithilfe der Pfadwerkzeuge bearbeitet werden kann; Sie können dem Pfad also Knoten hinzufügen, Knoten versetzen und biegen.

Abbildung 6.2
Der Dialog mit den
Einstellungen für den
Pfadeffekt BIEGEN

Abbildung 6.3
Ein Pfadobjekt nach der
Anwendung des Effekts
BIEGEN und der Änderung
des Kontrollpfads

Das Verbiegen solcher Pfadobjekte wie in Abbildung 6.3 hat natürlich Grenzen, sonst entstehen unschöne Verformungen.

Gitter erzeugen

Mithilfe der ersten drei Knotenpunkte eines Pfades wird bei Anwendung dieses Effekts ein zweidimensionales Gitter erzeugt.

Abbildung 6.4
Der Effekt GITTER ERZEUGEN:
links der Effektdialog mit
den Einstellungen und
rechts das mit diesen Einstellungen erzeugte Git-
ter; grün dargestellt der
Pfad mit den drei Knoten,
aus denen dieses Gitter
entstanden ist

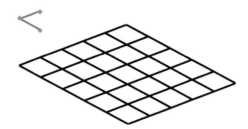

An Parametern hat dieser Effekt nur die Größe des Gitters in X und Y.

Hüllen-Verformung

Mit diesem Effekt und der Hilfe von vier Kontrollpfaden können Sie die Hülle eines Pfadobjekts verformen. Dem Kontrollpfad können Sie weitere Knoten hinzufügen; die Knoten können auch umgewandelt werden.

Abbildung 6.5
Der Dialog mit den Einstel-
lungen für den Effekt
HÜLLE VERFORMEN

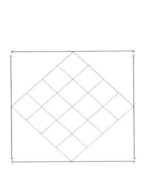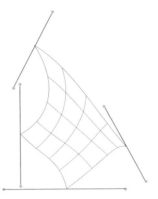

Abbildung 6.6
Ein Pfad, auf den der
Effekt HÜLLE VERFORMEN
angewendet wurde; links
vor der Umformung und
rechts danach. Bei beiden
Objekten werden alle Kon-
trollpfade mit angezeigt.

Vorsicht ist geboten, wenn Sie das Pfadobjekt nach dem Anwenden dieses Effekts drehen. Wenn Sie das Objekt zum Beispiel um 90 Grad nach links drehen, ist dann der obere Kontrollpfad links, der linke unten usw.

Knoten

Dieser Effekt verwandelt Pfade in Knoten, das heißt dort, wo sich ein Pfad über-schneidet, wird er aufgetrennt. So erscheint es, als ob ein Teil des Pfades unter dem anderen durchgeführt wird. Auf diese Weise können Sie zum Beispiel kelti-sche Knotenmuster erzeugen.

Abbildung 6.7
Der Effekt KNOTEN in der
Anwendung; links das Ori-
ginal und rechts nach der
Anwendung des Effekts

Die Abstände der sozusagen »aufgetrennten« Pfade zum anderen Pfad können Sie anpassen und außerdem die Richtung bestimmen, das heißt welcher Pfadteil aufgetrennt werden soll.

Lineal

Bei Anwendung dieses Effekts fügen Sie dem Pfad Markierungsstriche wie bei einem Lineal hinzu. Dabei können Sie bestimmen, wie groß die Markierungen sein sollen. Außerdem können Sie festlegen, in welchem Intervall jeweils eine große Markierung zwischen den Markierungen gesetzt werden soll und welche Abstände zwischen den einzelnen Markierungen bestehen sollen.

Abbildung 6.8
Der Dialog mit den
Parametern für den Effekt
LINEALE und rechts in der
Anwendung: oben wie in
den Einstellungen abge-
bildet, in der Mitte auf
beide Seiten des Pfades
angewendet und unten
auf einen Kreis

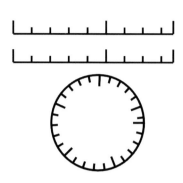

Mit diesem Effekt lassen sich Maßstäbe für Diagramme oder zum Beispiel das Ziffernblatt mit den Sekundeneinteilungen einer Uhr erstellen.

Muster entlang Pfad

Dieser Effekt ist wohl einer der mächtigsten; mit ihm können entlang eines Pfades auf verschiedene Weise Muster platziert werden. Dieser Effekt ist Ihnen auch bereits schon einmal begegnet. Es gibt für diesen Effekt einen Shortcut in den Einstellungen der Werkzeuge zum Erstellen von FREIHANDLINIEN und BÉZIER-KURVEN. Die auf diese Weise hinzugefügten Effekte können natürlich im Dialog-fenster für die Pfadeffekte auch bearbeitet werden.

Abbildung 6.9
Das Dialogfenster mit den
Optionen für das Hinzufü-
gen von Mustern

Dem Pfad können Sie jedes andere Pfadobjekt als Muster hinzufügen. Objekte wie Kreise, Sterne usw. müssen also vorher in Pfade umgewandelt werden. Die Objekte können Sie dann mit ⌜Strg⌝ + ⌜C⌝ in die Zwischenablage kopieren und über den Schalter PFAD EINFÜGEN dem Pfad als Muster hinzufügen. Farbige Füllun-gen des Objekts werden nicht übertragen, das Ergebnis erhält die Einstellungen des Zielpfades.

Es gibt verschiedene Methoden, das Muster auf dem Pfad zu platzieren: EINZELN, EINZELN GESTRECKT (Standard), WIEDERHOLT und WIEDERHOLT GESTRECKT.

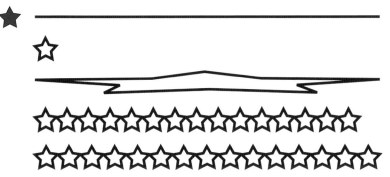

Für diesen Effekt gibt es weitere Einstellungsmöglichkeiten: Sie können die BREITE des Pfades angeben, um das Muster in der Höhe um den eingegebenen Faktor zu strecken. Sie können den ABSTAND zwischen den einzelnen Musterobjekten festlegen; bei einem negativen Wert überschneiden sich die Objekte. Mit VERSATZ geben Sie die Position des Musters vertikal an und mit TANGENTIALE VERSATZ bestimmen Sie, wo das Muster auf dem Pfad beginnt.

Abbildung 6.10
Die verschiedenen Methoden, das Muster zu platzieren. Oben das Muster und der Pfad im Original. Das erste Beispiel zeigt EINZELN, das Muster wird nur einmal in seiner Dimension auf den Pfad platziert. Darunter dann EINZELN GESTRECKT, das Muster wird einmal platziert nur über den ganzen Pfad gestreckt. Das dritte Beispiel von oben stellt WIEDERHOLT dar; das Muster wird in seinen Dimensionen so oft wie möglich auf den Pfad platziert. Das unterste Beispiel stellt WIEDERHOLT GESTRECKT dar; hier wird das Muster so oft wie möglich platziert und alle zusammen werden um den fehlenden Platz gestreckt.

Die Option VERSATZ IN DER EINHEIT DER MUSTERGRÖSSE wendet statt Pixel die Breite des Musters beim Versatz an und die Option MUSTER IST VERTIKAL dreht das Muster um 90 Grad. Die Angabe im Feld BEIEINANDERLIEGENDE ENDEN VERSCHMELZEN sorgt dafür, dass nebeneinanderliegende Enden zu einem einzigen Pfad verschmolzen werden, das spart Knoten.

Abbildung 6.11
Die Auswirkungen von Abständen – oben der Originalpfad und darunter nach dem Hinzufügen des Effekts mit den Standardeinstellungen, beim nächsten würde der Abstand auf 10.0 gesetzt; darunter beträgt der Abstand -10.0 und beim letzten wurde der tangentiale Versatz auf 20.0 gesetzt.

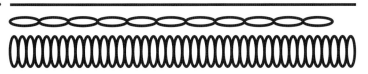

Abbildung 6.12
Die Auswirkung der gewählten Option MUSTER IST VERTIKAL: oben der Originalpfad und das Muster, dann nach dem Anwenden des Effekts und nach dem Setzen der Option

Den Pfad, der als Muster dient, können Sie jederzeit bearbeiten, indem Sie ihn mit dem Schalter AUF DER ZEICHENFLÄCHE VERÄNDERN hinter QUELLE DES MUSTERS einblenden. Das Muster wird dann in Form von grünen Kontrollpfaden mit den entsprechenden Knoten eingeblendet, und zwar in der oberen linken Ecke der Seite des Dokuments. Die Änderungen an diesem Muster werden sofort live auf das Pfadobjekt übertragen.

Abbildung 6.13
Ein Beispiel der Anwendung des Mustereffekts: Die Nähte wurden erzeugt, indem dem Pfad ein Muster in Form eines kleinen V hinzugefügt wurde, das wiederholt wird. Der Hintergrund ist ebenfalls eine Vektorgrafik; hier wurde auf eine blaugrau gefüllte Fläche der Filter FILMKÖRNUNG angewendet und ein weiteres Objekt mit einer Musterfüllung mit Streifen darübergelegt, deren Ausrichtung und Sichtbarkeit angepasst wurde.

Vorsicht

Pfade mit dem Mustereffekt lassen sich nicht immer einfach skalieren. Denn es wird nur der Pfad selbst skaliert, nicht das Muster; das muss ebenfalls wieder angepasst werden.

Schraffur (grob)

Dieser Effekt füllt die Fläche eines geschlossenen Pfades mit einer Schraffur im Stil einer Handzeichnung.

Abbildung 6.14
Ein Beispiel für die Anwendung der Schraffur: Der eigentliche Pfad verschwindet bei der Anwendung; wollen Sie den Pfad wie in der Abbildung haben, sollten Sie ihn vorher duplizieren.

Bei diesem Effekt gibt es eine große Anzahl von Parametern, durch die sich das Aussehen der Schraffurlinien beeinflussen lässt.

Die ZUFALLS-FREQUENZ bestimmt die Abstände zwischen den einzelnen Schraffurstrichen, je kleiner der Wert, umso gleichmäßiger sind die Abstände. Der Wert für WACHSTUM legt fest, wie groß die Abstände zwischen den einzelnen Schraffurlinien, oder besser gesagt am Anfang und am Ende, sind.

Die Option SCHRAFFUR VERBIEGEN bestimmt, ob die Schraffur strikt gerade sein soll oder Biegungen haben kann. Bei Änderung mit den Kontrollpunkten kann die Option auch durch Bewegen des einen Quadrats gesetzt werden. Mit den dann folgenden Werten lassen sich diese Ausrichtung und die Weichheit der Umkehrpunkte steuern.

Abbildung 6.15
Die Einstellungen des
Effekts SCHRAFFUR

Die Option ERZEUGE DICKEN/DÜNNEN PFAD ermöglicht Schraffurlinien mit unterschiedlichen Strichstärken, die über die entsprechenden Parameter gesteuert werden können.

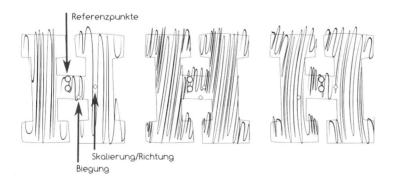

Abbildung 6.16
Die Kontrollpunkte für
Skalierung, Ausrichtung
und Biegung und ihre
Auswirkung.

Die Ausrichtung der Schraffur können Sie in ähnlicher Weise wie die Ausrichtung und Skalierung bei den Mustern bearbeiten. Wenn Sie das Werkzeug auf das mit der Schraffur gefüllte Objekt anwenden, werden die Kontrollpunkte sichtbar, die aus zwei Kreisen und zwei Quadraten bestehen; die Kreise dienen als Referenzpunkte und die Quadrate bewirken die Veränderung. Einer dieser quadratischen Kontrollpunkte steuert die Biegung der Schraffurlinien und der andere die Dichte und die Ausrichtung.

Skizze

Bei Anwendung dieses Effekts wird der Pfad so umgewandelt, dass er das Aussehen einer Handzeichnung erhält.

Abbildung 6.17
Der Skizzeneffekt
angewandt

Auch dieser Effekt hat eine Menge Parameter, die das Ergebnis beeinflussen.

Abbildung 6.18
Die Einstellungen für den
Effekt Skizze

Wie bei einer Handskizze unterscheidet dieser Effekt zwischen Konstruktionslinien und den Sketchlinien. Bei beiden kann die Anzahl, die Länge, die Größe und die Überlappung bestimmt werden. Außerdem lässt sich das Ganze variieren.

Abbildung 6.19
Dieser Effekt lässt sich
nicht nur einsetzen, um
Skizzen oder skizzierte
Elemente darzustellen,
sondern eignet sich zum
Beispiel auch für die Darstellung von Haaren, hier
als Augenbrauen.

Spiro Spline

Spiro Spline ist Ihnen bereits schon einmal begegnet; es gibt einen Shortcut für diesen Effekt beim Werkzeug BÉZIERKURVEN ERSTELLEN. Dieser Effekt rundet die Pfade weich ab und verwandelt sie in weiche Kurven. Spiro Spline ist ein Toolkit für das Kurvendesign, das von Raph Levien im Rahmen seiner Doktorarbeit entwickelt wurde. Diese Methode eignet sich besonders gut für das Design von Fonts, weshalb es neben Inkscape auch in FontForge integriert ist. Beim Erstellen von eigenen Schriftzügen ohne die Verwendung von Textobjekten spielt dieser Effekt deshalb auch seine volle Stärke aus.

Abbildung 6.20
Die Anwendung von SPIRO SPLINE: links ein einfaches Pfadobjekt, daneben das gleiche Objekt nach der Abrundung der Knoten, dann mit dem Effekt SPIRO SPLINE angewendet und daneben noch zusätzlich mit dem Effekt MUSTER ENTLANG PFAD, wodurch ein schön gerundetes D entsteht

Die Verwendung zur Erstellung von Swirls ist ebenfalls mit diesem Effekt möglich. Bei dem Effekt gibt es keine Parameter. Die Veränderung des Resultats ist durch Versetzen der Knoten des Originalpfads mit dem Knotenbearbeitungswerkzeug möglich.

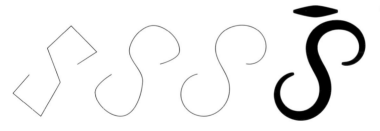

Abbildung 6.21
Swirls mit dem SPIRO SPLINE Effekt erzeugt: ganz links der Ursprungspfad, daneben mit abgerundeten Knoten und mit SPIRO SPLINE. Auf der Abbildung rechts ist noch das Muster zu sehen, das zum Schluss auf den Pfad zum Schluss angewendet wurde.

Unterpfade interpolieren

Mit diesem Effekt können Pfade, die in einem gemeinsamen Pfad sind, interpoliert werden.

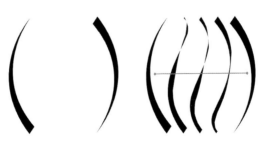

Abbildung 6.22
Unterpfade interpoliert

Die Interpolation können Sie steuern, und zwar sowohl über die Schritte, die für die Interpolation gemacht werden sollen, als auch über den Kontrollpfad, den Sie auch in diesem Fall versetzen und verformen können.

Unterpfade zusammenfügen

Dieser Effekt zeichnet Pfade zwischen einzelnen miteinander kombinierten Pfaden. Sie können dabei die Anzahl der Pfade, die Abweichung des Beginns und des Endes der Pfade sowie die Skalierung der Breite bestimmen. Die erzeugten Pfade können Sie mit einem Kontrollpfad ausrichten und verbiegen.

Abbildung 6.23
Der Effekt UNTERPFADE ZUSAMMENFÜGEN: links der Dialog mit den Einstellungen zu diesem Effekt und rechts einige Beispiele – oben die beiden Pfade, auf die der Effekt angewendet wurde und unten das Ergebnis; links normal und rechts nach Änderung des Kontrollpfads. Den Objekten wurde an der Front der volle Kreis statt des Bogens hinzugefügt, um den Eindruck eines Zylinders zu erzeugen.

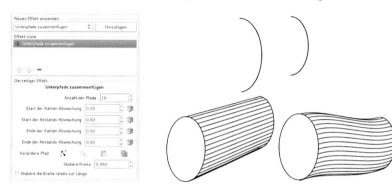

Dieser Effekt eignet sich hervorragend, um Schattierungen in Handzeichnungen zu erzeugen. Aber es lassen sich auch interessante Muster kreieren.

VonKoch

Dieser Effekt kann zum Generieren von Fraktalen benutzt werden, von denen das wohl bekannteste die kochsche Schneeflocke ist. Bei der Anwendung auf einen Pfad werden zwei Kindelemente erzeugt, alle drei Objekte lassen sich dann mithilfe von Kontrollpfaden ausrichten.

Abbildung 6.24
Die Einstellungen für den Effekt VONKOCH links im Bild und rechts eine kochsche Schneeflocke

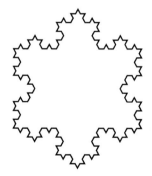

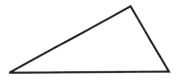 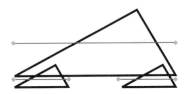

Abbildung 6.25
Ein Pfad nach der Anwendung des VonKoch-Effekts: links das Original und rechts nach der Anwendung. Hier werden alle Kontrollpfade mit angezeigt. Normalerweise lässt sich nur der Kontrollpfad für das Referenzobjekt und die hinzugefügten Objekte einzeln anzeigen.

Eine Verlängerung oder Verkürzung des Kontrollpfads bewirkt die Skalierung des Objekts, das heißt, es wird größer bzw. kleiner. Die Knotenpunkte können verschoben werden und die Änderung wird live angezeigt.

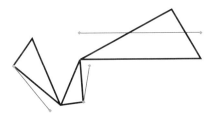 

Abbildung 6.26
Ein Pfad mit dem VonKoch-Effekt bearbeitet: links wieder die Kontrollpfade und rechts das gleiche Objekt gefüllt und mit vier Generationen von Kindelementen

Zahnräder

Dieser Effekt zeichnet entlang des Pfades eine Reihe von ineinandergreifenden Zahnrädern. Damit ein Zahnrad dem Pfad hinzugefügt werden kann, wird ein Pfad mit mindestens drei Knoten benötigt. Der mittlere Knoten gibt den ungefähren Mittelpunkt des Zahnrads an, während die äußeren den Umfang des Zahnrads definieren. Ein Pfad mit einem vierten Knotenpunkt bekommt bereits ein zweites Zahnrad. Ein sechster Knotenpunkt fügt ein drittes Zahnrad hinzu.

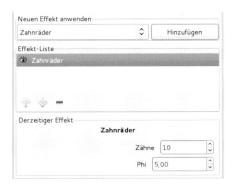

Abbildung 6.27
Die Einstellungen für den Effekt ZAHNRÄDER

Abbildung 6.28
Ein Pfad mit dem darauf
angewendeten Effekt
ZAHNRÄDER. Der Pfad ist
hier als Kontrollpfad dargestellt, in Inkscape selbst
werden später nur noch
die Knoten angezeigt.

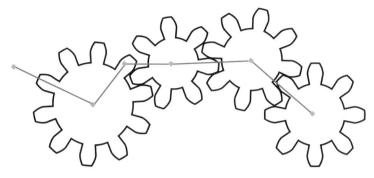

Für das erste Zahnrad lässt sich die Anzahl der Zähne einstellen, während die Anzahl der Zähne der folgenden Zahnräder von den Abständen und der Größe der Zahnräder bestimmt wird. Der Parameter PHI definiert die Form der Zähne oder physikalisch gesehen die Kraft, mit der sie ineinandergreifen. Je höher der Wert, desto abgerundeter wird das Ende des Zahns. Ab dem Wert 33 beginnt die Überschneidung der Konturlinien des Zahns.

Abbildung 6.29
Ein Beispiel mit unter-
schiedlichen Werten des
PHI-Parameters: links mit
der Standardeinstellung
5.00, in der Mitte mit
einem PHI von 20.00 und
ganz rechts mit 34.00 – die
Überschneidung der Pfade
beginnt

Kapitel

7

Gekachelte Klone

Inkscape verfügt über ein Werkzeug zum Erzeugen von gekachelten Klonen, mit dem sich im Handumdrehen eine große Anzahl von Klonen mit bestimmter Ausrichtung, Rotation, Farbe usw. erstellen lässt. Dieses Werkzeug eignet sich hervorragend zum Erzeugen von Mustern.

Dieses Werkzeug finden Sie unter BEARBEITEN → KLONEN → GEKACHELTE KLONE ERZEUGEN.

Abbildung 7.1
Das Dialogfenster für die
Erzeugung gekachelter
Klone nach dem Öffnen

Vorsicht

Da Inkscape die letzten Einstellungen des Werkzeugs immer speichert, ist es ratsam, alle Reiter vor dem Erstellen der Klone zu kontrollieren.

Sie können die Anzahl der gekachelten Klone entweder reihen- und spaltenweise oder für eine bestimmte Fläche bestimmen. Hinter den Reitern verbergen sich jede Menge Möglichkeiten, die miteinander kombiniert werden können. Zum Erstellen von Mustern sind die Einstellungen auf dem Reiter SYMMETRIE vollkommen ausreichend. Aber in diesem Werkzeug stecken mehr Möglichkeiten, deshalb sollten Sie sich etwas näher damit beschäftigen.

Grundsätzlich wird der erste Klon direkt auf dem Original erstellt. Dieses Duplikat kann also im Anschluss beiseitegeschoben werden und da es sich um einen Klon handelt, wird jede Änderung dieses Objekts auch auf alle anderen Objekte übertragen.

Gespeichert werden die Informationen zu einem gekachelten Klon im inkscape-Namensraum:

```
<rect
    style="fill:#ff6600;fill-opacity:1;stroke:none"
    id="rect2989"
    width="97.14286"
    height="65.714287"
    x="-757.14288"
    y="78.076469"
    inkscape:tile-cx="-708.57145"
    inkscape:tile-cy="110.93361"
```

```
inkscape:tile-w="97.14286"
inkscape:tile-h="65.714287"
inkscape:tile-x0="-757.14288"
inkscape:tile-y0="78.076469" />
<use
    x="0"
    y="0"
    inkscape:tiled-clone-of="#rect2989"
    xlink:href="#rect2989"
    fill="#001bff"
    stroke="#001bff"
    id="use3117" />
```

7.1 Symmetrie

Wie leistungsstark dieses Werkzeug ist, können Sie sehen, wenn Sie unter dem Reiter SYMMETRIE das Dropdownmenü öffnet. Dort finden Sie alle 17 bekannten Symmetriegruppen periodischer Muster oder Parkettierungen der euklidischen Ebene.

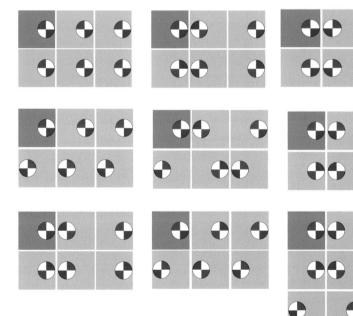

Abbildung 7.2
Periodische Muster, von links nach rechts:
P1 – einfache Verschiebung, P2 180-Grad-Rotation, PM – Reflexion

Abbildung 7.3
Die Muster: PG – gleitende Reflexion, CM – Reflexion und gleitende Reflexion, PMM – Reflexion und Reflexion

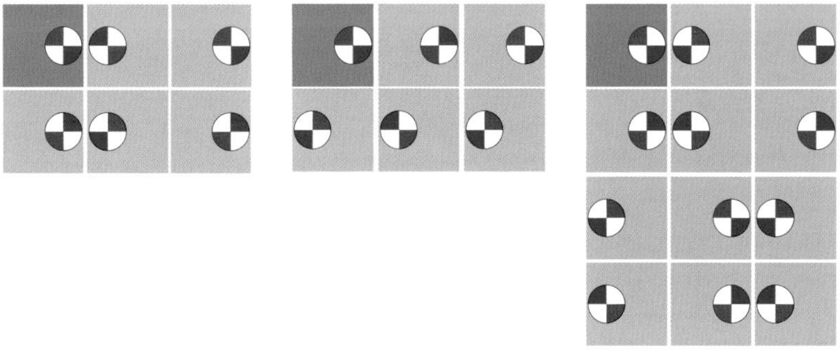

Abbildung 7.4
Die Muster: PMG – Reflexion und 180-Grad-Rotation, CM – gleitende Reflexion und 180-Grad-Rotation, CMM – Reflexion, Reflexion und 180-Grad-Rotation

Abbildung 7.5
Die Muster: P4 – 90-Grad-Rotation, P4M – 90-Grad-Rotation und 45-Grad-Reflexion

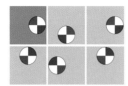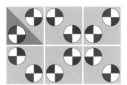

Abbildung 7.6
Das Muster: P4G – 90-Grad-Rotation und 90-Grad-Reflexion

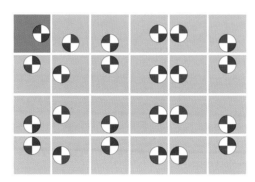

Abbildung 7.7
Das Muster: P3 – 120-Grad-Rotation

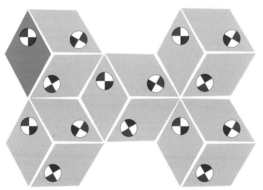

Abbildung 7.8
Beim Muster P6 wird um 60-Grad rotiert.

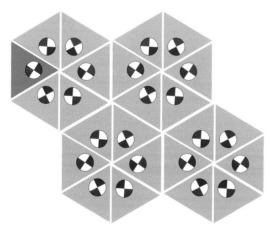

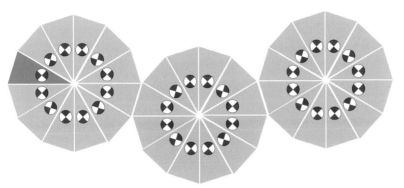

Abbildung 7.9
Das Muster P31M – es wird
gespiegelt und um 120-
Grad rotiert.

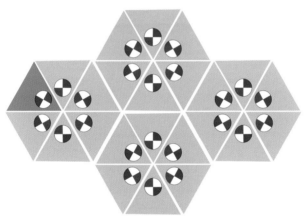

Abbildung 7.10
P6M P6 Reflexion und
60-Grad-Rotation

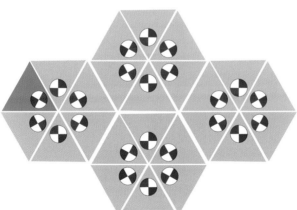

Abbildung 7.11
Das Muster:
P3M1 P6 Spiegelung und
120-Grad-Rotation

7.2 Verschiebung

Unter dem Reiter VERSCHIEBUNG können Sie definieren, wie die Klone verschoben werden sollen. Diese Verschiebung können Sie anteilsmäßig pro Reihe, Spalte und mit einem Zufallsfaktor angeben. Zusätzlich können Sie mit ABWECHSELN festlegen, ob addiert bzw. subtrahiert werden soll, und zwar immer abwechselnd. Mit ANHÄUFEN geben Sie an, ob die bei der Verschiebung angegebenen Prozentwerte angehäuft bzw. addiert werden sollen. Haben Sie eine Verschiebung von 10% angegeben, wird beim zweiten um 20% und beim dritten um 30% verschoben.

Abbildung 7.12
Das Dialogfenster mit den Einstellungen für das Verschieben

Über KACHEL AUSSCHLIESSEN können Sie die Verschiebung der Klone ausschalten. Das ist eine kurze Variante für die Einstellung -100%, die besonders nützlich ist, wenn Sie Klone kreisförmig anordnen möchten und dafür die Rotation benutzen.

Abbildung 7.13
Eine einfache Anwendung der Verschiebung: Es wurde x in der Spalte um 10% und y in der Reihe um 10% verschoben. Das erzeugt die Abstände zwischen den Klonen.

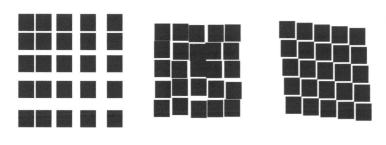

Abbildung 7.14
Beim ersten Beispiel links wurde der Abstand reihen- und spaltenweise »angehäuft«; mit zunehmenden Reihen und Spalten wird der Abstand immer größer. Das Beispiel in der Mitte zeigt die Anwendung des Zufallsfaktors auf den Abstand und ganz rechts eine reihen- und spaltenweise Verschiebung.

Abbildung 7.15
Eine praktische Anwendung der Verschiebung zum Erzeugen eines Musters. Das Sechseck links wurde pro Reihe in x um 50% und y um -25% verschoben. Es entsteht ein Honigwabenmuster, auf das dann ein Ausschneidepfad angewendet wurde.

7.3 Maßstabsänderung

Im Reiter MAßSTAB können Sie die Änderung der Größe der Klone festlegen; auch hier wieder pro Reihe und Spalte und mit zusätzlichem Zufallsfaktor.

Abbildung 7.16
Der Dialog zur Maßstabsänderung und die Auswirkung auf die Klone.

7.4 Rotation

In welchem Maße die Rotation der Klone stattfinden soll, können Sie ebenfalls beeinflussen. Als Drehpunkt wird hier der Rotationspunkt der Bounding Box benutzt. Das Ergebnis können Sie also durch Versetzen bestimmen.

ABWECHSELN dreht auch hier zwischen Addition und Subtraktion der Werte und ANHÄUFEN addiert wieder fortlaufend. Anzumerken ist, dass diese Rotation dem auf dem Reiter SYMMETRIE gewählten Muster hinzugerechnet wird. So wird zum Beispiel beim Muster P4 insgesamt um 180 Grad rotiert, wenn Sie weitere 90 Grad eingegeben haben.

Abbildung 7.17
Bei diesem Beispiel wurde auf jeden Klon eine Drehung auf den vorhergehenden Klon von 22,5 Grad angewendet.

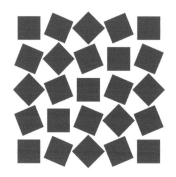

Abbildung 7.18
Eine praktische Anwendung der Rotation: Als Symmetrie wurde P1 gewählt, die Verschiebung wurde in Reihe und Spalte jeweils auf -100% gesetzt oder KACHEL AUSSCHLIESSEN aktiviert. Dadurch landen die Klone aufeinander; anschließend wurde noch Rotation angegeben – es entsteht dieser Sunburst.

7.5 Weichzeichner und Deckkraft

Auch die Deckkraft und eine Weichzeichnung der Klone können Sie beeinflussen und das wieder reihen- und spaltenweise; ebenso lässt sich wieder die Option ABWECHSELN reihen- und spaltenweise setzen.

Abbildung 7.19
Ein Beispiel für die Anwendung von Unschärfe bei der Erstellung der Klone: Pro Reihe und Spalte wurden jeweils 10% Unschärfe hinzugegeben.

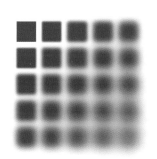

Abbildung 7.20
Bei diesem Beispiel wurde den Klonen pro Reihe und Spalte jeweils 10% Transparenz zugewiesen; damit es besser erkennbar ist, wurde ein Bild untergelegt.

7.6 Farbe

Beim Erstellen von Klonen können Sie auch Farbverläufe definieren. Hierzu dient der Reiter FARBE, auf dem Sie wieder pro Reihe und Spalte die entsprechenden Einstellungen festlegen können. Die Farbänderungen nehmen Sie über die Anpassung von Farbton, Sättigung und Helligkeit vor.

Damit diese Änderung allerdings auch angezeigt wird, muss vorher für das Original die Füllung in den Objekteigenschaften auf Unset gesetzt werden. Zum Einstellen der Farbe, mit der begonnen werden soll, gibt es unter diesem Reiter einen eigenen Dialog, der nach dem Klicken auf das Farbfeld geöffnet wird. Für Farbtonänderungen kann dort allerdings nicht Schwarz angegeben werden, da ansonsten keine Änderung eintritt.

Wichtig

Bei Farbänderungen mit diesem Werkzeug darf für das Original keine Füllung gesetzt sein. Das gilt auch für Farbänderungen über die Einstellungen unter dem Reiter BILD VEKTORISIEREN.

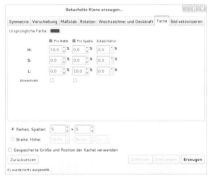

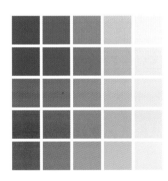

Abbildung 7.21
Die Farbänderung im Beispiel: Auf die Startfarbe wurde eine zehnprozentige Änderung der Sättigung pro Spalte und eine zehnprozentige Änderung der Helligkeit pro Reihe angewandt.

Eine Farbänderung auf einzelne Klone kann durchgeführt werden, weil die Farbinformation im <use>-Tag gespeichert ist. Eine Farbänderung auf das Original hingegen bewirkt eine Farbänderung auf alle Klone.

Die Farbfunktion lässt sich hervorragend zum Definieren von Farbpaletten verwenden, wenn Sie verschiedene Helligkeitsabstufungen bestimmter Farben brauchen. Dafür erzeugen Sie Klone mit Helligkeitsänderung und lösen die Klonverbindungen. Anschließend ist jedes einzelne Objekt als Objekt mit den Farbeigenschaften im SVG-Dokument gespeichert. Das Ergebnis speichern Sie dann als *.gpl.

7.7 Bild vektorisieren

Unter diesem Reiter haben Sie die Möglichkeit, die zu erzeugenden Klone von einem Bild beeinflussen zu lassen. Dabei ist es egal, ob es sich um eine gezeichnete Vektorgrafik oder eine importierte Rastergrafik handelt. Als Eingangswert können die Farbe oder Deckkraft oder die einzelnen RGB-Farbkanäle oder HSL-Werte dienen. Diese Werte können invertiert und auch mit einer Korrektur oder Zufallsänderung versehen werden. Diese Eingangswerte können Sie dann auf FARBE, GRÖßE, DECKKRAFT und/oder ANWESENHEIT anwenden.

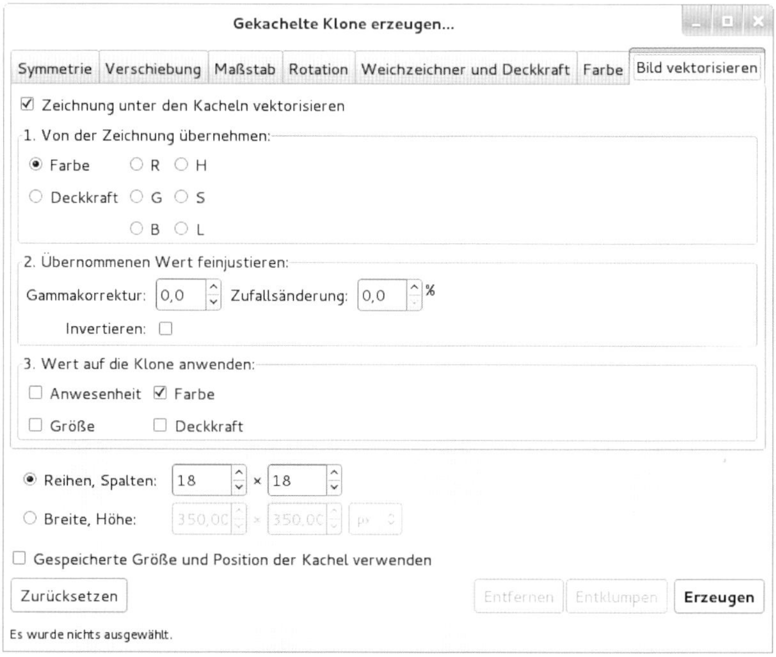

Abbildung 7.22
Das Dialogfenster mit den Einstellungen für die Option BILD VEKTORISIEREN

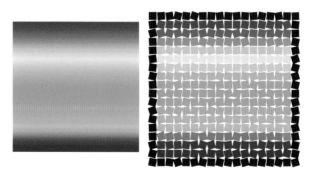

Abbildung 7.23
Bei diesem Beispiel wurde als Eingang die Farbe und als Ausgang ebenfalls die Farbe benutzt; links das Bild, das als Eingang verwendet wurde.

Mit diesen Optionen lassen sich eine Menge Dinge anstellen, um Füllungen oder Hintergründe zu erstellen. Mit einem selbst gefertigten Pinselstrich, mit Größenänderung und Farbzufall können Sie beispielsweise ein Ölgemälde erzeugen. Allerdings werden dafür auch sehr viele Objekte erzeugt und es bedeutet einiges an Rechenaufwand. Mit zunehmender Knotenzahl und zunehmender Anzahl der zu erzeugenden Klone verlangsamt sich der Prozess immer mehr.

Abbildung 7.24
Hier wurde ein Halbtonmuster mithilfe gekachelter Klone und der Option BILD VEKTORISIEREN erzeugt. Dem Original wurde erst etwas Unschärfe zugewiesen, dann wurde ein Kreis mit der Option DECKKRAFT als Eingang und der Option GRÖSSE für den Ausgang geklont.

Kapitel

Filter

Mit Filtereffekten lässt sich die Darstellung eines Objekts in einer vorher definierten Form ändern. Inkscape unterstützt fast alle im SVG-Standard definierten Filterprimitiven.

Filter sind allerdings noch nicht sehr lange im Standard enthalten und es gibt viele Programme, die die Darstellung noch nicht unterstützen, so zum Beispiel der Internet Explorer. Möchten Sie also die Grafik im Internet einsetzen, sollten Sie möglichst auf den Einsatz von Filtern verzichten. Ähnlich sieht es mit anderen Programmen aus; es empfiehlt sich, die erstellten Grafiken als PNG zu exportieren und in diesem Format zu verwenden.

Inkscape verfügt wie bereits erwähnt über eine große Anzahl vordefinierter Filtereffekte. Einen Filter können Sie auf einfache Weise auf ein Objekt anwenden: Selektieren Sie das Objekt und wählen Sie dann den entsprechenden Filter aus. Grundsätzlich lassen sich alle Filter auf Objekte anwenden, einige können auch bei verlinkten oder eingebetteten Pixelgrafiken eingesetzt werden. Die Farben und eventuell enthaltene Transparenz haben auf jeden Fall Einfluss auf das Ergebnis. Einige Filter wenden Masken an, sodass das Ergebnis im Anschluss eine größere Bounding Box besitzt.

Vorsicht

Beim Einsatz von Filtern in einem Dokument kann es verstärkt zu Artefakten beim Echtzeitrendering kommen. Keine Angst, diese Artefakte verschwinden beim Export.

Um einen Filter auf ein Objekt anzuwenden, öffnen Sie das Menü FILTER und wählen dort den erforderlichen Filter aus. Wenn Sie einen eigenen Filter definieren möchten, wählen Sie FILTER BEARBEITEN. Filter können auch wieder entfernt werden: Wählen Sie dafür im Menü FILTER den Eintrag FILTER ENTFERNEN.

Gespeichert werden die Informationen zum Filter wieder in den <defs> des SVG-Dokuments. Hier das Beispiel des enthaltenen Filters für den abgesetzten Schatten:

```
<filter
    id="filter3891"
    inkscape:label="Drop shadow"
    width="1.5"
    height="1.5"
    x="-.25"
    y="-.25">
  <feGaussianBlur
      id="feGaussianBlur3893"
      in="SourceAlpha"
      stdDeviation="1"
      result="blur" />
  <feColorMatrix
      id="feColorMatrix3895"
      result="bluralpha"
      type="matrix"
      values="1 0 0 0 0 0 1 0 0 0 0 0 1 0 0 0 0 0 0.50 " />
  <feOffset
      id="feOffset3897"
      in="bluralpha"
      dx="4"
      dy="4"
      result="offsetBlur" />
  <feMerge
      id="feMerge3899">
```

```
    <feMergeNode
        id="feMergeNode3901"
        in="offsetBlur" />
    <feMergeNode
        id="feMergeNode3903"
        in="SourceGraphic" />
    </feMerge>
</filter>
```

Wie Sie in der ersten Zeile dieses Quellcodes erkennen können, bekommt jeder Filter eine ID; das ist auch bei den mitgelieferten Filtern so. Dies ermöglicht das Anpassen der Filter, ohne dass bei einer weiteren Anwendung der Filter diese Anpassungen enthalten sind. Im Filterdialog wird als Name allerdings nur das Label zum Beispiel inkscape:label Drop shadow angezeigt. Man kann den Namen mehrfach vergeben, trotz verschiedener Filter.

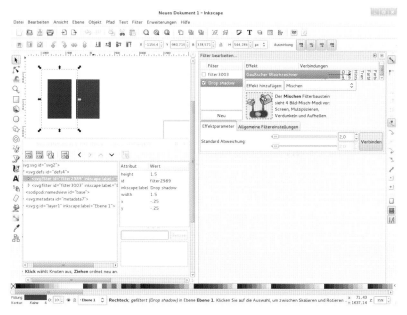

Abbildung 8.1
Zwei Objekte mit hinzugefügten Filtern. Rechts im Filterdialog ist zu sehen, dass der erste Filter den Namen DROP SHADOW trägt und der zweite den seiner ID. Im geöffneten XML-Editor links ist zu sehen, dass der Filter im Quellcode nach seiner ID benannt ist.

Wenn Sie Filter aus dem Menü FILTER mehreren Objekten hinzufügen möchten, sollten Sie dies ab dem zweiten Objekt mithilfe des Filterdialogs tun. Andersfalls wird der komplette Filter wieder den <defs> hinzugefügt, was den Quellcode unnötig aufbläht. Öffnen Sie hierzu den Filterdialog, indem Sie auf FILTER → FILTER BEARBEITEN klicken. Dann wählen Sie das Objekt aus, auf das der Filter angewendet werden soll, und setzen das Häkchen beim betreffenden Filter.

Unter den vielen mitgelieferten Filtern den richtigen zu finden, ist nicht ganz so einfach. Man kommt um das Ausprobieren nicht herum. Eventuell helfen aber auch die folgenden Seiten mit der Darstellung der in Inkscape enthaltenen Filter.

Vorsicht

Die eher störenden Tipps, die bei der Nutzung des Filterbausteins auftauchen, lassen sich in den globalen Einstellungen für Inkscape unter FILTER abstellen. Ab der Version 0.49 finden Sie diese Einstellung unter BENUTZEROBERFLÄCHE.

ABC

Aufrauhmodus

Diffuses Licht

Einfache Unschärfe

Feder

Glänzende Wölbung

Mattes Gelee

Rauschen

Saubere Kanten

Schwarzer Umriss

Transparenz-rauschen

Anlagerungen

Auslaufende Farben

Flammen

Kaugummi

Schneekrone

Tropfen

Bild-Effekte

Alte Postkarte

Alter

Blaupause

Erkennung, vertikaler Kanten

Filmkörnung

Flüssige Zeichnung

horizontale, Kantenerkennung

Kantenerkennung

Malwerkzeug, Freihand

Ölgemälde

Schärfen

stärker Schärfen

Weichzeichner

Zeichnung

Bild-Effekte, Transparenz

Alpha Gravur

Alphagravur B

Alpha zeichnen

Alpha zeichnen, Farbe

Alphazeichnung, flussig

Bläschenstruktur, Alpha

HSL-Rauhigkeit, Alpha

Leinwandtextur, Alpha

Leinwand-Transparenz

Marmorierte Tinte

Punkt-Transparenz

Transparenz-Rauschen

Verschmierte Transparenz

Deckschichten

Batik

Beflecken

Blaukäse

Frost

Garten der Lust

Leute

Ölschmutz

Schottland

Schweizer Käse

Stacheldraht

Stempel

Tartan

Tigerfell

Wachsende Zellen

Welliges Tartan

Wolken

Zebra

Farbe

Drei-Farben-Palette	Einfarben	Entsättigen	Farbton invertieren	Fluoresenz	Helligkeit-Kontrast

Invertieren	Lunarisieren	Schwarzes Licht	Sepia	Solarisieren	Vierfarben-Phantasie

Weiche Farben	Zweifarbigkeit

Grat

Blase mit Lichthof	Dragee	Dunne Membrane	Lichtbrechendes Gel A	Lichtbrechendes Gel B	Metallischer Grat

Weicher Grat

Verzerren

Ausgerissene Kanten	Inneres Aufrauhen	Kreide & Schwamm	Lappen	Rauh und Glänzend	Riffel

Verschmierte Pixel

Materialien

3D Holz

3D Marmor

3D Mutter der Perlen

Abblattern

Eidechsen-leder

Emaille Schmuck

Flexibles Metall

Goldpaste

Goldsplitter

Leopardenfell

Metalliclack

Schimmerndes Bienenwachs

Verostetes Metall

Zerborstene Lava

Morphologie

Farbige Außenlinie

Farbiger Umriß

Hohlkehle

Innere Außenlinie

Kalte Außenseite

Loch

Schwarzes Loch

Umriß

Warm innen

Weiche Außenlinie

Weiche Kanten

zweite Kontur

Streuung

Airbrush

Laub

Würfel

Rauhe Texturon

| Alufolie | Blaschenstruktur, matt | Blasige Oberflache | Dicke Acrylfarbe | Dicke Farbe | Dunkle Pragung |

| Farbige Pragung | Gepragtes Leder | Gips | Holzschnitt | HSL Rauhigkeit | HSL Rauhigkeit, matt |

| HSL Rauhigkeit, transparent | Kanten hervorheben | Kuper & Schokolade | Leinwandstruktur, matt | Leinwandtextur | Samtene Oberflachenstruktur |

| Weich machen | Zerknitterte Oberflache |

Schatten und Lichter

| Abgesetzter Lichthof | Abgesetzter Schatten | Ausschneiden | Dunklere Kanten | Einlage | Gluhen |

| Innen und Außen | Innerer Schatten | Inneres Gluhen | Leuchtender Umriß | Licht und Schatten | Unscharfes Leuchten |

Texturen

 Baumrinde

 Bewegte Flüssigkeit

 Bruch

 Durchsetzt

 Filz

 Flüssigkeit

 gebröckelte Plastik

 Geschmolzener Regenbogen

 Getonter Regenbogen

 Gouache

 Löschpapier

 Marmeladen-aufstrich

 Organisch

 Rauhes Papier

 Rauh und Glanzend

 Seiden-teppich

 Steinwand

 Tintenklecks

 Wachs-Druck

 Wasserfarbe

 Zerbrochenes Glas

 Zerlaufener Regenbogen

Unschärfe

 Bewegungs-unschärfe, vertikal

 Gespenstisch

 Horizontale Bewegungs-unschärfe

 Inhalt verwischen

 Schick Unscharf

 Schwindend

 Verrauschte Unscharfe

 Weiche Überschneidung

Übersteigerte Schattierungen

Aluminium HR

Chrome HR

Comic

Comicartiges
Ausbleichen

Comic Fluid-
oberflache

Comic sahnig

Comic Skizze

Dunkles
Chrom HR

Dunkle weiche
Schattierung

Gefrorenes
Glas

Prage-
schattierung

Rauschen

Weiche
Schattierung

Weiche Schattierung,
mit harten Kanten

Transparenz-Werkzeuge

Helligkeits-
radierer

Lichtradierer
negativ

Monochrom
Transparenz

Monchro-
misieren

Sattigungs-
karte

Wölbung

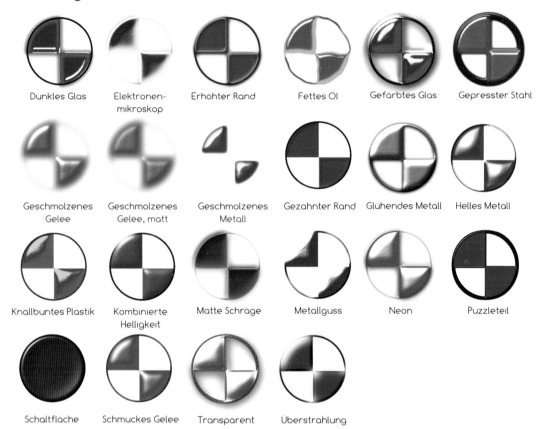

Dunkles Glas	Elektronen-mikroskop	Erhöhter Rand	Fettes Öl	Gefärbtes Glas	Gepresster Stahl
Geschmolzenes Gelee	Geschmolzenes Gelee, matt	Geschmolzenes Metall	Gezahnter Rand	Glühendes Metall	Helles Metall
Knallbuntes Plastik	Kombinierte Helligkeit	Matte Schräge	Metallguss	Neon	Puzzleteil
Schaltfläche	Schmuckes Gelee	Transparent	Überstrahlung		

8.1 Filterprimitive

Alle Filter sind aus einer Reihe von Filterprimitiven zusammengesetzt, die im SVG-Standard definiert sind. Um später Filter selbst erstellen oder vorhandene anpassen zu können, sollten Sie die Funktionen der einzelnen Primitiven kennen und verstehen. Deshalb werden diese Filterprimitiven auf den folgenden Seiten näher vorgestellt.

Die beiden Filterbausteine für die Beleuchtung setzen die zwei fehlenden Teile des phongschen Beleuchtungsmodells um. Dieses Modell besteht aus drei Einzelkomponenten, die zur Berechnung der Beleuchtung dienen: der Umgebungs- bzw. Ambientebeleuchtung, die von keinem Filter dargestellt werden muss, da ein mit einer Farbe gefülltes Objekt diese Beleuchtungsform bereits darstellt; die diffuse Beleuchtung, die die Schattierung durch den Lichteinfall darstellt, und die Glanzlichter oder Specularbeleuchtung, die die direkten Lichtreflexionen auf der Oberfläche darstellen.

Abbildung 8.10
Die Komponenten des Beleuchtungsmodells von Phong: links Ambientebeleuchtung, daneben diffuse Beleuchtung, dann Specular- oder Glanzlichter und ganz rechts alle zusammen

Dieses Modell ist relativ einfach gehalten, es ignoriert die Beschaffenheit der Oberfläche des Objekts, es wird auch kein Schatten berechnet, das Modell ignoriert sogar einige physikalische Grundsätze. Das spielt in diesem Zusammenhang allerdings keine Rolle, die Schatten und Oberflächen können mithilfe anderer Bausteine realisiert werden und in der Grafik spielt die Physik eine eher untergeordnete Rolle, hier geht es mehr um die Illusion.

Für die Darstellung der Beleuchtungseffekte ist allerdings die Information über die Höhe des Objekts erforderlich. Hier kommt die ressourcenschonende Technik des Bumpmapping zum Einsatz. Beim Bumpmapping werden die Informationen zur Höhe in einem Heightmap gespeichert.

Abbildung 8.11
Bumpmapping: links das Originalbild und rechts die Heightmap mit den Höheninformationen

 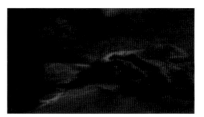

Dabei werden Informationen über die Höhe in einem Wert zwischen 0 und 255 gespeichert – für den tiefsten Punkt 0 und den höchsten 255, als Helligkeitswert schwarz für den tiefsten und weiß für den höchsten Punkt.

Abbildung 8.12
Das Ergebnis des Bumpmapping, das Bild wird jetzt plastischer.

Um das einfach zu beschreiben, könnte man sagen, die benachbarten Pixel eines mit Höhe belegten Pixels werden dunkler gefärbt. Je heller das Pixel und je höher, umso dunkler. Das verschafft die Illusion von Schatten und gaukelt einen 3D-Effekt vor. Für die Speicherung der Höheninformationen kommen aber nicht nur Werte zwischen Schwarz und Weiß infrage. Jeder Farbkanal – egal ob im RGB-Modell oder im HSL-Modell – besitzt diese Wertskala und könnte dafür eingesetzt werden. Im Fall von Inkscape wird hier einfach der vorhandene Alphakanal verwendet.

Beleuchtung mit Glanzlichtern – feSpecularLighting

Dieser Filterbaustein kann dazu benutzt werden, Schattierungen auf dem Objekt zu erhalten. Dazu wird der Alphakanal des Ausgangsobjekts verwendet. Dieser wird zum Umsetzen von Höheninformationen benutzt, Teile mit viel Transparenz werden angehoben und mit weniger abgesenkt. Außerdem können Sie die Lichtquelle wählen: spot-, punktförmige und entfernte Lichtquelle. Natürlich können Sie auch die Farbe des Lichts bestimmen. Dieser Filter eignet sich vor allem zum Setzen von Highlights.

Diffuse Beleuchtung – feDiffuseLighting

Dieser Baustein ähnelt dem anderen für Beleuchtung. Er unterscheidet sich im Verhalten der Oberfläche des Objekts – es wird anders reflektiert. Dieser Filterbaustein erzeugt eher Schattierungen auf dem Objekt.

Bild – feImage

Dieser Filterbaustein ermöglicht es, eine Region mit einem externen Bild oder einer im Dokument ausgewählten Grafik zu füllen. Bei einem externen Bild wird der absolute Pfad zu diesem Bild gesetzt. Um ihn zu einem relativen anzupassen, kann der XML-Editor benutzt werden. Zum Ausfüllen des gewählten Objekts wird das betreffende Bild gestaucht oder gezerrt, wenn es nötig sein sollte. Als Maßstab dient aber hier nicht das Objekt selbst, sondern dessen Bounding Box.

Vorsicht

Der Bildfilter sollte für Dokumente, die weitergegeben oder im Web dargestellt werden sollen, vermieden werden. Die Implementierung in Inkscape ist unvollständig und andere Programme können das Bild vollkommen anders darstellen.

Abbildung 8.13
Das Dialogfenster mit
den Optionen für
Bildfilterprimitive.

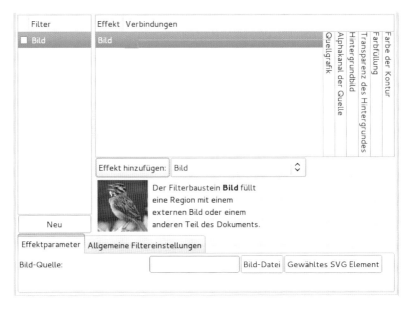

Die Platzierung innerhalb der Bounding Box kann aber auch mithilfe der Parameter gesteuert werden.

Abbildung 8.14
Bildfilter in der Anwendung: links die Originalobjekte und rechts in der Anwendung. Da auch hier die Bounding Box gefüllt wird, wurde der Filter wieder mit dem Kombinationsfilter kombiniert, um die Form des Originalobjekts zu erhalten. Sie können erkennen, dass das Bild gestaucht wird.

Farbmatrix – feColorMatrix

Mit diesem Filterbaustein können die Farben innerhalb einer Matrix geändert werden. Das ermöglicht unter anderem das Bearbeiten der Sättigung oder des Farbwerts. Dieser Filterbaustein stellt vier Typen zur Verfügung: MATRIX, FARBTON ROTIEREN, SÄTTIGUNG und LEUCHTKRAFT ZU ALPHA.

Abbildung 8.15
Die Anwendung der vordefinierten Typen: links das Original, daneben LEUCHTKRAFT ZU ALPHA, das dritte von links Bearbeitung der Sättigung, hier auf den Wert 0.50 gesetzt, und ganz rechts Farbtonrotation hier um 180 Grad

Die drei Letztgenannten stellen nur kürzere Wege für die Anwendung der Matrix dar, für häufige Anwendungszwecke, und können mit der Bearbeitung der Matrix ebenfalls erreicht werden.

Abbildung 8.16
Anwendung des Farbmatrix-Bausteins als Matrix. Hier wurden die Werte für Rot und Blau gedreht.

Füllen – feFlood

Mit diesem Filterbaustein kann eine Region mit einer ausgewählten Farbe mit einer bestimmten Deckkraft gefüllt werden.

  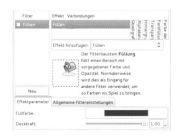

Abbildung 8.17
Der Filterbaustein FÜLLEN in der Anwendung: links das Original und rechts nach der Anwendung, so wird die komplette Bounding Box mit der Farbe gefüllt. Um nur den Stern zu füllen, muss der Kombinationsfilter zusätzlich angewendet werden.

Gaußscher Weichzeichner – feGaussianBlur

Mit diesem Filterbaustein können Objekte weichgezeichnet werden, zum Beispiel für die Verwendung als Schatten. Dieser Baustein wird auch auf das Objekt angewendet, wenn Sie in den Objektfarbeinstellungen die Unschärfe des Objekts einstellen.

Abbildung 8.18
Der Filterbaustein GAUßSCHER WEICHZEICHNER in der Anwendung: links ohne den Filter, rechts mit

Kombinieren – feComposite

Bei Anwendung dieses Filterbausteins werden zwei Bilder miteinander kombiniert und zwar unter Anwendung entweder eines arithmetischen oder des Porter-Duff-Modus. Dabei werden allerdings nicht alle Methoden dieses Verfahrens umgesetzt, sondern nur ÜBER, IN, OUT, OBENAUF und XOR. Das eigentliche Verfahren kennt noch Clear, bei dem kein Pixel der kombinierten Bilder dargestellt wird.

Für den arithmetischen Modus werden die vier Parameter K1, K2, K3 und K4 benötigt. Diese werden mit der Formel K1 Σ i1 Σ i2 + K2 Σ i1 + K3 Σ i2 + K4 miteinander verrechnet und ergeben die Darstellung der Bildpunkte. Die Variablen i1 und i2 sind die Werte der Eingangsbildpunkte der gezeichneten Objekte.

Matrix falten – feConvolveMatrix

Mit diesem Baustein lässt sich eine Faltung definieren, die auf das Bild angewendet wird. Ergebnisse der Anwendung können das Erkennen der Kanten, Schärfen, Prägen und das Weichzeichnen des Bildes sein. Dafür wird der Wert des Bildpunkts in Abhängigkeit von seinen benachbarten Pixeln geändert. Bei der Verwendung als Weichzeichner ist allerdings mehr Rechenaufwand bei Verwendung dieses Bausteins vonnöten als mit dem gaußschen Weichzeichner, deshalb sollten Sie besser diesen einsetzen.

Die Größe der Matrix lässt sich bis zur Größe von 5 x 5 einstellen, zusätzlich hat dieser Baustein noch drei Modi für die Kanten: DUPLIZIEREN, UMBRECHEN und DE-AKTIVIERT.

Mischen – feBlend

Dieser Filterbaustein stellt die verschiedenen Bildmodi – SCREEN, MULTIPLIZIEREN, AUFHELLEN und VERDUNKELN –, die aus dem Ebenendialog bekannt sind, zur Verfügung. Im Ebenendialog wird genau dieser Filter auf alle Objekte der jeweiligen Ebene angewendet.

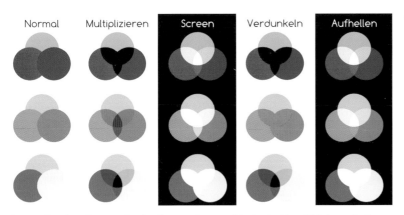

Abbildung 8.21
Die Bildmodi

Normal   Multiplizieren   Screen   Verdunkeln   Aufhellen

Dieser Filter bestimmt, wie überlappende verschiedenfarbige Objekte miteinander kombiniert werden.

Morphologie – feMorphology

Mit diesem Filterbaustein können Objekte bzw. Pfade erodiert und erweitert werden. Die Wirkungsweise ist teilweise abhängig von der Farbgebung des Objekts.

Abbildung 8.22
Baustein MORPHOLOGIE in der Anwendung: links das Original, in der Mitte AUS-WEITEN angewendet und rechts ERODIEREN. In der Mitte ist die Region für die Anwendung des Filters zu klein.

Turbulenz – feTurbulence

Dieser Filterbaustein zeichnet ein Perlin-Rauschen oder fraktales Rauschen auf das Objekt und kann dazu benutzt werden, Marmor, Granit, Wolken oder Ähnliches abzubilden. Dieser Filter bildet die Grundlage für viele weitere Filter.

Abbildung 8.23
Der Baustein TURBULENZ in der Anwendung: links fraktales Rauschen, erst mit Basisfrequenz von 0.010, dann 0.050, rechts Turbulenz mit 0.010 und 0.016

Versatz – feOffset

Mit diesem Filterbaustein kann das Objekt um einen bestimmten Betrag in x-
und y-Richtung verschoben werden.

Abbildung 8.24
Versatzbaustein in der
Anwendung: links das Ori-
ginal und rechts nach der
Anwendung; es wurde
eine Kopie des Originals
untergelegt und zur bes-
seren Sichtbarkeit wurde
der Stern umgefärbt.

Versatzkarte – feDisplacementMap

Dieser Baustein benötigt zwei Eingangsbilder und versetzt mithilfe des zweiten
Eingangsbildes und dessen Farbwerten die Pixel des ersten Bildes.

Abbildung 8.25
Der Baustein VERSATZKARTE
in der Anwendung: Auf
das Objekt links wurde
zuerst der Baustein TURBU-
LENZ angewendet und die-
ser dann als Eingang für
die Versatzkarte verwen-
det; es entsteht ein Objekt
mit ausgerissenen Kanten.

Ein zweites Eingangsbild kann nicht gezeichnet werden, sondern muss aus dem
ersten mithilfe von Filterprimitiven erzeugt werden.

Zusammenführen – feMerge

Mit diesem Filterbaustein werden mehrere Einzelbilder unter Verwendung der
Werte des Alphakanals zu einem Ergebnis zusammengeführt. Dieser Baustein
hat keine Parameter und stellt bei jeder Vergabe eines Konnektors einen weiteren zur Verfügung.

8.2 Eingangsquellen

Alle Filterbausteine können auf verschiedene Eingangsquellen wie FARBE DER KONTUR, FARBFÜLLUNG, TRANSPARENZ DES HINTERGRUNDES, HINTERGRUNDBILD, ALPHAKANAL DER QUELLE und die QUELLGRAFIK angewendet werden.

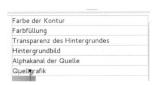

Abbildung 8.26
Die Eingangsquellen im Filterdialog, zur besseren Sichtbarkeit hier um 90 Grad gedreht

Zu den Eingangsquellen ist anzumerken, dass ein Filter nicht direkt zu einem Objekt, sondern zu einer Region hinzugefügt wird. Bemerkbar macht sich das vor allem durch die Vergrößerung der Bounding Box nach der Anwendung eines Filters. Die Region wird anhand der Bounding Box eines Objekts definiert. Die Region kann unter dem Reiter ALLGEMEINE FILTEREINSTELLUNGEN angepasst werden.

Abbildung 8.27
Die Filtereinstellungen für die Region

Standardmäßig ist diese Region mit einem Wert von -0.1 für die X/Y-Koordinaten und 1.20 für die Dimension vorbelegt. Einige Filter machen die Vergrößerung der Region allerdings notwendig. Ein Beispiel liefert das Bild oben im Abschnitt »Morphologie«. Wird die Region nicht vergrößert, werden Teile des Bildes außerhalb einfach abgeschnitten oder nicht dargestellt.

Abbildung 8.28
Der Abschneideeffekt bei fehlender Regionsvergrößerung.

```
<filter
    id="filter3891"
    inkscape:label="Drop shadow"
    width="1.5"
    height="1.5"
    x="-.25"
    y="-.25">
    <feGaussianBlur...
```

Das Codebeispiel zeigt die Angabe der Dimension und der Koordinaten.

8.3 Filter selbst definieren

Filter können auch ganz einfach selbst definiert werden. Das ist vor allem sinnvoll, wenn Sie auf viele Objekte die gleichen Arbeitsschritte anwenden müssen, beispielsweise wenn Sie mehreren Objekten einen Schlagschatten zuweisen wollen. Um Filter selbst zu erstellen oder die vorhandenen anzupassen, wählen Sie den Menübefehl FILTER → FILTER BEARBEITEN. Im Dialog für die Filterbearbeitung können Sie die bisher angewandten Filter anpassen oder einen neuen Filter anlegen. Für die Definition eines eigenen Filters stehen Ihnen die vorgestellten Filterprimitiven zur Verfügung, die Sie miteinander kombinieren können.

Abbildung 8.29
Das Ergebnis des in diesem Abschnitt definierten Filters.

Für einen einfachen Filter, der einen schwarzen Schlagschatten hinter ein Objekt setzt, benötigen Sie die Bausteine GAUSSSCHER WEICHZEICHNER, VERSATZ und ZUSAMMENFÜHREN. Nachdem Sie im Dialogfenster für die Filterbearbeitung auf NEU geklickt haben, wird ein neuer Filter mit dem Namen FILTER1 hinzugefügt. Nun können Sie die Bausteine rechts im Dropdownmenü einzeln auswählen und hinzufügen. Da Filterbausteine meistens aufeinander aufbauen, ist die Reihenfolge natürlich wichtig.

Abbildung 8.30
Der Filterdialog mit den hinzugefügten Filterprimitiven

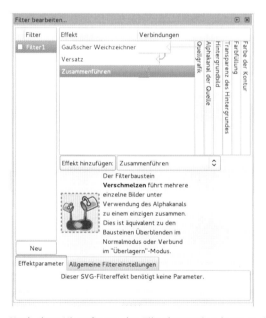

Nach dem Hinzufügen der Filterbausteine können Sie die Konnektoren durch Ziehen von dem kleinen Dreieck des jeweiligen Bausteins mit gedrückter linker Maustaste setzen. Für das vorliegende Beispiel muss der Konnektor des Weichzeichners mit dem Alphakanal der Quelle verknüpft werden. Die Verbindung des zweiten Bausteins VERSATZ ist automatisch zum darüberliegenden Weichzeichner gesetzt worden und kann beibehalten werden. Beim Baustein ZUSAMMENFÜHREN muss der erste Konnektor nach oben auf den Baustein VERSATZ geführt werden. Danach steht ein neuer Konnektor zur Verfügung, der dann auf die Quellgrafik geführt wird. Wählen Sie nun ein Objekt aus und setzen das Häkchen neben dem Namen des Filters, wird dieser auf das Objekt angewendet und die Änderungen werden dargestellt. Anschließend müssen Sie nur noch die Parameter für das Weichzeichnen und den Versatz setzen.

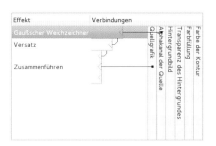

Abbildung 8.31
Die für das Beispiel gesetzten Konnektoren

Natürlich können Sie einmal erstellte Filter auch in Inkscape integrieren, um sie in Zukunft weiter benutzen zu können. Dafür muss die SVG-Datei mit dem angewendeten Filter nach /usr/share/inkscape/filters/ oder ~/.config/inkscape/filters, bei Windows ins Installationsverzeichnis unter filters kopiert werden. Nach einem Neustart steht der Filter dann im FILTER-Menü unter dem Namen, dem Sie ihm gegeben haben, zur Verfügung.

Natürlich können Sie die Einsortierung des Filters auch beeinflussen. Dazu müssen Sie den Quelltext der SVG-Datei ein klein wenig anpassen. Dabei sollten Sie beachten, dass die englischen Namen verwendet werden, wenn Sie in ein vorhandenes Untermenü einsortieren wollen. Die Übersetzungsliste mit den Originalbezeichnungen finden Sie in /usr/share/inkscape/filters/filters.svg.h bzw. im Benutzerverzeichnis bei Windows.

inkscape:label enthält den Namen des Filters; dieser lässt sich im Dialogfenster für die Filterbearbeitung setzen.

inkscape:menu sortiert den Filter in das entsprechende Untermenü ein, noch nicht vorhandene Untermenüs werden angelegt.

inkscape:menu-tooltip enthält eine kurze Beschreibung, die in der kontextsensitiven Hilfe am unteren Rand von Inkscape angezeigt wird.

Und so sieht der selbst definierte Filter für einen Schatten dann im Quelltext aus:

```
<filter
   id="filter2985"
   inkscape:label="MeinSchatten" inkscape:menu="Shadows and Glows"
       inkscape:menu-tooltip="Mein selbst erstellter Schatten">
  <feGaussianBlur
     stdDeviation="5"
     id="feGaussianBlur2987"
     in="SourceAlpha" />
  <feOffset
     dx="10"
```

```
      dy="5"
      id="feOffset2989"
      result="result1" />
  <feMerge
     id="feMerge2991">
   <feMergeNode
      inkscape:collect="always"
      id="feMergeNode2993"
      in="result1" />
   <feMergeNode
      inkscape:collect="always"
      id="feMergeNode2995"
      in="SourceGraphic" />
  </feMerge>
 </filter>
```

Der Filter ist nach einem Neustart von Inkscape im FILTER-Untermenü LICHTER UND SCHATTEN einsortiert.

Kapitel

9

Vektorisieren

Mit Vektorisieren wird der Prozess bezeichnet, bei dem Rastergrafiken in Vektorgrafiken umgewandelt werden. Im Gegensatz zum Erzeugen von Vektorgrafiken ist dieser Prozess weniger gut definiert und so gibt es eine Vielzahl von Methoden zur Vektorisierung mit mehr oder minder guten Ergebnissen. Generell wird beim Vektorisieren versucht, Kanten zu erkennen. Deshalb lassen sich Bilder mit klaren Konturen besser vektorisieren als Bilder mit einer Menge an Farbverläufen. Generell sollte die Vektorisierungsfunktion als Hilfswerkzeug betrachtet werden. Wollen Sie saubere Ergebnisse erzielen, werden Sie auf jeden Fall an den Resultaten arbeiten müssen, das heißt am Ende Knoten bearbeiten. Nichtsdestotrotz lässt sich mit der Vektorisierungsfunktion einiges anfangen.

9.1 Potrace

Mit dem sogenannten Tracing bietet Inkscape eine Möglichkeit, Rastergrafiken in Vektorgrafiken umzuwandeln. Hierfür verwendet es die Software Potrace.

Abbildung 9.1
Das Logo von Potrace

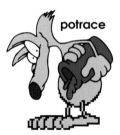

Potrace ist ein Open-Source-Tracing-Programm, das Bitmap- in Vektorgrafiken konvertieren kann. Es wird seit 2001 von Peter Selinger geschrieben und steht unter der GNU General Public License. Es gibt allerdings auch eine Potrace Professionell genannte Version zum Integrieren in kommerzielle Software. Potrace beherrscht verschiedene Formate für den Export, zum Beispiel PDF, PostScript und SVG. Bei Inkscape kommt natürlich die GPL-lizenzierte Variante und SVG als Format zum Einsatz.

Potrace kann aber auch als Stand-alone-Programm eingesetzt werden; entsprechende Software steht auf den Seiten des Autors zum Download zur Verfügung (http://potrace.sourceforge.net). Natürlich gibt es auch grafische Frontends, um dieses Programm bedienen zu können.

9.2 Alternativen

Inkscape setzt vor allem auf Potrace, weil es eher universell einsetzbar ist; es gibt aber auch Alternativen zu Potrace. Einige dieser Alternativen können ebenfalls in Inkscape integriert werden, dafür muss allerdings Inkscape mit diesen Werkzeugen kompiliert werden. Aber diese Alternativen können auch einzeln eingesetzt werden.

Zu allen Programmen sei angemerkt, dass deren Entwicklung nahezu zum Stillstand gekommen ist und die Software kaum noch gepflegt wird. Es kann also zu

Problemen bei der Installation kommen. Linux-Anwender, die paketierte Software verwenden, sollten jedoch keine Probleme bei der Installation haben.

AutoTrace

AutoTrace ist ein Open-Source-Vektorisierungsprogramm, das vor allem durch Martin Weber entwickelt wird. Für das Vektorisieren von Fotos ist es eher weniger gut geeignet, seine Stärken zeigt es vor allem bei sogenannten Line-Art-Grafiken. Das allein rechtfertigt den Einsatz von AutoTrace natürlich nicht, denn Potrace kann mit diesen Grafiken ebenfalls gute Ergebnisse erzielen. AutoTrace verfügt allerdings über eine Funktion, die beim Tracen von Schriften bessere Ergebnisse erzielt. Der Modus CENTERLINE ermöglicht bessere Ergebnisse beim Tracen von Schriftarten und Kartenmaterial.

Dieser Modus ist jedoch nur beim Einsatz von AutoTrace selbst erreichbar, da Inkscape das Dialogfenster von Potrace einsetzt, selbst wenn es mit AutoTrace übersetzt wurde, und in dieser Oberfläche fehlt der Schalter für den Modus CENTERLINE.

Linux-Anwender finden AutoTrace auf jeden Fall in ihren Installationsrepositories und Windows-Anwender können es von den Projektseiten herunterladen (http://autotrace.sourceforge.net).

Frontline

Bei Frontline handelt es sich nicht so sehr um ein Vektorisierungsprogramm, sondern um ein grafisches Frontend für AutoTrace. Entwickelt wurde es von Masatake Yamato und wird auf den gleichen Seiten wie AutoTrace zum Download angeboten.

Delineate

Delineate ist ein weiteres grafisches Frontend für AutoTrace und Potrace, das in Java implementiert ist und damit plattformunabhängig eingesetzt werden kann. Die Installation von AutoTrace oder Potrace wird dabei vorausgesetzt, außerdem eine funktionierende Java-Umgebung. Seine Stärke spielt Delineate vor allem bei vielfarbigen Fotos aus, bei denen interessante Ergebnisse erzielt werden können. Installationsanweisungen für dieses Werkzeug finden Sie auf den Seiten des Projekts, von denen Sie die Software auch herunterladen können (http://delineate.sourceforge.net).

9.3 Tricks zum Vektorisieren

Wer erwartet, dass bei der Anwendung der Vektorisierungsfunktion sofort ein hundertprozentiges Ergebnis erzielt wird, der wird sich eines Besseren belehren lassen müssen. Nicht alle Bilder lassen sich einwandfrei vektorisieren und bei vielen bedarf es sowohl der Nachbesserung als auch einer kleinen Vorbereitung. Dafür kann jedes beliebige Grafikprogramm zur Bearbeitung von Rastergrafiken verwendet werden; ich benutze an dieser Stelle das ebenfalls freie Bildbearbeitungsprogramm GIMP. Die hier gezeigten Tricks dienen der Vorbereitung eines Bildes zum Vektorisieren.

Bei der Vorbereitung eines Bildes zum Vektorisieren geht es vor allem darum, die gewünschten Konturen besser hervorzuheben.

Abbildung 9.2
Das Orignalbild und nach der Nachbearbeitung in GIMP

Im Beispiel in Abbildung 9.2 wurde mithilfe von GIMP der Schwellwert der Farben des Bildes angepasst. Die Konturen treten hervor und die überflüssigen Punkte wurden dabei entfernt. Nach dieser Bearbeitung lässt sich das Bild hervorragend vektorisieren und es bedarf nur minimaler Nacharbeit.

Was auf das jeweilige Bild anzuwenden ist, kann von Fall zu Fall variieren; Grundkenntnisse in der Bildbearbeitung mit einem Rastergrafikprogramm sind hier sehr hilfreich.

Zum Vektorisieren von Schrift in einem Bild ist anzumerken, dass die Knoten nie gerade werden und es sehr viel Zeit kostet, diese auch nur halbwegs in einen Annäherungszustand an das Original zu versetzen.

Mit wesentlich weniger Zeitaufwand verbunden ist die Methode, die Schriftart zu installieren und dann in Inkscape neu zu erstellen. Zum Herauszufinden, um welche Schriftart es sich handelt, kann zum Beispiel der Dienst WhatTheFont von myfonts.com verwendet werden.

Abbildung 9.3
Die Webseite »What a font« von MyFonts

9.4 Das Werkzeug zum Vektorisieren

Das Werkzeug zum Vektorisieren finden Sie unter PFAD → BITMAP VEKTORISIEREN oder Sie benutzen die Tastenkombination ⇧ + Alt + B.

Das Dialogfenster BITMAP VEKTORISIEREN zeigt zwei verschiedene Modi für das Tracing: EINZELSCAN und MEHRFACHER SCAN. Bei Ersterem wird ein einzelner Pfad erzeugt, während bei Letzterem Gruppen von Pfaden erzeugt werden, und zwar in der Anzahl, die im Feld SCANDURCHGÄNGE eingestellt wurde.

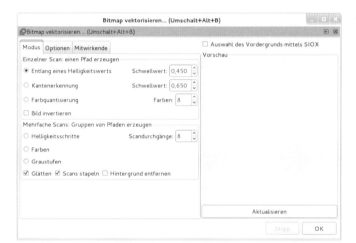

Abbildung 9.4
Das Dialogfenster zum Vektorisieren.

Die Vektorisierungsmethoden

Für jeden Modus gibt es auch noch verschiedene Methoden für den Scandurchgang. Bei einem Einzelscan sind das:

- ENTLANG EINES HELLIGKEITSWERTS: Es wird ein geschlossener Einzelpfad entlang von Helligkeitsunterschieden abgebildet. Die Helligkeit wird hier definiert von der Summe der Rot-, Grün- und Blauwerte eines Pixels oder dem Wert des Graus bei einer Schwarz-Weiß-Grafik. Der Pfad wird um alle Regionen gebildet, die dunkler sind als der eingestellte Schwellwert. Der Schwellwert 0,000 wird eine weiße Fläche erzeugen und 1,000 eine komplett schwarze Fläche.

Wichtig

Für alle Vektorisierungsmodi gilt: Vertrauen Sie der Vorschau im Dialogfenster nicht allzu sehr!

Abbildung 9.5
Ergebnis entlang eines Helligkeitswertes.

- KANTENERKENNUNG: Bei dieser Methode orientiert sich das Programm am Wert des angrenzenden Pixels. Dort, wo der Wert wechselt, wird ein Pfad erzeugt, auch hier in Abhängigkeit vom eingestellten Schwellwert.

Abbildung 9.6
Ergebnis mit Hilfe von
Kantenerkennung.

- FARBQUANTISIERUNG: Diese Methode funktioniert ähnlich wie die Kantenerkennung, nur wird in diesem Fall der Wert des angrenzenden Pixels und dessen Farbunterschied als Orientierung genommen. Hier lassen sich maximal 64 Farben einstellen und der Pfad wird gebildet, je nachdem, ob der Farbwert zu ihm gehört oder nicht.

Abbildung 9.7
Ergebnis bei
Farbquantisierung.

Die Methoden des Mehrfachscans führen mehrere Scans mit unterschiedlichen Einstellungen durch und sind deshalb etwas langsamer als die anderen Methoden. Es gibt drei Methoden für den Mehrfachscan:

- HELLIGKEITSSCHRITTE: Das Bild wird mehrfach gescannt, zuerst mit dem niedrigsten Schwellwert der Helligkeit von 0.2. Wie viele Durchgänge durchgeführt werden, hängt von der eingestellten Anzahl ab. Da der niedrigste Schwellwert fest ist, wird ein Durchgang mehr durchgeführt. Die Schwellwerte für die folgenden Scandurchgänge werden folgendermaßen berechnet: $0.2 + (0.9-0.2)/n$, wobei n die Anzahl der eingestellten Durchgänge angibt. Für jeden Helligkeitsschritt wird ein Pfad erzeugt; der dunkelste hat den Wert 0.2 und der hellste den Wert 0.9.
- FARBEN: Bei dieser Methode wird die Anzahl der Farben des Bildes auf die eingestellte Anzahl mithilfe einer optimalen Palette reduziert, dann wird für jede Farbe ein Schwarz-Weiß-Bild erstellt und mit dessen Hilfe anschließend der Pfad erzeugt.

Abbildung 9.8
Ergebnis bei
Mehrfachscan Farben

- GRAUSTUFEN: Diese Methode verwendet die gleiche Art für das Vektorisieren wie die Methode FARBEN, nur wird hier das Ergebnis in ein Graustufenbild umgewandelt.

Abbildung 9.9
Ergebnis bei
Mehrfachscan Graustufen

Hinter dem Reiter OPTIONEN befinden sich weitere Einstellungsmöglichkeiten, die zum größten Teil die Feinheit bestimmen. Die Option FLECKEN UNTERDRÜCKEN versucht, minimale Farbunterschiede zu unterdrücken. Mit ECKEN GLÄTTEN und PFADE OPTIMIEREN wird versucht, die Ecken möglichst glatt zu halten und die optimale Anzahl an Knoten zu setzen. Standardmäßig sind alle drei Optionen aktiviert und die Werte sind eigentlich optimal. Wird die Toleranz oder der Schwellwert der Ecken verringert, wird das Ergebnis nicht immer besser, aber es wird mehr Rechenaufwand zum Vektorisieren benötigt und das Ergebnis hat mehr Knoten.

Bildausschnitte vektorisieren

SIOX ist eine sehr interessante Option, mit der Sie nur bestimmte Teile einer Grafik vektorisieren können. SIOX steht für Simple Interactive Object Extraction. Mit dieser Option ist es möglich, beim Vektorisieren Bildausschnitte vom Hintergrund zu trennen. Aber auch SIOX hat seine Grenzen, die besten Ergebnisse werden dann erzielt, wenn sich auch der Hintergrund deutlich abhebt.

Das zu vektorisierende Objekt muss für diese Option nur mit einem geschlossenen Pfad umgeben werden, der mit einer Farbe gefüllt ist.

10

Erweiterungen

10.1 Einführung

Inkscape verfügt über ein System, mit dem die Funktionalitäten des Programms erweitert werden können. Bei diesen Erweiterungen handelt es sich um Skripte, die meist in Python oder Perl geschrieben sind und aus Inkscape heraus aufgerufen werden können. Damit diese Skripte funktionieren, werden natürlich die entsprechenden Laufzeitumgebungen benötigt. Wenn also eine Erweiterung nicht funktioniert, kann es mit hoher Wahrscheinlichkeit daran liegen, dass diese Erweiterung nicht installiert ist. Falls eine Erweiterung aufgrund fehlender Abhängigkeiten nicht funktioniert, kann das im `extensions-errors.log` nachvollzogen werden. Diese Datei befindet sich bei Linux unter `~/.config/inkscape/` und bei Windows unter `Documents and Settings\USER\Application Data\Inkscape`. Sie enthält auch Fehler für Importfunktionen wie Dia oder XFig, wenn diese Programme nicht installiert sind.

Einige der in Inkscape enthaltenen Erweiterungen wurden bereits kurz vorgestellt. Diese Erweiterungen sind bei Linux unter `/usr/share/inkscape/extensions/` zu finden. Neue Erweiterungen lassen sich auch einfach installieren, indem sie in dieses Verzeichnis oder in das Verzeichnis `~/.config/inkscape/extensions/` kopiert werden. Nach einem Neustart von Inkscape stehen diese Erweiterungen dann zur Verfügung.

Die Erweiterungen bestehen aus mindestens zwei Dateien, der *.inx-Datei, in der die Informationen für das grafische Frontend in Inkscape niedergelegt sind, und dem eigentlichen Skript. Im Fall der standardmäßig installierten Erweiterungen sind das alles Python-Skripte. Wie erwähnt, sind auch andere Skriptsprachen möglich.

In der inx-Datei ist auch die Einordnung in eine Gruppe im Menü ERWEITERUNGEN hinterlegt. Die standardmäßig installierten Erweiterungen sind wie folgt kategorisiert:

1. ANORDNEN
2. AUS PFAD ERZEUGEN
3. BILDER
4. BITMAP
5. FARBE
6. INTERNET
7. JESSYINK
8. PFAD MODIFIZIEREN
9. PFAD VISUALISIEREN
10. RENDERN
11. TEXT

Im Menü befindet sich außerdem ein Shortcut auf das zuletzt benutzte Skript und die Einstellungen des zuletzt benutzten Skripts. Ersteres führt die Erweiterung mit den entsprechenden Einstellungen nochmals aus und bei Letzterem lassen sich die Einstellungen im angezeigten Dialog ändern.

10.2 Die enthaltenen Erweiterungen

Wie bereits angesprochen, lässt sich Inkscape jederzeit mit Skripten erweitern. Inkscape liefert aber bereits standardmässig einige Erweiterungen mit, die das Programm sinnvoll ergänzen. In den nun folgenden Abschnitten werden diese Erweiterungen kurz vorgestellt.

Anordnen

Hier werden alle Erweiterungen zusammengefasst, die die Anordnung von Objekten in der Zeichnung verändern. Derzeit gibt es in diesem Menü nur eine Anwendung.

Umschichten

Diese Erweiterung ändert die sogenannte Z-Order der in der Grafik befindlichen Objekte und zwar nach ihrer Position in der Zeichnung.

Abbildung 10.1
Umschichten in der Anwendung

Aus Pfad erzeugen

Bewegung

Mit dieser Erweiterung kann die Bewegung eines Objekts dargestellt werden. Dafür können Sie den Winkel und die Stärke der Bewegung eingeben. Die Funktion erzeugt dann auf den ersten Blick dreidimensional wirkende Objekte.

Extrudieren

Diese Erweiterung ähnelt der Erweiterung BEWEGUNG. Nur werden hier zwei Pfade benötigt, deren Knoten bei der Anwendung dieser Erweiterung dann durch Pfade oder Polygone miteinander verbunden werden. Dadurch entstehen dreidimensional wirkende Objekte.

Interpolieren

Die Interpolation von Pfaden ist in Kapitel 5, »Farben und Füllungen« kurz vorgestellt worden. Mit dieser Erweiterung lassen sich sowohl Formen als auch deren Füllungen interpolieren. Das funktioniert allerdings nur mit einfarbigen Füllungen.

Muster entlang Pfad

Diese Erweiterung ähnelt der bei den Pfadeffekten vorgestellten Möglichkeit. Der wesentliche Unterschied besteht darin, dass hier einzelne Musterobjekte auch verformt werden können.

Abbildung 10.2
Ein Muster entlang eines Pfades.

Als Muster kann alles verwendet werden, also Pfade, Objekte oder Gruppen von Pfaden und Objekten. Aus diesem Grund ist es wichtig, in welcher Reihenfolge der Pfad und das Muster ausgewählt werden: Zuerst das Muster und dann der Pfad, auf den das Muster angewendet werden soll. Neben den Einstellungen für das Muster, die exakt die gleichen wie beim Pfadeffekt sind, also EINZELN, EINZELN GESTRECKT, WIEDERHOLT und WIEDERHOLT GESTRECKT, gibt es die Einstellung für den Deformationstyp. Hier können Sie zwischen SCHLANGE und BAND wählen.

Abbildung 10.3
Schlange (oben) und Band (unten) im Vergleich.

Bei der Methode BAND wird das Musterobjekt parallel verändert, es entsteht der Eindruck, als läge das Muster auf einem bewegten Band. Im Gegensatz dazu wird bei der Methode SCHLANGE das Muster so verformt, als befände es sich auf dem Rücken eben eines solchen Tiers.

Schrumpfen/Erweitern der Halo

Diese Erweiterung erzeugt einen Schatten für einen Pfad und zwar durch Kopieren des Pfades und Verkleinern/Vergrößern der Kopien und Herabsetzen der Objektsichtbarkeit. Die Größe und auch die Anzahl der Schritte sind einstellbar. Diese Funktion ist vor allem nützlich, wenn Sie Schlagschatten darstellen wollen und nicht auf den entsprechenden Filter zurückgreifen können. Die erzeugten Objekte haben dabei die Füllfarbe des Originalpfads.

Abbildung 10.4
Halo-Erweiterung

Streuung

Auch mit dieser Erweiterung lassen sich Muster an einem Pfad oder mehreren Pfaden anordnen. Im Gegensatz zur Erweiterung MUSTER AN PFAD ANORDNEN werden hier die Muster nicht verformt. Sie können angeben, ob das Muster dem Pfad folgen soll oder nicht. Bei der Option DEM PFAD FOLGEN wird das Objekt entsprechend dem Pfad gedreht.

Abbildung 10.5
Streuung: links Original-Pfad und -Muster, in der Mitte ohne die Option DEM PFAD FOLGEN und rechts mit der Option.

Voronoi-Muster

Auch diese Erweiterung ist in Kapitel 5, »Farben und Füllungen« kurz vorgestellt worden.

Bilder

Alle Bilder einbetten

Beim Import einer Rastergrafik öffnet Inkscape einen Dialog mit der Nachfrage, ob das Bild eingebettet oder verknüpft werden soll. Standardmäßig ist der Schalter auf VERKNÜPFEN gesetzt, was bedeutet, dass bei der Weitergabe des SVG-Dokuments diese Bilder ebenfalls weitergegeben werden müssen und der Empfänger eventuell die Pfade anpassen muss. Bei eingebetteten Grafiken wird das Bild in Base64-Code in das SVG-Dokument geschrieben; die Datei wird zwar größer, kann aber ohne Aufwand weitergegeben werden.

Diese Erweiterung tut nichts anderes, als alle in der Grafik enthaltenen Rastergrafiken in die Datei einzubetten.

Ein Bild extrahieren

Diese Erweiterung kann dazu benutzt werden, in die Grafik eingebettete Raster-grafiken zu extrahieren und unter einem angegebenen Namen abzuspeichern. Das Bild wird dabei nicht nur extrahiert, sondern auch gleich in die Grafik ver-knüpft.

Bitmap

In dieser Gruppe sind alle Erweiterungen zusammengefasst, die der Manipula-tion von in der Grafik enthaltenen Rastergrafiken dienen. Die Erweiterungen bedienen sich dabei der Funktionalitäten, die die Bibliotheken des ImageMa-gick-Projekts zur Verfügung stellen. Damit können kleinere Änderungen an in einer Grafik enthaltenen Rastergrafiken durchgeführt werden, ohne ein Bildbe-arbeitungsprogramm starten zu müssen. Ein mit diesen Erweiterungen bearbei-tetes Bild wird automatisch eingebettet; damit bleibt das Original an seinem Speicherplatz erhalten. Derzeit sind folgende Bildbearbeitungsmöglichkeiten als Erweiterung integriert:

- ADAPTIVER SCHWELLWERT
- AUFLÖSUNG ÄNDERN
- DECKKRAFT
- EBENE MIT KANAL
- ENTFLACKERN
- GAUSSSCHER WEICHZEICHNER
- IMPLODIEREN
- KANTE •KANTEN HERVORHEBEN
- KONTRAST
- NORMALISIEREN
- RAUSCHEN HINZUFÜGEN
- FARBPALETTE ROTIEREN
- SCHATTIEREN
- UNSCHÄRFE
- VERWIRBELN
- ZENTRALWERT

- ANPASSEN
- AUSGLEICHEN
- EBENE
- EINFÄRBEN
- ENTRAUSCHEN
- HSB ANPASSEN
- KANAL
- KOHLEZEICHNUNG
- NEGATIV
- ÖLGEMÄLDE
- RAUSCHEN VERMINDERN
- SCHÄRFEN
- SOLARISIEREN
- UNSCHARFE MASKE
- WELLE
- ZITTERN

Farbe

Mit den in dieser Gruppe zusammengefassten Erweiterungen ist es möglich, Farbänderungen an Objekten oder Gruppen von Objekten durchzuführen. Wenn kein Objekt ausgewählt ist, wird die Farbänderung auf die gesamte Zeichnung angewendet. Diese Erweiterungen ändern auch die Farben von Konturlinien und Farbverläufen. Bei Farbverläufen wird ein neuer Farbverlauf angelegt. Was die entsprechenden Erweiterungen auf die Zeichnung ausführen, können Sie in den folgenden Illustrationen erkennen.

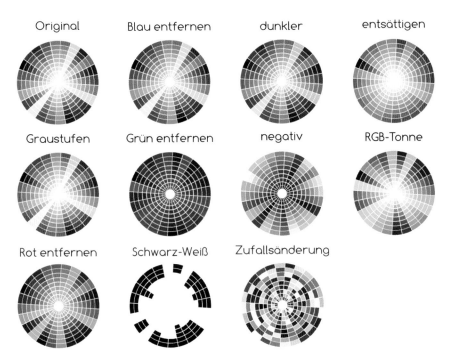

Original | Blau entfernen | dunkler | entsättigen

Graustufen | Grün entfernen | negativ | RGB-Tonne

Rot entfernen | Schwarz-Weiß | Zufallsänderung

Bei den folgenden Erweiterungen ist der Unterschied zum Beispiel zwischen HELLER und MEHR HELLIGKEIT die Größe der Steigerung der Helligkeit. Diese Funktion ist auch schlecht übersetzt, im englischen Original heißt sie MORE LIGHT, was übersetzt »mehr Licht« heißen müsste. Bei dieser Funktion wird das Licht um 5% angehoben. Dunkle Flächen werden heller, während Flächen mit hellen Farben das Licht reflektieren, also weiß werden, als würde eine Lichtquelle auf das gezeichnete Objekt gerichtet. Die Erhöhung bzw. Senkung um jeweils 5% gilt auch für MEHR FARBE, WENIGER FARBE, MEHR SÄTTIGUNG, WENIGER SÄTTIGUNG und WENIGER HELLIGKEIT.

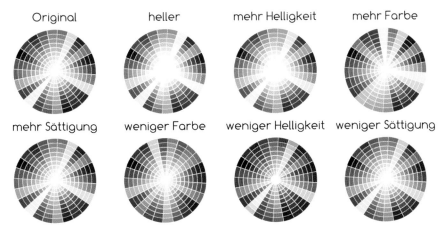

Original | heller | mehr Helligkeit | mehr Farbe

mehr Sättigung | weniger Farbe | weniger Helligkeit | weniger Sättigung

Mit der Erweiterung zum Ersetzen von Farbe können Sie eine einzelne Farbe in der Zeichnung gegen eine andere austauschen. Da die Farbwerte im SVG-Dokument in Hexadezimalwerten gespeichert werden, können Sie leider nicht Farbtöne bzw. -abstufungen auf einen Schlag ersetzen, wie auch die folgende Abbildung zeigt.

Abbildung 10.8
Farbe ersetzen: links das Original, in der Mitte das Dialogfenster mit dem Hexadezimalwert und rechts nach dem Ersetzen der Farbe. Es ist zu erkennen, dass Abstufungen der Farbe nicht ersetzt werden.

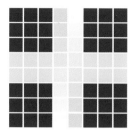
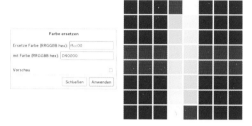

Die Erweiterung BENUTZERDEFINIERT stellt eine Möglichkeit zur Verfügung, die Farben im RGB-Raum mittels mathematischer Operationen anzupassen. In den einzelnen Feldern für den jeweiligen Farbkanal kann der Kanal also reduziert, erhöht, multipliziert oder dividiert werden.

Abbildung 10.9
Farbänderung mit der Erweiterung BENUTZERDEFINIERT: Links das Original, das zweite von links Rot mit dem Faktor 5 multipliziert, das dritte Bild zeigt Grund halbiert und rechts Blau um 5 erhöht.

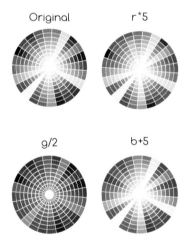

Internet

JavaScript

Diese Erweiterung stellt eine Funktion bereit, mit der das SVG um JavaScript erweitert werden kann. Derzeit ist allerdings nur marginaler Code mit dieser Erweiterung möglich. Sie können Attribute eines Objekts verändern lassen, wenn der entsprechend eingestellte Handler ausgelöst wird. Diese Erweiterung stellt zwei Funktionen bereit: ATTRIBUTE FESTLEGEN, womit bestimmt werden kann, auf welche Attribute das zweite Objekt beim Auslösen gesetzt wird, und SENDE ATTRIBUTE, womit der die eingestellten Attribute des ersten Objekts auf das zweite übertragen werden.

Diese Erweiterung stellt eher eine Demonstration der Möglichkeit dar, SVG mit JavaScript zu verändern, als dass sie nutzbringend angewandt werden kann.

Abbildung 10.10
Das Dialogfenster für die
Erweiterung JavaScript

Schneider

Bei dieser Erweiterung handelt es sich um einen Slicer, der es ermöglicht, eine
Grafik in Teilen mit CSS- und HTML-Code für eine Webseite zu exportieren.

Nachdem Sie das Design für die Webseite erstellt haben, rufen Sie in diesem
Menü die Option RECHTECK ERZEUGEN auf. Diese Funktion legt eine neue Ebene mit
dem Namen WEB SLICER über den Ebenen des Designs an und legt ein Rechteck
mit einer halbtransparenten roten Füllung auf der neuen Ebene an. Diesem
Rechteck können Sie bereits an diesem Punkt bestimmte Dimension zuweisen;
es lässt sich aber auch mit den Inkscape-Werkzeugen zu einem späteren Zeit-
punkt anpassen. Auch das spätere Format für den Export kann gewählt werden.
Hier stehen PNG, GIF und JPG zur Auswahl. Für GIF und JPG gibt es noch die Möglichkeiten, den Grad der Kompression bzw. für GIF die Palette für den Index anzugeben. Bei beiden Optionen wird das Bild erst als PNG exportiert und dann mithilfe von ImageMagick konvertiert.

Abbildung 10.11
Das Dialogfenster für den
Schneider

Nachdem Sie auf diese Weise alle benötigten Teile des Webdesigns markiert haben, können Sie die Layoutgruppe festlegen und im Anschluss die Teile des Layouts und den HTML- und CSS-Code erzeugen. Es können aber auch nur die Layoutteile erzeugt werden.

Abbildung 10.12
Die Dialoge für die Layout-gruppen und den Export-pfad.

JessyInk

JessyInk ist eine Erweiterung, mit der Sie Präsentationen wie in PowerPoint oder OpenOffice Impress erstellen können. Allerdings sind diese Präsentationen im Browser darstellbar. Die entsprechenden Übergänge werden durch JavaScript-Code realisiert, der dem SVG-Dokument hinzugefügt wird.

JessyInk kennt zwei verschiedene Möglichkeiten, solche Präsentationen zu erstellen, die auch miteinander kombiniert werden können: zum einen die sei-tenbasierte Präsentation, die in etwa den PowerPoint-Folien entspricht, und zum anderen die ansichtsbasierte Präsentation, bei der in einer Grafik Ausschnitte gewählt werden können, die als Präsentationsansicht gezeigt werden sollen. Diese Art der Präsentation eignet sich besonders, um Grafiken, die größer sind als der darstellbare Ausschnitt, in eine Präsentation umzuwandeln. Durch die Übergänge zwischen den verschiedenen Ansichten entsteht eine Art Animation.

Das Untermenü JESSYINK enthält alle Werkzeuge, die für die Erstellung von Prä-sentationen nötig sind.

- INSTALLATION/AKTUALISIERUNG: Fügt dem SVG-Dokument JavaScript-Code hinzu, der das Dokument in eine Präsentation umwandelt und dafür sorgt, dass die Darstellung des Dokuments auf Vollbild skaliert wird.
- DEINSTALLIEREN/ENTFERNEN: Öffnet einen Dialog, der es ermöglicht, Über-gänge, Effekte, Folienmaster usw. oder auch alles zu entfernen.
- FOLIENMASTER: Definiert eine Ebene als Hintergrund, der auf jeder Folie darge-stellt wird und nicht neu gezeichnet werden muss.
- AUTO-TEXTE: Ermöglicht es einem Textobjekt, als Auto-Text den Folientitel, die Seitennummer oder die Gesamtzahl der Seiten zu markieren. Bei Folientiteln wird der Name der Ebene als Inhalt verwendet.
- EFFEKTE ODER ÜBERGÄNGE: Definieren die Übergänge zwischen den einzelnen Folien.
- ANSICHT: Setzt die Ansichten für eine ansichtsbasierte Präsentation.
- VIDEO: Ermöglicht das Einbetten eines Videos in die Präsentation.

- TASTENKOMBINATIONEN: Legt Tastenkombinationen für die Präsentation fest. JessyInk erzeugt zum Beispiel eine Übersicht aller Folien, wenn Sie die Taste `I` in der Präsentation drücken. Hier lassen sich die Tasten entsprechend belegen.
- MAUS-ANFASSER: Setzt die Funktionalitäten für die Mausbedienung, da es möglich ist, mit der Maus zum Beispiel in die Präsentation zu zoomen.
- ERGEBNIS: Zeigt eine Zusammenfassung aller enthaltenen JessyInk-Skript-Anteile.

Pfad modifizieren

3D-Kante

Mit dieser Erweiterung werden Lichter und Schatten zum ausgewählten Objekt hinzugefügt, sodass es dreidimensional wirkt. Die hinzugefügten Schatten sind Pfade, die mit dem entsprechenden Filter weichgezeichnet und im Anschluss geclippt werden.

Attribute innerhalb einer Gruppe interpolieren

Mit dieser Erweiterung können Eigenschaften von Objekten in einer Gruppe interpoliert werden. Diese Erweiterung erzeugt nicht wie die Erweiterung INTER-POLIEREN neue Objekte, sondern wird auf bestehende Objekte angewendet. Im Dialogfenster für diese Erweiterung können Sie eine Reihe von Einstellungen vornehmen. Um dieses Werkzeug erfolgreich anwenden zu können, sind allerdings Grundkenntnisse in der Struktur von SVG von Nutzen.

Abbildung 10.13
Das Dialogfenster für ATTRIBUTE IN EINER GRUPPE INTERPOLIEREN und ein Beispiel.

Die Objekte werden interpoliert in ihrer Reihenfolge innerhalb der Z-Order, also in der Reihenfolge, in der sie erzeugt wurden.

Bézierkurven begradigen

Diese Erweiterung begradigt Bézierkurven, und zwar wird die Kurve dafür in Segmente aufgeteilt und diese begradigt, sodass die Form der Bézierkurve annähernd erhalten bleibt. Je größer der eingestellte Faktor FLACHHEIT, umso abstrakter wird allerdings die Form. Je niedriger, umso mehr bleibt die Form erhalten, aber es werden dann auch entsprechend mehr Knoten.

Abbildung 10.14
Die Anwendung von
BEZIERKURVEN BEGRADIGEN

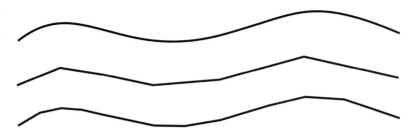

Fraktalisieren

Diese Erweiterung verwandelt gerade Pfade in rau wirkende Pfade. Dazu wird der Pfad geteilt; die Anzahl der Teilungen lässt sich einstellen. Bei der ersten Teilung wird der Pfad in der Mitte geteilt, bei der zweiten die entstandenen Hälften wieder in der Mitte. Bei den maximal zehn möglichen Teilungen wird der Pfad also in 100 Teile aufgeteilt. Im Anschluss werden dann die Knoten an den Teilungspunkten verschoben, je niedriger der unter GLATTHEIT eingestellte Faktor, umso größer die Verschiebung.

Abbildung 10.15
FRAKTALISIEREN: oben der
Originalpfad und darunter
mit zunehmend mehr
Knoten.

Dabei sollten Sie beachten, dass diese Funktion auch neue Knoten erzeugt. Die Erweiterung funktioniert zwar bei einfachen Pfaden. Bei geschlossenen Pfaden werden aber aus den Formen durch die Art und Weise der Teilung und Verschiebung sehr schnell auch unförmige Objekte. Ein Kreisobjekt kann die Form eines Vierecks annehmen. Um derartigen Objekten eine raue Kante zu geben, ist die Erweiterung KNOTEN ZITTRIG VERTEILEN besser geeignet.

Gummidehnung

Mit dieser Erweiterung können Objekte wie ein Gummiband gedehnt, das heißt in die Länge gezogen werden. Dabei können Sie auch angeben, ob sich die Mitte des Objekts wie bei einem Gummiband verjüngt. Die entsprechenden Objekte brauchen dafür allerdings eine gewisse Anzahl an Knoten. Bei einem Viereck mit vier Knoten an jeweils den Ecken hätte die Erweiterung keinen Effekt. Je mehr Knoten das Objekt hat, umso feiner wird das Ergebnis der Dehnung.

Abbildung 10.16
Das Dialogfenster der Erweiterung GUMMIDEH-NUNG und ihre Anwendung auf ein Quadrat: links ohne hinzugefügte Knoten und rechts mit.

Knoten hinzufügen

Mithilfe dieser Erweiterung können Sie einem Pfad weitere Knoten hinzufügen. Die Form des Pfades bleibt dabei erhalten. Es gibt zwei Möglichkeiten, wie Knoten hinzugefügt werden können: Zum einen können Sie angeben, in wie viele Segmente der Pfad nach der Anwendung aufgeteilt sein soll. Zum anderen können Sie die Länge eines Segments angeben, die es mindestens haben soll. Die Anzahl bezieht sich immer auf die Strecke zwischen zwei Knoten des Pfades. Hat der Pfad drei Knoten, werden zwei mal zehn Segmente erzeugt.

Knoten zittrig verteilen

Mithilfe dieser Erweiterung können Knotenpunkte verschoben werden. Sie können die Größe der Verschiebung in x- und y-Richtung bestimmen und festlegen, ob nur die Knoten oder deren Anfasser oder beides verschoben werden sollen. Die Funktion ähnelt dem FRAKTALISIEREN, allerdings müssen hier die Knoten bereits vorhanden sein und es gibt mehr Möglichkeiten der Einflussnahme auf das Ergebnis.

Abbildung 10.17
Links das Dialogfenster mit den Einstellungen. Daneben der Originalpfad und der Pfad nach der Anwendung; rechts wurde der veränderte Pfad auf einen weiteren Pfad als Muster angewendet, wodurch der Effekt eines Pinselstriches entsteht.

Perspektive

Mithilfe dieser Erweiterung lässt sich ein Pfad oder eine Gruppe von Pfaden in die Form eines anderen geschlossenen Pfades bringen. Der Pfad kann beliebig viele Knoten besitzen, aber nur die ersten vier werden für die Veränderung benutzt. Dabei ist die Reihenfolge der Knoten von Bedeutung; der erste Knoten muss links unten sein. Platzieren Sie diesen Knoten anders, wird das Pfadobjekt entsprechend gespiegelt oder gedreht. Dabei ist die Reihenfolge in der Z-Order und bei der Auswahl ebenfalls von Bedeutung. Das Pfadobjekt, das in die Form gebracht werden soll, muss zuerst ausgewählt werden. Damit ist es möglich, Pfade so zu verformen, dass sie perspektivisch wirken.

Pixelschnapp

Diese Erweiterung hilft dabei, PNG »scharf« zu exportieren. Was einer der Vorteile von SVG ist, dass auch zum Beispiel halbe Pixelgrößen möglich sind, wird beim Export in eine Rastergrafik zum Fluch. Bei Rastergrafiken sind nur ganze Pixelgrößen möglich. Die exportierten Grafiken werden dann leicht unscharf. Diesem Effekt kann begegnet werden und zwar mit dieser Funktion, die die Pfade erst auf ganze Pixelgröße skaliert und dann am internen Pixelgitter ausrichtet.

Segmente begradigen

Mit dieser Erweiterung können Sie die Krümmungen von Pfadsegmenten begradigen. Diese Funktion hat zwei Modi, die unter VERHALTEN einstellbar sind. Zusätzlich kann in Prozent angegeben werden, wie stark die Begradigung sein soll.

Abbildung 10.18
SEGMENTE BEGRADIGEN in der Anwendung mit verschiedenen Einstellungen.

Umhüllen

Diese Erweiterung funktioniert ähnlich wie die Erweiterung PERSPEKTIVE und die Ergebnisse sind auch nahezu identisch. Diese Erweiterung kann allerdings nur einen einzelnen Pfad in einen anderen mappen. Auch hier ist wieder die Reihenfolge der Knoten von Bedeutung. In die Form wird jedoch nicht die Form gemappt, sondern die Ecken der Bounding Box auf die Knoten der Form. Dadurch kann es unter Umständen zu Verformungen kommen und die Form wird nicht immer eingehalten.

Wirbel

Diese Funktion verzerrt Pfade in Form eines Wirbels, dessen Stärke Sie bestimmen können. Je weiter weg ein Knotenpunkt vom Zentrum entfernt ist, umso stärker wird die Wirkung. Als Zentrum für die Verdrehung wird allerdings das Zentrum der Ansicht benutzt, deshalb sollten Sie die Ansicht vorher über ANSICHT → ZOOMFAKTOR → AUSWAHL oder den Tastaturkurzbefehl 3 auf das zu verän-

dernde Objekt setzen. Auch für diese Erweiterung gilt, dass eine höhere Knoten-
anzahl das Ergebnis beeinflusst.

Abbildung 10.19
Die Erweiterung WIRBEL
auf einen Stern angewen-
det: Links das Original,
rechts daneben nach der
Anwendung. Beim Ergeb-
nis in der Mitte wurden vor
der Anwendung weitere
Knoten hinzugefügt und
dann die Stärke verändert.

Pfad visualisieren

In diesem Menü sind Erweiterungen zusammengefasst, mit denen Pfadeigen-
schaften dargestellt werden können. Entlang dieser Pfade werden Linien gezeichnet, deren Überstand Sie bestimmen können. Zwischen die Überstände werden
dann Linien mit Pfeilen als Endmarkierungen gezeichnet, um die Dimension darzustellen. Alle diese Objekte sind nach der Anwendung miteinander gruppiert.

Anfasser zeichnen

Diese Erweiterung zeichnet die Handler der Knoten in der entsprechenden Ausrichtung und Länge des gewählten Pfades als Linien. Die Knoten und Anfasser
werden allerdings nicht mit gezeichnet.

Abbildung 10.20
ANFASSER ZEICHNEN: links
der Originalpfad und
rechts mit den gezeichne-
ten Anfassern.

Dimensionen

Diese Erweiterung benutzt die Bounding Box eines Objekts, um dessen Dimension darzustellen. Die erzeugten Objekte bestehen aus Konturlinien mit
bestimmten Eigenschaften, die mithilfe der Einstellungen für die Konturlinie entsprechend angepasst werden können.

 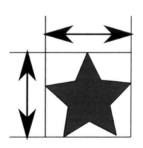

Abbildung 10.21
Das Dialogfenster für die
Dimensionen-Erweite-
rung und rechts die Erweiterung auf einen Stern
angewendet.

Knoten nummerieren

Diese Erweiterung nummeriert die Knoten nach ihrer Reihenfolge und ersetzt
den Pfad durch Punkte und Ziffern, deren Größe Sie bestimmen können. Bei den
Ziffern handelt es sich um Textobjekte und die Punkte sind Kreisobjekte. Beides
können Sie also mit den entsprechenden Werkzeugen weiterbearbeiten.

Pfad ausmessen

Diese Erweiterung dient dem Ausmessen eines Pfades, eines gewählten Pfadobjekts. Dessen Größe wird von der Erweiterung dann als Textobjekt an die Seite des Pfades geschrieben. Größe der Schrift, Versatz und Maßeinheit können Sie festlegen.

Abbildung 10.23
PFAD AUSMESSEN angewendet auf einen Kreis und rechts auf einen Ring: nur die Länge des gesamten Pfades wird ausgegeben.

Diese Erweiterung ist nicht hundertprozentig genau beim Messen, sondern ermöglicht nur eingeschränktes Messen. So wird bei einem Ring der Innen- und Außenpfad gesamt gemessen. Diese Pfade einzeln zu messen, ist ohne weitere Hilfsschritte nicht möglich. Die nächste Version von Inkscape wird ein Werkzeug enthalten, das das Vermessen von Objekten und Pfaden vereinfacht.

Rendern

Die in diesem Menü zusammengefassten Erweiterungen erzeugen zum größten Teil neue Objekte.

Ausrichtung

Die Erweiterungen Druckmarkierungen und Faltschachtel werden ab der Version 0.49 unter einem Untermenü zusammengefasst.

Druck-Markierungen

Diese Erweiterung erzeugt auf einer eigenen Ebene die Markierungen, die von Druckereien benötigt werden, also Schnitt- und Verschnittmarken oder Farbmarken. Dabei können Sie wählen, ob die Schnitt- und Verschnittmarken in Bezug auf die Leinwand oder die ausgewählten Objekte gesetzt werden soll. Der Versatz und die Beschnittgrenzen können Sie ebenfalls einstellen.

Abbildung 10.24
Die verschiedenen Druck-markierungen, die mit die-ser Erweiterung erzeugt werden können.

Page size: 439.37x248.03 px

Faltschachtel

Diese Erweiterung rendert eine zerlegte Faltschachtel mit Klebeseiten. Dabei können Sie sowohl Höhe, Breite und Tiefe der Box angeben als auch Papierdicke und die Klappenproportion.

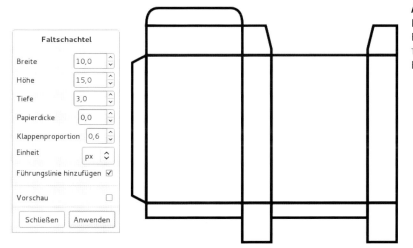

Abbildung 10.25
Das Dialogfenster für die Erweiterung FALTSCHACH-TEL und ein gerendertes Beispiel.

Diese Erweiterung wird in der nächsten Version von Inkscape einige Änderungen erfahren und es ermöglichen, eher Packdesign mit Inkscape zu erledigen.

N up Layout

Mit Hilfe dieser Erweiterung können Sie ein ökonomisches Seitenlayout entwer-fen, dass heißt das Blatt so aufteilen, dass möglichst viele gleichartige Drucksa-chen auf einem Blatt Platz finden.

3D Polyhedron

Mit dieser Erweiterung kann eine Vielzahl von dreidimensionalen Objekten gerendert werden. Die Art des Objekts können Sie in dem Dropdownmenü im ersten Reiter des Dialogs für diese Erweiterung auswählen. Es ist aber auch möglich, weitere Formen in einer Datei zu spezifizieren und diese dem Skript zu übergeben. Im zweiten Reiter finden sich die Einstellungen für die Orientierung des zu erzeugenden Objekts und unter dem dritten Reiter sind die Einstellungen für die Eigenschaften des Objekts zu finden.

Abbildung 10.26
Die Dialoge für
3D POLYHEDRON

Abbildung 10.27
Verschiedenen Objekte, die sich mit dieser Erweiterung rendern lassen.

Buchstabensuppe

Diese Erweiterung arrangiert Teile des lateinischen Alphabets neu, sodass der Text zwar erkennbar ist, aber ein exotisches Aussehen bekommt. Sie können der Erweiterung den Text, die Skalierung und einen Zufallsfaktor als Parameter übergeben. Der dabei entstehende Text besteht aus Pfaden und kann daher nicht mit dem Textwerkzeug bearbeitet werden.

Inkscape Inkscape

Abbildung 10.28
Mit der Erweiterung BUCH-STABENSUPPE erzeugte Objekte

Drahtsphäre (Kugel)

Ein Drahtgitter einer Kugel lässt sich mithilfe dieser Erweiterung rendern. Dabei können Sie die Orientierung der Kugel in Form von Kippen und Rotation angeben. Ebenso können Sie die Anzahl der Längen- und Breitengrade und den Radius der Kugel angeben. Außerdem können Sie festlegen, dass die nicht sichtbaren Linien nicht mit gerendert werden.

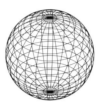 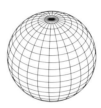

Abbildung 10.29
Mit der Erweiterung DRAHTSPHÄRE gerenderte Objekte: links als Drahtmodell und rechts mit der Option VERDECKTE LINIEN NICHT RENDERN.

Das gerenderte Drahtgittermodell besteht aus Konturlinien und einem Kreisobjekt mit dem angegebenen Radius. Die Konturlinien sind jeweils nach Längen- und Breitengraden miteinander gruppiert.

Abbildung 10.30
Eine Diskokugel, die mit dieser Erweiterung erzeugt wurde. Unten die Schritte: Die Drahtkugel ohne verdeckte Linien rendern. Die Gruppierung der Linien auflösen, die Konturen in Pfade umwandeln, dann die Pfade vereinigen und zerlegen. Auf die entstandenen Vierecke die Erweiterung ZUFALLSFARBE anwenden. Dann fehlt noch eine Farbe für den Hintergrund der Kugel und ein weiterer Kreis mit einer anderen Farbfüllung.

Dreieck

Diese Erweiterung dient dazu, Dreiecke zu rendern. Sie können die Länge der Seiten festlegen sowie die Winkel. Welche Angaben benutzt werden, wird vom Modus bestimmt; bei einem gleichseitigen Dreieck nur die Länge der Seiten. Das entspricht dem Modus VON DREI SEITEN.

Abbildung 10.31
Das Dialogfenster für das Rendern von Dreiecken und ein damit erzeugtes Dreieck.

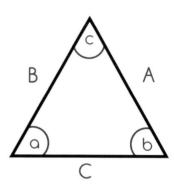

Führungslinien erstellen

Mithilfe dieser Erweiterung können Sie abhängig von der eingestellten Seitengröße Führungslinien setzen. Es gibt zwei Voreinstellungen: GOLDENER SCHNITT und DRITTEL-REGEL. Außerdem können Sie mit BENUTZERDEFINIERT das Blatt horizontal und/oder vertikal in bis zu zehn Teile unterteilen lassen.

Abbildung 10.32
Das Dialogfenster der Erweiterung FÜHRUNGS-LINIEN erstellen.

Funktionsplotter

Diese Erweiterung stellt die mathematischen Funktionen von Python zur Verfügung. Hiermit können nicht nur Kurven, sondern auch komplexe Muster erzeugt werden. Mathematische Kenntnisse sollten hierfür allerdings vorhanden sein.

Abbildung 10.33
Die Dialogfenster des Funktionsplotter

Gitter

Ab der Version 0.49 werden die Erweiterungen unter einem weiteren Untermenü GITTER zusammengefasst.

Gitter – Diese Erweiterung füllt die Bounding Box eines gewählten Objekts mit einem Gitter. Das erzeugte Gitter besteht dabei aus miteinander gruppierten Konturlinien.

Abbildung 10.34
Dialog der Gitter-
Erweiterung und ein damit
erzeugtes Gitter

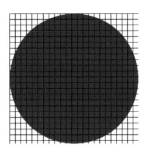

Kartesisches Gitter – Diese Erweiterung generiert ein Gitter, dessen Einteilungen in Haupt- und Untergitter Sie bestimmen können.

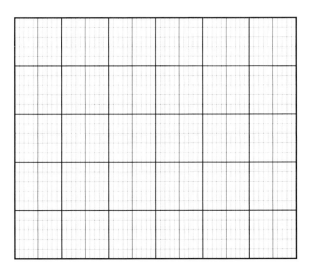

Abbildung 10.35
Das Dialogfenster zum Rendern von kartesischen Gittern und ein mit diesen Einstellungen erzeugtes Gitter

Isometrisches Gitter – Diese Erweiterung rendert ein isometrisches Gitter, ähnlich wie Sie es auch als Hilfsgitter einblenden können (siehe Abschnitt 2.7). Auch hier können Sie die Größe und Stärken der Linien einstellen.

Kalender

Diese Erweiterung erstellt einen Kalender. Solch ein Kalender besteht aus gruppierten Textelementen, die anschließend mit dem Textwerkzeug bearbeitet werden können. Sie können Kalender für ganze Jahre oder auch nur für Monate erstellen. Dabei können Sie das Jahr angeben. Außerdem können Sie die Farbe und die Geometrie des Kalenders festlegen. Allerdings muss der Kalender erst »lokalisiert« werden, falls Sie nicht einen englischen Kalender haben möchten. Dazu müssen Sie nur die Monats- und Tagesnamen unter dem Reiter LOKALISIERUNG ersetzen.

Abbildung 10.36
Ein mit dieser Funktion gerenderter Kalender

L-System

Diese Erweiterung generiert Formen nach dem L-System genannten System von Aristid Lindenmayer. Solche Formen werden in der Computergrafik häufig benutzt, um Fraktale oder realistisch wirkende Pflanzen zu generieren. Dieses Werkzeug bietet sehr viele Möglichkeiten zum Erzeugen von Mustern, ist aber auch sehr komplex.

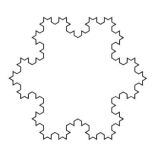

Abbildung 10.37
Verschiedene Anwendungen der L-SYSTEM Erweiterung.

Der gezeichnete Pfad ergibt sich aus der wiederholten Anwendung der Regeln auf das Axiom. Dabei zeichnen A, B, C, D, E und F vorwärts. G, H, I, J, K und L machen einen Schritt vorwärts. Mit + und – wird eine Drehung im angegebenen Winkel nach links bzw. rechts vollzogen. [merkt sich einen Punkt und mit] wird zu diesem zurückgekehrt. Ordnung bestimmt, wie oft die Regel angewendet werden soll, und die Schrittweite gibt die Länge der zu erzeugenden Linie an. Winkel und Schrittweite können auch zufällig verändert werden.

Parametrische Kurve
Polargitter

Diese Erweiterung erzeugt ein sogenanntes Polargitter, ein zweidimensionales Koordinatensystem.

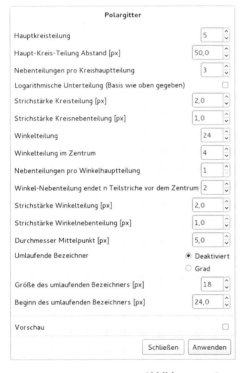
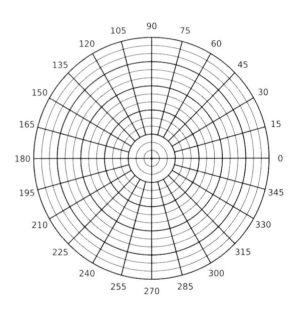

Abbildung 10.38
Die Einstellungen der Polargitter-Erweiterung und ein mit dieser Erweiterung erzeugtes Polargitter.

Spirograph

Unter diesem Namen ist auch ein Kinderspielzeug bekannt, mit dem sich Zykloide (Epi- und Hypozykloide) zeichnen lassen. Dieses Spielzeug besteht aus zwei Zahnrädern, einem großen und einem kleinen, mit Löchern. Das kleine Zahnrad lässt sich innen oder außen an das größere anlegen und durch die Löcher kann ein Stift gesteckt werden, mit dem sich verschiedene Zykloiden zeichnen lassen. Dieses Spielzeug setzt diese Erweiterung um.

Abbildung 10.39
Das Dialogfenster des Spirographen

Die Parameter, die dieser Erweiterung übergeben werden, sind R für den Radius des großen Zahnrades, r für den des kleinen, d ist die Position des Stiftes vom Mittelpunkt gesehen. Hier weicht die Erweiterung von der Vorlage des Spielzeugs ab; es ist möglich, d einen größeren Abstand zu geben, als das kleine Zahnrad normalerweise zulassen würde.

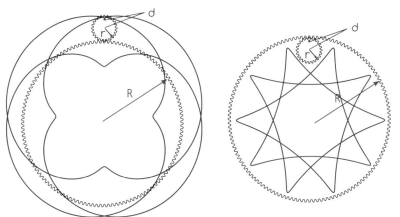

Abbildung 10.40
Funktionsweise des Spirographen

Mit einem Radiobutton (Optionsfeld) kann festgelegt werden, ob das Zahnrad außen oder innen platziert werden soll. Die Rotation bestimmt den Startpunkt für das Zeichnen und die Qualität gibt die Anzahl der Knoten an, die für das Zykloid verwendet werden dürfen. Hier gibt es noch eine Besonderheit: Es sind maximal 1.000 Knotenpunkte zugelassen. Für die meisten Zykloiden ist der Faktor 16 ausreichend, nur für sehr komplexe sollte der Faktor gesenkt werden.

Strichcode

Mit dieser Erweiterung lassen sich verschiedene Strich- und Datencodes generieren.

klassisch

Diese Erweiterung generiert die verschiedenen Typen von Barcodes. Dies sind
derzeit folgende:

1. EAN8 – European Article Number mit acht Stellen, die kurze Version von
   EAN13
2. EAN13 – 13 Stellen, davon eine eine kalkulierte Prüfsumme
3. EAN5 – eine weiter auf fünf Stellen verkürzte Version von EAN13
4. UPC-A – Universal Product Code mit zwölf Stellen, davon eine als Prüfsumme
5. UPC-E – sechs Stellen, davon eine als Prüfsumme; die komprimierte Form
   von UPC-A
6. Code39 – zehn Stellen, 26 Großbuchstaben und sieben Sonderzeichen können verwendet werden
7. Code39Ext – alle 128 ASCII-Zeichen können verwendet werden
8. Code93 – eine erweiterte Version des Code39, wird vom Canadian Postal
   Service benutzt
9. Code128 – alle 128 ASCII-Zeichen können verwendet werden, die Länge ist
   variabel und der Code enthält eine generierte Prüfsumme
10. RM4SCC 4-state – Kundencode der englischen Royal Mail, erlaubt sowohl
    Buchstaben und Zahlen als auch Klammern

Abbildung 10.41
Ein mit dieser Erweiterung
gerenderter Barcode

Die generierten Barcodes enthalten gruppierten Text und bei den Strichen handelt es sich um noch einmal gruppierte Rechteckobjekte.

Datenmatrix

Mit dieser Erweiterung können zweidimensionale Datenmatrix-Codes erzeugt
werden, wie sie zum Beispiel die Deutsche Post für Stampit- und Frankit-Ange-
bote benutzt. Dabei können Sie die Anzahl der Reihen und Farben angeben

sowie den zu codierenden Inhalt. Die Erweiterung erzeugt dann die entsprechende Datenmatrix, die aus gruppierten Rechteckobjekten besteht.

Inkscape Praxisbuch

Abbildung 10.42
Die Wörter "Inkscape Praxisbuch" mit dieser Erweiterung in Daten-Strichcode umgewandelt.

QR-Codes

Diese Erweiterung ist seit der Version 0.49 ebenfalls standardmäßig in Inkscape enthalten. Sie dient dem Rendern der in den letzten Jahren sehr verbreiteten QR-Codes.

Abbildung 10.43
Das Dialogfenster der Erweiterung zum Rendern von QR-Codes.

Taschenbuch-Deckblatt

Diese Erweiterung rendert kein Objekt, sondern definiert Dokumenteneinstellungen. Die Dokumenteneinstellungen werden so gesetzt, dass Sie Front, Rückseite und Rücken eines Buches gestalten können. Da die Größe des Buchrückens von der Anzahl der Seiten und der Papierdicke bestimmt wird, ist es möglich, diese neben der Größe der Seiten und des Bleeding anzugeben. Ein Jammer ist nur, dass alle Größen in Zoll angegeben werden müssen.

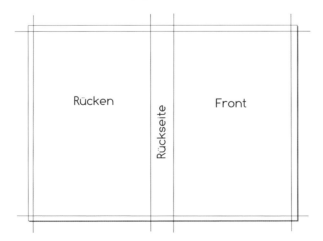

Abbildung 10.44
Ein mit dieser Erweiterung erzeugtes Taschenbuch-Deckblatt

Zahnrad

Mit dieser Erweiterung können Zahnräder ähnlich wie mit dem Pfadeffekt ZAHN-RAD gerendert werden. Im Gegensatz zum Pfadeffekt haben Sie hier die Möglichkeit, ANZAHL DER ZÄHNE, KREISTEILUNG und FLANKENWINKEL einzustellen. Die Größe des Zahnrades wird von der Kreisteilung und der Anzahl der Zähne bestimmt. Der Flankenwinkel legt fest, wie spitz die Zähne sind, also mit wie viel Kraft sie in ein anderes Zahnrad wirken würden.

Zeichnet vom Dreieck

Mithilfe dieser Erweiterung können ausgehend von einem Dreieck die unterschiedlichsten geometrischen Figuren erzeugt werden. Das Dreieck wird von den ersten drei Knoten eines geschlossenen Pfades definiert. Bei den Verbindungen zwischen den Pfaden muss es sich um Linien handeln.

Abbildung 10.45
Das Dialogfenster
der Erweiterung ZEICHNET
VOM DREIECK

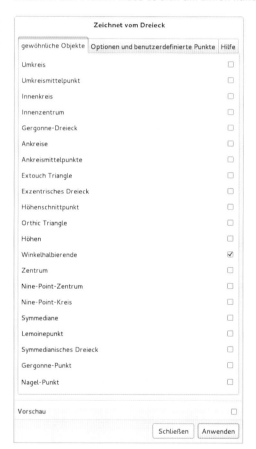

Abbildung 10.46
Mit der Erweiterung
ZEICHNET VOM DREIECK
erzeugte Objekte

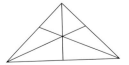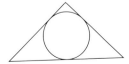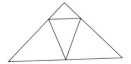

Zufälliger Baum

Diese Erweiterung zeichnet eine baumartige Struktur aus Konturlinien. Die Größe des Baums und die Anzahl der Äste wird dabei hauptsächlich von dem Parameter ANFANGSGRÖßE bestimmt. Je größer dieser Wert, umso mehr Äste wird der Baum haben. Der zweite Parameter bestimmt die Feinheit der Äste, je kleiner der Wert, umso feiner wird die Verästelung.

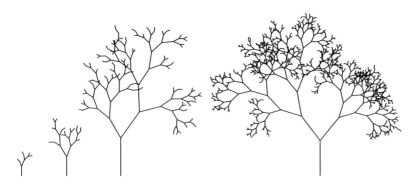

Abbildung 10.47
Mit der Erweiterung erzeugte Bäume mit zunehmender Verästelung

Text

Die Texterweiterungen wurden bereits im Kapitel über Textobjekte vorgestellt und sollen hier nur der Vollständigkeit halber nochmals erwähnt werden. Neben den Erweiterungen ERSETZEN VON TEXT, TEXT TEILEN, LOREM IPSUM und den verschiedenen Änderungen der Groß- und Kleinschreibung gibt es allerdings noch eine Erweiterung, die bisher keine Erwähnung gefunden hat:

Umwandeln in Blindenschrift

Mit dieser Erweiterung lässt sich Text in Braille-Schrift umwandeln. Voraussetzung dafür ist aber, dass eine Schriftart installiert ist, die über die Unicode-Zeichen für Braille verfügt, zum Beispiel Deja Vu Sans. Windows-Benutzer müssen unter Umständen das Textobjekt vorher auf eine solche Schriftart einstellen. Das erzeugte Objekt ist weiterhin ein Textobjekt und kann mit den Textwerkzeugen bearbeitet werden.

Inkscape

Abbildung 10.48
»Inkscape« in Blindenschrift (Braille) geschrieben

G-Code-Tools

Bei den G-Code-Tools handelt es sich um eine Erweiterung zur Definition von G-Code. Sie ist mit der Version 0.49 standardmäßig in Inkscape enthalten.

G-Code ist ein gebräuchlicher Name für die Programmiersprache *Computer Numerical Control (CNC),* meist für Automation und rechnergestützte Entwicklung genutzt. Manchmal wird G-Code auch *G programming language* genannt. Mit Hilfe dieser Sprache wird Maschinen mitgeteilt, was und wie etwas zu tun ist.

Dabei werden Instruktionen zum Beispiel über Bewegungsabläufe oder Geschwindigkeiten definiert und an die Maschine übertragen. G-Code wird zum Beispiel bei vielen Plottern oder auch Fräsmaschinen benutzt. Über die in Inkscape enthaltene Erweiterung für G-Code ist es deshalb möglich, auch direkt Arbeitsanweisungen für Plotter, Lasergraver und ähnliches zu entwerfen.

Bei der Arbeit mit G-Code-Tools sollten Sie sich die Dokumentengröße zunächst auf die Arbeitsfläche einstellen, die das entsprechende Werkzeug maximal bearbeiten kann. Danach fügen Sie die Orientierungspunkte hinzu und passen dann die Parameter in der Tabelle des Default Tool entsprechend den Werkzeugparametern an.

In Inkscape gestaltete Pfade werden zum Schluss in die entsprechenden Werkzeugbewegungen umgesetzt. Dafür ist unter der Erweiterung Pfad zu GCode zu finden. Um Flächen zu gravieren oder zu lasern, müssen Sie den entsprechenden Pfad über diese Erweiterung in ein »Area« umwandeln. Dafür werden die Einstellungen aus den Default Tools benutzt. Die Fläche wird daraufhin mit immer kleiner werdenden Pfaden gefüllt, die die entsprechenden Frässchritte repräsentieren.

Auf den Seiten der Autoren dieser Erweiterung (http://http://cnc-club.ru/gcodetools) finden Sie auch einige Anleitungen zur Benutzung dieses Werkzeuges.

Abbildung 10.49
Das Inkscape GCode-Tool:
Zu sehen sind das Inkscape Logo, der Name und der Slogan in G-Code umgewandelt. Am unteren Rand des Dokuments befinden sich die Orientierungspunkte und die Tabelle mit den Werkzeugeinstellungen.

10.3 Weitere nützliche Erweiterungen

Neben den mit Inkscape gelieferten Erweiterungen gibt es auch noch eine Reihe weiterer Erweiterungen im Internet zu finden. Der Zugriff darauf stellt sich teilweise als Problem dar, da die Plugins auf den verschiedensten Seiten zu finden sind. Es gibt zwar im Inkscape-Wiki eine Übersichtsseite (http://wiki.inkscape.org/wiki/index.php/Extension_repository), diese umfasst allerdings nicht alle Erweiterungen. Leider gibt es noch keine zentrale Anlaufstelle für Plugins wie etwa bei GIMP.

Von diesen weiteren sinnvollen Erweiterungen, die Sie benötigen können, möchte ich an dieser Stelle einige kurz vorstellen.

Sozi

Sozi ist ein alternatives Plugin für das in Inkscape enthaltene JessyInk (http://sozi.baierouge.fr/wiki/en:welcome). Es dient ebenso zum Erstellen von Präsentationen. Im Gegensatz zu JessyInk konzentriert sich Sozi nur auf ansichtsbasierende Präsentationen und bietet für diese dann auch einige Funktionalitäten, über die JessyInk nicht verfügt.

Generator

Mit dem Generator (http://wiki.colivre.net/Aurium/InkscapeGenerator) lassen sich Inhalte aus kommaseparierten Dateien nach Inkscape importieren und im Handumdrehen Einladungen, Namensschilder und Ähnliches generieren. Auch Farbwechsel zum Beispiel zur Kennzeichnung bestimmter Namebadges und das Tauschen von Bildern ist möglich. Allerdings müssen Sie für den Wechsel von Bildinhalten auf PDF, EPS oder ein Rastergrafikformat zurückgreifen.

NiceCharts

Mit der Erweiterung NiceCharts (https://launchpad.net/nicecharts) lassen sich Balken- und Tortendiagramme erstellen, die Sie natürlich im Anschluss in Inkscape noch grafisch aufpeppen können. Aber auch die damit erzeugten Diagramme können sich bereits sehen lassen.

Inkscape-Tables

Wer auch einmal Tabellen in einem Inkscape-Dokument benötigt, dem ist mit dieser Erweiterung geholfen (http://sourceforge.net/projects/inkscape-tables/). Sie erzeugt nach Eingabe von Reihen und Spalten entsprechende Tabellen, die dann natürlich in Inkscape bearbeitet und aufgepeppt werden können.

Kapitel

11

Weitere Werkzeuge und Optionen

Bisher haben Sie die meisten Werkzeuge und Optionen von Inkscape in den einzelnen Kapiteln kennengelernt. Es gibt jedoch noch einige weitere Werkzeuge in Inkscape, für die es sich allerdings nicht lohnt, ein eigenes Kapitel zu schreiben. Deshalb möchte ich diese Werkzeuge und Optionen in diesem Kapitel besprechen, da sie für die professionelle Arbeit mit Inkscape auf jeden Fall von großem Interesse sind.

11.1 Der XML-Editor

Es kann vorkommen, dass eine Grafik direkt im Code bearbeitet werden muss, sei es, um Elemente mit Funktionen zu bearbeiten, die nicht in Inkscape enthalten sind, oder um defekte SVG-Dokumente aus anderen Programmen zu reparieren. Zur Verdeutlichung wurden in diesem Buch auch häufig Ausschnitte des Quellcodes gezeigt und vorgestellt, um derartige Nachbesserungen später durchführen zu können. SVG kann mit jedem beliebigen Texteditor bearbeitet werden, Inkscape selbst stellt aber auch einen internen XML-Editor bereit, der über den Menübefehl BEARBEITEN → XML-EDITOR oder die Tastenkombination ⌂ + Strg + X aufgerufen werden kann.

In diesem XML-Editor wird der Quelltext des SVG angezeigt. Die Darstellung erfolgt geteilt in eine Ansicht mit den Knotenpunkten des XML-Dokuments und eine Ansicht mit den in dem jeweiligen Knotenpunkt enthaltenen Attributen. Die entsprechenden Knotenpunkte können Sie mit der Maus auswählen, woraufhin die Attribute sichtbar werden. Im rechten Fenster können Sie dann diese Attribute auswählen und im unteren Feld anschließend bearbeiten.

Abbildung 11.1
Der XML-Editor mit einem SVG und einer ausgewählten Eigenschaft

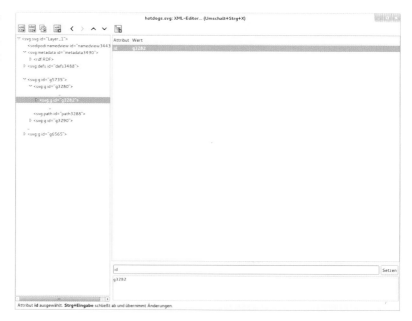

Da bei vielen im Dokument enthaltenen Elementen das Dokument auch immer mehr Knotenpunkte enthält und damit unübersichtlich wird, können Sie das betreffende Objekt auch auf der Zeichenfläche auswählen, woraufhin es auch im XML-Editor ausgewählt ist.

Im XML-Editor ausgewählte Objekte werden ebenfalls auf der Zeichenfläche ausgewählt. Damit können Sie den betreffenden Knotenpunkt im XML-Editor leichter zum Bearbeiten ausfindig machen.

11.2 Icon-Vorschaufenster

Da Inkscape von vielen Icon-Designern der Open-Source-Szene eingesetzt wird, verfügt das Programm auch über eine Icon-Vorschau. Diese Vorschau stellt den Inhalt der Zeichenfläche in allen Icon-Größen von 16 x 16 Pixel bis 128 x 128 Pixel dar. Damit lässt sich schnell die Wirkung in den verschiedenen Größen prüfen. Sie finden dieses Werkzeug unter ANSICHT → ICON-VORSCHAUFENSTER.

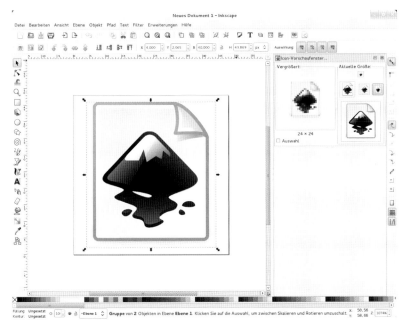

Abbildung 11.2
Ein in Inkscape geöffnetes Icon mit dem geöffneten Icon-Vorschaufenster

11.3 Batchexport

Inkscape verfügt auch über die Möglichkeit, in einem Dokument enthaltene Objekte einzeln zu exportieren. Dafür müssen Sie die einzelnen Elemente zunächst auswählen. Im Dialog für den Export zu Bitmap wird dann die Anzahl angezeigt und gefragt, ob Sie all diese Elemente auf einmal exportieren möchten. Wählen Sie die Option für diesen Export, wird das Namensfeld für die Eingabe des Ziels deaktiviert. Die enthaltenen Objekte werden jeweils mit der Bezeichnung, die sie im Dokument haben, exportiert. Am besten gruppieren Sie hierfür vorher die betreffenden Elemente mit einer Form in der Zielgröße und geben im XML-Editor die entsprechenden Dateinamen als ID für die Gruppe an. Ein Nachteil hat diese Form des Exports allerdings: Es wird grundsätzlich mit 90 dpi exportiert.

Abbildung 11.3
Der Exportdialog; es wurden zuvor zwei Elemente im SVG ausgewählt, deshalb ist die Möglichkeit zum Batchexport sichtbar.

Bitmap exportieren... (Umschalt+Strg+E)			
Exportbereich			
Seite	Zeichnung	Auswahl	Benutzerdefiniert

x0: 0,167 x1: 701,124 Breite: 700,956
y0: -0,151 y1: 513,458 Höhe: 513,609

Einheit: px

Bitmap-Größe

Breite: 701 Pixel bei 90,00 dpi
Höhe: 514 Pixel bei 90,00 dpi

Dateiname

/home/gnokii/Desktop/Logos/g5735.png   Auswählen...

☐ 2 gewählte Objekte auf einmal exportieren
☐ Alle außer Ausgewählte verstecken

Exportieren

Kapitel 12 enthält eine Übung zum Batchexport.

11.4 Kommandozeilenoptionen

Inkscape bietet, wie die meisten Werkzeuge aus der Linux-Welt, die Option, das Programm auch ohne die grafische Benutzeroberfläche zu verwenden. Das ermöglicht unter anderem das Steuern von Inkscape mithilfe von Skripten, um zum Beispiel eine bestimmte Funktion auf alle SVG-Dateien in einem Verzeichnis auszuführen. Das kann natürlich mit den Werkzeugen, die die Kommandozeile bietet, kombiniert werden.

Hier ein kleines Anwendungsbeispiel: Sie haben ein Icon-Set erstellt, das einige Hundert verschiedene Icons umfasst. Nun möchten Sie dieses Icon-Set ausliefern, und zwar in einem ordentlichen Zustand. Sie können sich nicht mehr erinnern, ob Sie den Vacuumizer in jeder Datei angewendet haben, um überflüssige <defs> zu entfernen. Jede Datei zu öffnen und den Vacuumizer anzuwenden, würde Sie nicht nur eine Menge Zeit kosten, sondern auch eine ziemlich stupide Angelegenheit sein; also sollten Sie das vom Computer erledigen lassen, dafür ist er da.

An dieser Stelle ist allerdings anzumerken, dass die Skripte natürlich vom Betriebssystem abhängen. Bei einer Linux-Kommandozeile würde das Skript folgendermaßen aussehen:

```
$: for d in *.svg; do inkscape -z --vacuum-defs $d; done
```

Dieses Kommando bewirkt, dass in dem Verzeichnis alle SVG-Dokumente in einer Schleife eingelesen und die entsprechenden Inkscape-Kommandos darauf angewendet werden, hier -z für den Start ohne grafische Oberfläche und --vacuum-defs für den Vacuumizer.

Der Aufbau der Kommandozeilenoptionen für Inkscape folgt dem POSIX-Standard und ist also Inkscape [OPTIONEN ...] [DATEI ...].

Inkscape beherrscht die folgenden Optionen:

-V, --version: Gibt die Versionsnummer von Inkscape aus.

-z, --without-gui: Startet Inkscape ohne grafische Oberfläche.

-g, --with-gui: Versucht, den X-Server zu verwenden, auch wenn die Umgebungsvariable $DISPLAY nicht gesetzt wurde.

-f, --file=DATEINAME: Öffnet die angegebenen Dokumente.

-p, --print=DATEINAME: Druckt die Dokumente in die angegebene Ausgabedatei (verwenden Sie | Programm zur Weiterleitung).

-e, --export-png=DATEINAME: Exportiert das Dokument in eine PNG-Datei.

-d, --export-dpi=DPI: Auflösung beim Exportieren von Bitmaps und Rasterisierung von Filtern in PS/EPS/PDF. Wird diese Option nicht angegeben, wird standardmäßig mit 90 dpi exportiert.

-a, --export-area=X0:Y0:X1:Y1: Exportierter Bereich in SVG-Benutzereinheiten (Vorgabe: gesamte Zeichenfläche, 0.0 ist die untere linke Ecke).

-D, --export-area-drawing: Exportierter Bereich ist die gesamte Zeichnung, nicht die Zeichenfläche.

-C, --export-area-page: Exportierter Bereich ist die gesamte Zeichenfläche.

--export-area-snap: Rundet die Fläche für den Export einer Bitmap nach außen auf die nächsten Ganzzahlen auf (in SVG-Benutzereinheiten).

-w, --export-width=BREITE: Breite der erzeugten Bitmap in Pixeln (überschreibt Export-dpi).

-h, --export-height=HÖHE: Höhe der erzeugten Bitmap in Pixeln (überschreibt Export-dpi).

-i, --export-id=Kennung: Kennung des zu exportierenden Objekts.

-j, --export-id-only: Exportiert nur das Objekt mit der angegebenen Export-ID, alle anderen auslassen.

-t, --export-use-hints: Verwendet gespeicherten Dateinamen und DPI-Hinweise zum Exportieren (nur mit Export-ID).

-b, --export-background=FARBE: Hintergrundfarbe der exportierten Bitmap (jede von SVG unterstützte Farbzeichenkette).

-y, --export-background-opacity=WERT: Hintergrunddeckkraft der exportierten Bitmap (0.0 bis 1.0 oder 1 bis 255).

-l, --export-plain-svg=DATEINAME: Exportiert das Dokument in reine SVG-Datei (ohne Sodipodi- oder Inkscape-Namensräume).

-P, --export-ps=DATEINAME: Exportiert das Dokument in eine PS-Datei.

-E, --export-eps=DATEINAME: Exportiert das Dokument in eine EPS-Datei.

`-A, --export-pdf=DATEINAME`: Exportiert das Dokument in eine PDF-Datei.

`--export-latex`: Exportiert PDF/PS/EPS ohne Text. Neben PDF/PS/EPS wird eine LaTeX-Datei exportiert, die den Text oben auf die PDF-/PS-/EPS-Datei legt. Einbinden des Ergebnisses in Latex mit `\input{latexfile.tex}`.

`-T, --export-text-to-path`: Wandelt Textelemente beim PS-/EPS-/PDF-Export in Pfade um.

`--export-ignore-filters`: Zeichnet Objekte ohne Filter, statt Rasterisierung (PS, EPS, PDF).

`-X, --query-x`: Abfrage der X-Koordinate der Zeichnung oder des mit `--query-id` angegebenen Objekts.

`-Y, --query-y`: Abfrage der Y-Koordinate der Zeichnung oder des mit `--query-id` angegebenen Objekts.

`-W, --query-width`: Abfrage der Breite der Zeichnung oder des mit `--query-id` angegebenen Objekts.

`-H, --query-height`: Abfrage der Höhe der Zeichnung oder des mit `--query-id` angegebenen Objekts .

`-S, --query-all`: Listet `id`, `x`, `y`, `w` und `h` für alle Objekte auf.

`-I, --query-id=Kennung`: Objekt-ID-Kennung, dessen Abmessungen abgefragt werden.

`-x, --extension-directory`: Erweiterungsverzeichnis ausgeben und beenden.

`--vacuum-defs`: Entfernt unbenutzte Elemente aus den `<defs>` des Dokuments.

`--verb-list`: Listet die Kennungen von allen Verben in Inkscape.

`--verb=VERB-ID`: Aufzurufendes Verb, wenn Inkscape startet.

`--select=OBJECT-ID`: Auszuwählende Objektkennung, wenn Inkscape startet.

`--shell`: Startet Inkscape im interaktiven Konsolenmodus.

11.5 Import/Export

In Kapitel 2 wurden schon einige grundlegende Dinge zum Speichern, Importieren und Exportieren angesprochen, allerdings wurden diese Funktionen nur kurz angerissen.

Einer der Punkte, der näher erläutert werden sollte, ist der Unterschied zwischen den verschiedenen SVG-Dateiformaten, die Inkscape zum Speichern anbietet.

Da wären INKSCAPE-SVG und NORMALES SVG und beide noch in gepackter Form als *.SVG.GZ. Bei Ersterem wird das komplette Dokument ohne Änderungen gespeichert. Beim normalen SVG werden hingegen alle Dinge, die aus dem Namensraum von Inkscape kommen, entfernt und nur standardisiertes SVG gespeichert. Beide Formate können noch gepackt werden, denn die Dateiendung .svg.gz steht nur für eine gezippte Datei.

Es gibt aber noch ein weiteres Format, das von Inkscape angeboten wird: WEB-OPTIMIERTES SVG. Bei diesem Format wird auf Einfachheit der Struktur des XML geachtet, um eine möglichst schnelle Rendierung im Browser zu erreichen. Auch dieses Format entspricht dem SVG-Standard, zusätzlich werden aber alle Farben zur Kurzschreibweise umgewandelt.

Darüber hinaus kann auch direkt als ZIP-Datei gespeichert werden. Hierbei wird ein Verzeichnis mit dem SVG als Inhalt und zusätzlich den Bildern angelegt.

Inkscape bietet noch weitere Dateiformate zum Speichern an, die allerdings immer mit Vorsicht zu genießen sind.

Da wären für die Speicherung sozusagen als Rastergrafiken oder Vektorgrafiken das Portable Document Format (pdf), Postscript (ps) oder Encapsulated Post-script (eps) oder Portable Network Graphic – CAIRO-PNG. Dies sind im Druckbe-reich oft geforderte Formate, die aber mit Vorsicht aus Inkscape heraus expor-tiert werden sollten. Beispielsweise werden Filter nicht korrekt in diese Formate gerendert bzw. exportiert.

Auch in das Format für den zweiten großen freien Vektorgrafikeditor sK1 kann exportiert werden, und zwar als *.sk1. Es steht zudem eine Exportmöglichkeit als OpenDocumentGraphic (odg) für die freien Office-Suiten LibreOffice und Open-Office zur Verfügung. Der Export als Windows-Metafile (wmf) ist ebenfalls mög-lich.

Um Inkscape als Werkzeug für Design zu verwenden, gibt es auch einige andere Exportmöglichkeiten, so zum Beispiel als Extensible Application Markup Langu-age (xaml) für die Verwendung in den .NET-Entwicklungsumgebungen von Mic-rosoft. Auch für JavaFX, die Konkurrenz zu Adobe Flash, steht ein Export zur Ver-fügung.

Für die Ansteuerung von Plottern kann in Hewlett Packard Graphic Language (hpgl) exportiert werden. Außerdem können die Grafiken als TeX-Dateien (tex) und die Formen und Pfade für den Raytracer Poveray (pov) exportiert werden.

Damit steht Ihnen eine Vielzahl von Verwendungsmöglichkeiten für Inkscape offen.

> **Vorsicht**
>
> Vorsicht vor dem Spei-chern im Fremdformat. Verwenden Sie immer KOPIE SPEICHERN UNTER ($\boxed{\Uparrow}$ + $\boxed{\text{Strg}}$ + $\boxed{\text{Alt}}$ + $\boxed{\text{S}}$)! Das gilt auch für die SVG-For-mate.

11.6 Colormanagement

Auch andere Bücher über Inkscape enthalten meist ein Kapitel über Colorma-nagement. Das hat aber weniger mit der Organisation der Farbpaletten zu tun, weshalb es nicht in Kapitel 5, in dem es um Farben und Füllungen geht, enthalten ist.

Mit Colormanagement soll vielmehr erreicht werden, dass eine Grafik, die mit einem beliebigen Eingabegerät erfasst wurde, an einem beliebigen Ausgabege-rät nahezu identisch wiedergegeben wird.

Inkscape verfügt über einige Optionen, die ein Arbeiten mit Colormanagement ermöglichen. In SVG ist es grundsätzlich möglich, ein sogenanntes Farbprofil einzubetten.

```
<color-profile name="Fogra27L-CMYK-Coated-Press"     xlink:href="/usr/share/color/
icc/Fogra27L.icc"  id="color-profile2985" />
```

Die Zeile mit den Informationen zum Profil wird in den <defs> hinzugefügt, dafür gibt es in Inkscape eine Funktion. Wenn Sie die Dokumenteneinstellungen beispielsweise mit ⬆ + Strg + D öffnen, sehen Sie den Reiter FARB-MANAGEMENT.

Abbildung 11.4
Die Dokumenteneinstellungen mit einem mit dem Dokument verknüpften ICC-Profil

Vorausgesetzt, es sind die entsprechenden Profile installiert, können Sie sie hier auswählen und mit dem Dokument verknüpfen. Die Sache hat allerdings einen Haken: Wie Sie im obigen Codebeispiel erkennen können, setzt Inkscape einen Link bzw. Pfad zum entsprechenden Profil; es muss also auf dem Zielsystem ebenfalls dort zu finden sein. Bei Windows ist der Standardpfad für Farbprofile %windir%\system32\spool\drivers\color. Den Pfad können Sie mithilfe des XML-Editors entsprechend anpassen.

Abbildung 11.5
Das ICC-Profil im XML-Editor

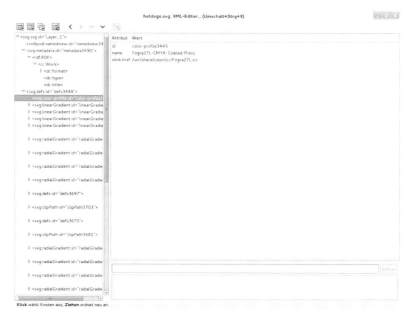

Um auch noch die entsprechenden Farben mit diesem Profil zu verknüpfen, müssen Sie dieses Profil im Dialogfenster für die Objektfarbeinstellungen ebenfalls einstellen. Dafür wechseln Sie in diesem Fenster auf den Reiter CMS und wählen im Dropdownmenü das betreffende Farbprofil aus.

Das ist aber nicht alles an Funktionen zum Farbmanagement, was Inkscape zu bietet hat. Es ist auch möglich, mit dem entsprechenden Zielfarbprofil zu arbeiten, ein sogenannter Softproof. Die entsprechende Einstellung dafür finden Sie in den Einstellungen zu Inkscape. Dort können Sie auch eine Farbe angeben, die als Warnfarbe für Farben dient, die außerhalb des gewählten Profils liegen.

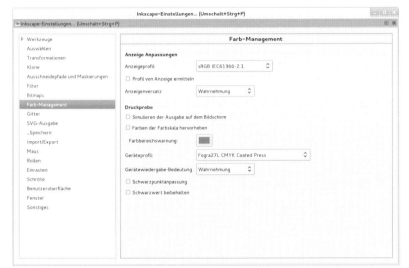

Abbildung 11.6
Die Inkscape-Einstellungen für das Colormanagement (Softproof)

Die Ansicht der Farbverwaltung lässt sich dann im Programmfenster von Inkscape bei Bedarf an- und abschalten. Dazu dient der kleine Schalter unten rechts in der Ecke.

Ein kleiner Wermutstropfen bleibt: In die Grafik gelinkte oder eingebettete Rastergrafiken können ein eigenes Farbprofil enthalten, die dann nicht farbgetreu dargestellt werden.

11.7 Inkscape und CMYK

Für viele wird das Thema CMYK wohl interessant sein; es ist spätestens dann von Interesse, wenn die erstellten Grafiken in einer Druckerei gedruckt werden sollen. Trotz Digitaldruck und standardisierter ICC-Profile bestehen einige Druckereien immer noch auf Dateien im CMYK-Farbformat. Dass man auch CMYK-Farbprofile mit dem SVG verknüpfen kann, ist im Abschnitt »Colormanagement« weiter vorn in diesem Kapitel angesprochen worden. Allerdings akzeptieren die meisten Druckereien das SVG-Format nicht.

Generell ist zu diesem Thema zu sagen, dass SVG ein Format für das Internet ist, das eigentlich am Bildschirm dargestellt werden soll. Von daher darf es eigentlich nicht verwundern, dass an die Unterstützung von CMYK nicht gedacht wurde. Zwar kann im Dialogfenster für die Objektfarbeinstellungen auch unter dem Reiter CMYK der Farbwert mithilfe dieses Modells eingegeben werden, gespeichert werden im SVG jedoch die RGB-Werte.

Wie sieht es dann mit dem Export von Inkscape in Rastergrafiken und PDF aus? Bei Ersterem exportiert Inkscape in das Format PNG (Portable Network Graphic), das auch für die Wiedergabe am Monitor bestimmt ist und keine Unterstützung von CMYK vorsieht.

Wie sieht es dann mit PDF aus? Dazu muss man anmerken, dass Inkscape hier zum Export auf die Bibliotheken des Cairo-Projekts zurückgreift und diese bieten keinen CMYK-Support.

Es bleibt also nichts anderes übrig, als die Rastergrafik mit Werkzeugen wie ImageMagick oder GIMP in ein entsprechendes Format zu konvertieren und auch für PDF ein anderes Werkzeug zu benutzen.

Extensions für CMYK

Es hat bereits mehrfach Ansätze von verschiedenen Leuten gegeben, um das CMYK-Exportproblem mithilfe von Erweiterungen zu lösen. Viele der Ansätze funktionieren bzw. funktionierten nur unter Linux und die meisten werden vom jeweiligen Autor nicht mehr weiterentwickelt.

Eine Erweiterung zum Export von PDF mit CMYK-Farbprofilen ist unter http://wiki.inkscape.org/wiki/index.php/ExportPDFCMYK zu finden; allerdings hat es auch hier schon längere Zeit keine Weiterentwicklung gegeben.

Inkscape-SVG zu CMYK-PDF

Um eine in Inkscape erstellte SVG-Grafik in eine druckfähige PDF-Datei zu verwandeln, bietet sich das DTP-Programm Scribus an. Scribus ist ebenfalls freie Software und damit frei erhältlich. Das Projekt bietet auf seinen Seiten http://wiki.scribus.net/ die Software für Windows und für Mac OS zum Download an, Linux-Anwender finden die Software auf jeden Fall in den Installationsrepositories.

Nach der Installation und dem Start von Scribus können Sie die SVG-Vektorgrafik über DATEI → IMPORTIEREN → VEKTORGRAFIK IMPORTIEREN in das Dokument importieren. Wählen Sie dann BEARBEITEN → FARBEN, wird ein Dialogfenster geöffnet, in dem alle verwendeten Farben angezeigt werden. Die in der Vektorgrafik enthaltenen Farben sind jeweils mit FromSVG# und dem Hexadezimalwert der Farbe dahinter benannt. Ein kleines Quadrat vor dem Namen stellt das Farbmodell dar. Bei der importierten Grafik sollte die Darstellung einen roten, einen grünen und einen blauen senkrechten Balken zeigen – das Zeichen für das RGB-Farbmodell.

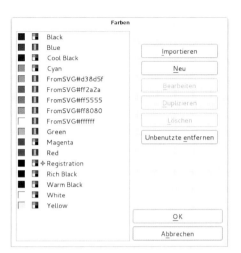

Abbildung 11.7
Der Farbeditor von Scribus
mit einer importierten
SVG-Grafik

Selektieren Sie eine dieser Farben und wählen Sie dann BEARBEITEN, können Sie im daraufhin angezeigten Dialogfenster in einem Dropdownmenü das Farbmodell CMYK einstellen. Wie an den kleinen Quadraten mit der Vorschau für die Farben zu erkennen ist, gibt es dabei kleine Farbabweichungen. Das liegt daran, dass die Werte für die Farben in Scribus und in Inkscape unterschiedlich gehandhabt werden. Scribus benutzt für die Speicherung Integer, das heißt Ganzzahlen, während Inkscape Float, also Fließkommazahlen, benutzt. Das heißt, die Werte müssen dann auf- oder abgerundet werden, wobei diese kleinen Abweichungen zustande kommen.

Jede einzelne Farbe manuell umzusetzen, kann bei einer Grafik mit vielen Farben allerdings mit dieser Methode sehr zeitaufwendig werden. Die Lösung ist hier sehr einfach: Wird an dieser Stelle ein mit Inkscape eingebettetes Farbprofil benutzt und werden in Inkscape die Farben entsprechend zugeordnet, werden die Farben von Scribus so übernommen.

Bleibt noch das Problem der Spotfarben, da Inkscape nur die Namen der im SVG-Standard definierten Farben speichert. Vorausgesetzt, man hat diese Option in den Inkscape-Einstellungen angeschaltet, werden diese Farben allerdings auch beim Import in Scribus durch die Werte ersetzt; man hat dann keine andere Wahl, als sie von Hand zu setzen. Da es sich bei Schmuckfarben allerdings immer nur um wenige Farben handeln dürfte, dürfte das nicht so aufwendig sein. In Kapitel 5 über Farben und Füllungen wurde SwatchBooker kurz vorgestellt. Dieses Werkzeug kann dafür benutzt werden, Paletten mit Schmuckfarben zu erzeugen und diese in Inkscape zu verwenden. Der Autor von SwatchBooker stellt auch ein Scribus-Plugin für den Import von Pantone-Paletten in Scribus bereit: http://www.selapa.net/scribus/.

Kapitel

12

Praxis

Nachdem nun alle Werkzeuge und Funktionen von Inkscape behandelt sind, kann es mit dem praktischen Teil losgehen. Doch zunächst noch kurz ein paar Worte zu den Tutorials.

Für die meisten Tutorials verwende ich bestimmte Farben. Jedes Mal zu erklären, wie die jeweilige Farbe eingestellt wird, zieht aber das Tutorial unnötig in die Länge. Deshalb erkläre ich hier zunächst, wie Sie die betreffende Farbe festlegen, und gebe später in den Tutorials nur noch die Farben an.

In den Abbildungen in den Tutorials stehen die Namen der Farben, mit denen sie im Text bezeichnet werden, und die zugehörigen Hexadezimalwerte. Dabei werden nur die ersten sechs Stellen angegeben, denn der Wert für den Alphakanal ist immer 255, also ff, es sei denn, eine Abweichung ist explizit angegeben.

Diesen Wert geben Sie im Dialogfenster für die Objektfarben an, den Sie entweder über den Schalter in der Kommandozeile oder mit der Tastenkombination ⬆ + Strg + F öffnen. Der Wert muss in das Feld RGBA eingetragen werden.

12.1 Tutorial 1: Emoticons

Das erste Tutorial zeigt, wie Sie mit einfachen Formen ein ganzes Set von personalisierten Emoticons erstellen können. Da das Ergebnis später frei skalierbar ist, können Sie sie sowohl auf Flyern als auch im Instant Messenger benutzen.

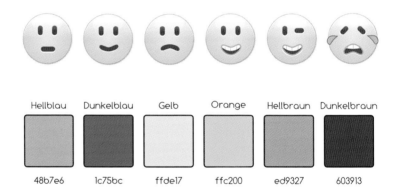

Hellblau	Dunkelblau	Gelb	Orange	Hellbraun	Dunkelbraun
48b7e6	1c75bc	ffde17	ffc200	ed9327	603913

Schritt 1 – Dokumentenumstellung

Öffnen Sie die DOKUMENTENEINSTELLUNGEN (⬆ + Strg + G) und setzen Sie die Werte für Höhe und Breite des Dokuments auf jeweils 32 px.

32 x 32 px ist eine typische Icon-Größe, und die meistverwendete. Für die Emoticons wird zwar in der Regel eher die Größe von 16 x 16 px oder 8 x 8 px benutzt, die Kunst beim Icon-Design ist aber, so zu zeichnen, dass die Icons auch in dieser Größe noch erkennbar sind. Nur in seltenen Fällen wird für die kleinste Größe extra gezeichnet. Da nicht klar ist, in welcher Größe die Emoticons später verwendet werden, zeichnen Sie sie größer und überprüfen das Aussehen in der Icon-Vorschau.

Zur Orientierung benötigen Sie Führungslinien, die Sie mit der Erweiterung FÜH-RUNGSLINIEN ERSTELLEN setzen. Rufen Sie diese Funktion über ERWEITERUNGEN → RENDERN auf und setzen Sie den Wert sowohl bei VERTIKALE als auch bei HORIZON-TALE FÜHRUNGSLINIEN auf 1/2, so wie in der Abbildung gezeigt.

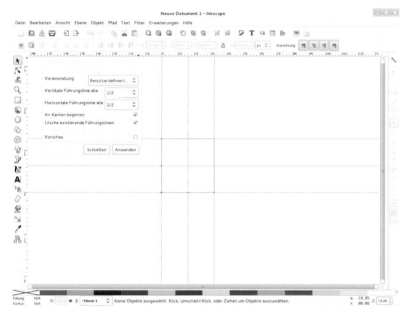

Später werden Sie auch noch das Gitter benötigen; hier sollten Sie schon mal in den Dokumenteneinstellungen sicherstellen, dass die Größe auf 1 px gestellt ist.

Das Snapping, die Einrastfunktion, ist bei dieser Bildgröße schnell störend und sollte deaktiviert werden. Schalten Sie es deshalb entweder durch Anklicken des Schalters in der Einrastleiste oder durch den Tastenkurzbefehl [%] ab. Damit haben Sie die erforderlichen Einstellungen vorgenommen und können mit dem Zeichnen beginnen.

Schritt 2 – die Grundform

Aktivieren Sie das WERKZEUG KREISE, ELLIPSEN UND BÖGEN ERSTELLEN ([F5]) und zeichnen Sie damit einen Kreis, indem Sie dabei die [Strg]-Taste gedrückt hal-ten. Aktivieren Sie nach dem Zeichnen wieder das Werkzeug OBJEKTE AUSWÄHLEN UND VERÄNDERN ([F1]), sodass der Kreis ausgewählt und in der Werkzeugeinstellungsleiste seine Dimensionen angezeigt werden. Setzen Sie dort die Höhe und die Breite auf jeweils 30 px. Weisen Sie dieser Form Gelb als Füllfarbe und Hellbraun als Farbe für die Konturlinie zu. Stellen Sie im Reiter MUSTER DER KONTUR sicher, dass die Breite der Konturlinie 1 px beträgt.

Wählen Sie dann das Werkzeug FARBVERLÄUFE ERSTELLEN UND BEARBEITEN, stellen Sie in der Werkzeugeinstellungsleiste auf radialen Farbverlauf um und überzeugen Sie sich, dass der Schalter für die Füllfarbe aktiviert ist. Doppelklicken Sie dann auf den Kreis. Die Füllung wird daraufhin in einen kreisförmigen Farbverlauf umgewandelt.

In der Werkzeugeinstellungsleiste wird nun auch der Farbverlauf des aktivierten Objekts angezeigt. Klicken Sie dort auf BEARBEITEN, um den Farbverlaufseditor zu öffnen. Wählen Sie in diesem Editor den zweiten Stoppunkt und setzen Sie seinen Farbwert auf den Wert der Farbe Orange.

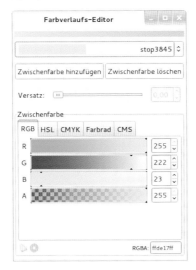

Wählen Sie wieder das Werkzeug OBJEKTE AUSWÄHLEN UND VERÄNDERN und selektieren Sie den Kreis. Öffnen Sie den Dialog für das Ausrichten entweder durch einen Klick auf den Schalter in der Kommandoleiste oder durch Drücken der Tastenkombination ⬆ + Strg + A. Richten Sie das Objekt nach der Seite durch Klick auf die entsprechenden Schalter horizontal und vertikal mittig aus.

Die Grundform ist nun fertig gezeichnet und befindet sich zentriert auf der Seite.

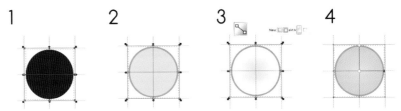

Schritt 3 – die Highlights auf der Grundfläche

Legen Sie nun mit ⌈Strg⌉ + ⌈D⌉ ein Duplikat des Kreises an. Wählen Sie unten in der Farbpalette die Farbe Weiß. Klicken Sie unter der Farbpalette unten links bei den Farbschnelleinstellungen mit der rechten Maustaste auf die Farbe der Kontur und wählen Sie in dem sich öffnenden Kontextmenü KONTUR ENTFERNEN. Das Duplikat hat jetzt keinen farbigen Rand mehr und ist etwas kleiner als der darunterliegende Kreis.

Wählen Sie nun wieder das Werkzeug zum Erstellen von Farbverläufen und stellen Sie in der Werkzeugeinstellungsleiste auf linearen Farbverlauf um. Doppelklicken Sie auf den weißen Kreis. Die Füllung wird in einen Farbverlauf umgewandelt, dessen Stopppunkte nun versetzt werden. Klicken Sie dafür mit der Maus auf den rechten Stopppunkt und versetzen Sie ihn an die untere Kante des Kreises. Dann klicken Sie auf den linken Stopppunkt und verschieben ihn mit der Maus nach oben, sodass er sich etwas außerhalb des Kreises befindet und die Verbindungslinie zwischen den Punkten vertikal verläuft.

Legen Sie nun wieder mit ⌈Strg⌉ + ⌈D⌉ ein Duplikat dieses Kreises an und weisen Sie diesem irgendeine Farbe aus der unteren Farbpalette zu. Machen Sie davon wieder ein Duplikat und ändern Sie dessen Farbe wieder über die Farbpalette in eine von der letzten abweichende. Drücken Sie anschließend die ⌈Strg⌉-Taste und versetzen Sie dieses Duplikat ein wenig nach unten. Drücken Sie die ⌈⇧⌉-Taste und selektieren Sie auch den zuvor gezeichneten Kreis. Wählen Sie PFAD → DIFFERENZ oder drücken Sie ⌈Strg⌉ + ⌈-⌉. Die Operation wird ausgeführt und übrig bleibt ein sichelförmiger Rest der Kreise. Weisen Sie diesem Rest die Farbe Weiß zu.

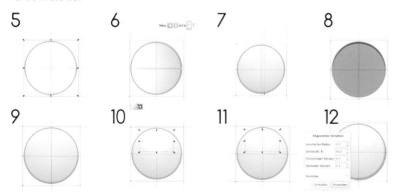

Aktivieren Sie das Werkzeug KREISE, ELLIPSEN UND BÖGEN ERSTELLEN und zeichnen Sie damit eine Ellipse. Wechseln Sie zum Werkzeug OBJEKTE AUSWÄHLEN UND VERÄNDERN und stellen Sie in der Werkzeugeinstellungsleiste die Breite und Höhe des Objekts auf 20 x 12 px. Weisen Sie dieser Ellipse eine weiße Füllung zu, aktivieren Sie das Werkzeug zum Bearbeiten von Farbverläufen und stellen Sie auf linearen Farbverlauf ein. Wandeln Sie mit einem Doppelklick auf die Ellipse deren Füllung in einen Farbverlauf um. Versetzen Sie dann die Stopppunkte des Farbverlaufs; den rechten an die untere Kante und den linken an die obere Kante der Ellipse. Setzen Sie die Sichtbarkeit des Objekts unten in den Schnelleinstellungen unter der Farbpalette auf 50% zurück. Positionieren Sie anschließend die

Ellipse vertikal mittig auf den anderen Objekten und versetzen Sie sie ein klein wenig nach unten, sodass ein kleiner Spalt zwischen dem Kreis darunter und der Ellipse bleibt, so wie in der Abbildung 10 gezeigt.

Selektieren Sie nun die gelbe Grundfläche mit dem orangefarbenen Rand und wählen Sie anschließend FILTER → SCHATTEN UND LICHTER → ABGESETZTER SCHATTEN. In dem sich öffnenden Dialogfenster legen Sie für UNSCHÄRFEN RADIUS 0,2, DECK-KRAFT 50% und VERSATZ jeweils 0,3 fest und wenden den Filter dann an. Das Objekt erhält einen Schlagschatten.

Damit ist die Grundform, die Sie für alle Emoticons verwenden können, fertig. Drücken Sie `Strg` + `A`, um alle Objekte im Dokument auszuwählen, und gruppieren Sie sie dann, indem Sie in der Kommandoleiste den betreffenden Schalter anklicken oder `Strg` + `G` drücken. Duplizieren Sie die Zeichnung und schieben Sie das Duplikat zur Seite.

Schritt 4 – Gesichtsausdruck

Nun ist es an der Zeit, Augen und Mund für das erste Emoticon zu zeichnen. Diese Elemente bestehen aus einfachen Rechtecken, deren Ecken abgerundet werden.

Aktivieren Sie das Werkzeug RECHTECKE UND QUADRATE ERSTELLEN (`F4`) und zeichnen Sie damit ein Rechteck im Hochformat. Aktivieren Sie das Auswahlwerkzeug, sodass die Objektgröße in der Werkzeugeinstellungsleiste sichtbar wird. Legen Sie die Größe auf 3 px Breite und 6 px Höhe fest. Wechseln Sie zurück zum Werkzeug zum Erstellen von Rechtecken, woraufhin die Anfasser für das Abrunden der Ecken angezeigt werden. Ziehen Sie den runden Anfasser mit gedrückter Maustaste nach unten, bis es nicht mehr geht. Das Rechteck ist nun zu einem Oval umgewandelt. Weisen Sie diesem Oval den Farbwert für Dunkelbraun zu.

Nun platzieren Sie das Oval auf der Grundform, und zwar so, wie in Abbildung 14 zu sehen. Duplizieren Sie die Form des Ovals und weisen Sie diesem Duplikat eine weiße Füllung zu. Verschieben Sie das weiße Oval ein klein wenig nach unten, halten Sie dazu die `Strg`-Taste gedrückt. Drücken Sie dann die `Bild ↓`-Taste, um das weiße Oval in der Stapelreihenfolge eine Ebene tiefer zu setzen. Gruppieren Sie anschließend die beiden Objekte und legen Sie davon ein Duplikat an. Verschieben Sie das Duplikat, wie in der Abbildung 17 gezeigt; halten Sie dabei wieder die `Strg`-Taste gedrückt.

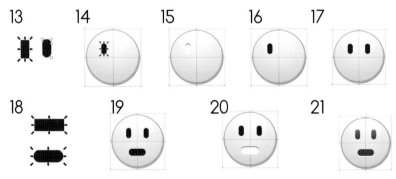

Als Nächstes zeichnen Sie den Mund, auch dieser wird beim ersten Emoticon durch ein Rechteck dargestellt. Aktivieren Sie das entsprechende Werkzeug und zeichnen Sie ein Rechteck. Aktivieren Sie das Auswahlwerkzeug und stellen Sie in der Werkzeugeinstellungsleiste die Breite auf 10 px und die Höhe auf 4 px. Weisen Sie auch diesem Rechteck als Füllung den Wert für Dunkelbraun zu. Runden Sie auch hier wieder die Ecken ab. Versetzen Sie anschließend das Oval so wie in der Abbildung 19 gezeigt. Verschieben Sie auch hier das weiße Oval mit der `Bild ↓`-Taste in der Z-Order eine Ebene tiefer.

Jetzt fehlt nur noch eine Schönheitskorrektur: Die Spiegelung der Grundfläche liegt unter den Augen. Heben Sie die Gruppierung der Grundfläche auf und verschieben Sie die Spiegelung mit der `Pos1`-Taste ganz nach oben. Abschließend können Sie alle Objekte der Zeichnung gruppieren.

Ihr erstes Emoticon ist nun fertig.

Schritt 5 – das Lächeln im Gesicht

Jetzt brauchen Sie nur noch die Dinge zu zeichnen, die Sie benötigen, um den Gesichtsausdruck des Smileys zu verändern. Machen Sie deshalb eine Kopie des ersten Emoticons und schieben Sie es an eine freie Stelle im Dokument. Heben Sie die Gruppierung des Emoticons, das im Seitenrahmen liegt, wieder auf. Aktivieren Sie das Auswahlwerkzeug und selektieren Sie die Rechtecke, die den Mund darstellen. Drücken Sie dann die `Entf`-Taste, um sie zu löschen.

Aktivieren Sie das Werkzeug BÉZIERKURVEN UND GERADE LINIEN ZEICHNEN (`⇧` + `F6`). Schalten Sie mit der `#`-Taste das Gitter ein, das Ihnen beim Zeichnen behilflich sein wird. Klicken Sie auf eine der blauen Linien des Gitters, um den ersten Knoten zu setzen. Ziehen Sie anschließend mit der Maus etwas nach unten und nach links bis zur nächsten blauen Linie des Gitters und klicken Sie dort. Damit ist der nächste Knotenpunkt gesetzt. Ziehen Sie nun mit der Maus wieder nach oben bis zur nächsten Linie des Gitters und doppelklicken Sie dort – damit wird der letzte Knoten gesetzt und das Zeichnen des Pfades beendet. Nun sollte der Pfad in etwa so aussehen wie in der Abbildung 22.

Aktivieren Sie das Werkzeug BEARBEITEN DER KNOTEN UND ANFASSER EINES PFADES (`F2`) und selektieren Sie den Pfad mit einem Klick auf den mittleren Knoten. Dass dieser Knoten ausgewählt ist, wird durch den Wechsel der Farbe des Knotenpunkts gekennzeichnet. Klicken Sie dann in der Werkzeugeinstellungsleiste auf den Schalter DIE GEWÄHLTEN KNOTEN AUTOMATISCH ABRUNDEN, um den Knoten entsprechend zu formen. Das Ergebnis sollte wie in der Abbildung aussehen.

Öffnen Sie nun den Dialog für die Objektfarbeinstellungen und aktivieren Sie den Reiter MUSTER DER KONTUR. Stellen Sie dort die Breite auf 4 px und setzen Sie die Enden auf ABGERUNDET. Das Ergebnis sollte in etwa so aussehen wie in der Abbildung 22. Wenn die Kurve etwas zu steil ist, können Sie den mittleren Knotenpunkt versetzen; halten Sie dabei die `Strg`-Taste gedrückt.

22

23

24

25

Als Nächstes wandeln Sie diese Konturlinie in einen Pfad um, indem Sie PFAD → KONTURLINIE IN PFAD UMWANDELN wählen oder die Tastenkombination [Strg] + [Alt] + [C] drücken. Nun können Sie diesem Pfad auch die Werte für die Farbe Dunkelbraun geben und ihn anschließend an die richtige Stelle verschieben. Auch hier legen Sie wieder ein Duplikat an, füllen es mit Weiß und versetzen es etwas unter das dunkelbraune Objekt.

Damit ist auch das zweite Emoticon fertig und kann gruppiert werden.

Machen Sie von diesem Emoticon wieder ein Duplikat und schieben Sie es zur Seite. Widmen Sie sich gleich dem nächsten Gesichtsausdruck; für diesen sind nur wenige Schritte notwendig.

Lösen Sie die Gruppierung wieder auf, selektieren Sie mit dem Auswahlwerkzeug die weiße Mundform unter der dunkelbraunen und löschen Sie sie. Nun muss eigentlich die dunkelbraune Mundform nur noch vertikal geflippt werden. Wählen Sie die Form aus und aktivieren Sie das Auswahlwerkzeug entweder über den entsprechenden Schalter in der Werkzeugeinstellungsleiste oder mit dem Tastaturkurzbefehl [V]. Dann duplizieren Sie diese Form, verschieben sie wie bei den anderen wieder ein Stück nach unten und schieben die weiße Form unter die dunkelbraune.

Nach dem Gruppieren ist Ihr drittes Emoticon schon fertig.

Schritt 5 – breites Grinsen

Jetzt zeichnen Sie das Emoticon mit dem breiten Grinsen und dem Zwinkern. Dafür erstellen Sie wieder ein Duplikat des vorher gezeichneten Emoticons und schieben es beiseite. Bei dem auf der Seite verbliebenen heben Sie die Gruppierung auf und löschen den Mund komplett.

Anschließend aktivieren Sie das Werkzeug für Bézierkurven und zeichnen einen Pfad aus vier Knoten, wie in der Abbildung 26 zu sehen. Dann aktivieren Sie das Werkzeug zur Knotenbearbeitung und selektieren alle Knoten dieses Pfades, entweder indem Sie mit der Maus einen Rahmen aufziehen oder indem Sie die einzelnen Knoten nacheinander mit gedrückter [⇧]-Taste anklicken. Wenn alle Knoten ausgewählt sind, aktivieren Sie in der Werkzeugeinstellungsleiste den Schalter zum Abrunden der gewählten Knoten. Das Objekt sollte nun in etwa so aussehen wie in der Abbildung 27. Weisen Sie dem Objekt die Füllfarbe Dunkelbraun zu und löschen Sie die Konturlinie. Da der Dialog für die Farbeinstellungen geöffnet ist, können Sie gleich zum Reiter FARBE DER KONTUR wechseln und dort den Schalter mit dem kleinen Kreuz wählen.

Aktivieren Sie nun das Werkzeug zum Zeichnen von Kreisen und Ellipsen und wählen Sie irgendeine Farbe in der unteren Farbpalette aus. Zeichnen Sie anschließend eine Ellipse auf das zuvor gezeichnete Objekt. Die Ellipse sollte oben und an den Seiten überstehen und unten in das zuvor gezeichnete Objekt hineinragen, in etwa so wie in der Abbildung 29 gezeigt. Keine Angst, die Ellipse kann noch ausgerichtet werden. Dazu setzen Sie die Objektsichtbarkeit etwas zurück. Selektieren Sie beide Objekte und richten Sie sie vertikal mittig aus. Dann wählen Sie die Mundgrundform aus und duplizieren sie. Selektieren Sie nun zusätzlich zu diesem Duplikat die Ellipse und wählen Sie PFAD → ÜBERSCHNEIDUNG oder drücken Sie die Tastenkombination [Strg] + [*]. Übrig bleibt ein kleines Objekt, dem Sie eine weiße Füllung zuweisen. Das stellt die Zähne dar, denen Sie nun noch etwa hinzufügen.

Aktivieren Sie das Werkzeug zum Zeichnen von Rechtecken und zeichnen Sie ein Rechteck im Hochformat. Es sollte eine Breite von 1 px haben und in der Höhe oben und unten über die weißen Zähne hinausragen. Machen Sie von diesem Rechteck ein Duplikat und verschieben Sie es etwas nach links; dann machen Sie ein zweites Duplikat und verschieben dieses nach rechts. Selektieren Sie anschließend alle drei Rechtecke und öffnen Sie den Dialog zum Ausrichten von Objekten. Wählen Sie unter VERTEILEN den Schalter NACH OBJEKTMITTELPUNKTEN HORIZONTAL GLEICHMÄẞIG ANORDNEN, sodass die Rechtecke den gleichen Abstand zueinander haben. Nun vereinigen Sie die Rechtecke zu einem Gesamtpfad. Wählen Sie dazu PFAD → VEREINIGUNG oder benutzen Sie die Tastenkombination ⌷Strg⌷ + ⌷+⌷. Fügen Sie der Auswahl auch noch die weiße Fläche der Zähne hinzu und richten Sie sie horizontal nach der Mitte aus. Heben Sie die Auswahl der beiden Objekte aus, indem Sie irgendwo auf eine freie Stelle klicken. Selektieren Sie dann wieder die Fläche der Zähne und legen Sie ein Duplikat davon an. Wählen Sie nun zusätzlich die Rechtecke aus und wenden Sie auch hier die Funktion PFAD → ÜBERSCHNEIDUNG an. Dem, was von den Rechtecken übrig geblieben ist, weisen Sie den Farbwert für Hellblau zu. Legen Sie ein Duplikat der dunkelbraunen Mundfläche an und wechseln Sie zu den Objektfarbeinstellungen. Dort weisen Sie der Fläche eine Konturlinie zu und setzen den Wert auf den Wert von Hellbraun. Stellen Sie sicher, dass die Breite der Konturlinie 1 px beträgt. Die Füllung können Sie dann entfernen.

Damit ist der Mund komplett fertig und muss wieder auf die Grundfläche platziert werden.

Ziehen Sie also einen Rahmen mit gedrückter Maustaste um alle Objekte des Mundes und verschieben Sie die so selektierten Elemente dann an die gewünschte Position. Auch hier legen Sie wieder ein Duplikat der Mundfläche an, füllen es mit Weiß und versetzen es wie bei den anderen Augen und Mündern.

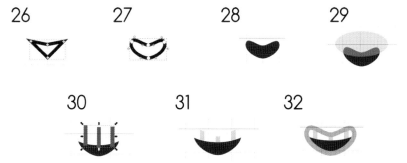

Damit ist Ihr viertes Emoticon fertig – Sie können es gruppieren, duplizieren und beiseite stellen.

Für das Zwinkern drehen Sie das rechte Auge um 90 Grad nach links oder rechts. Der Schalter dafür ist nach der Auswahl des Objekts in der Werkzeugeinstellungsleiste zu finden. Das Weiße unter dem Auge können Sie löschen. Anschließend legen Sie es mit den gleichen Schritten wie bei den anderen neu an.

Damit ist auch das fünfte Emoticon fertig; Sie können es gruppieren und duplizieren.

Schritt 6 – Heulen

Für das nächste Emoticon heben Sie die Gruppierung des vorher gezeichneten Emoticons wieder auf. Das rechte Auge können Sie komplett löschen. Dann selektieren Sie beide Objekte des linken Auges und gruppieren das Ganze.

Öffnen Sie anschließend den Transformationsdialog über OBJEKT → TRANSFORMATIONEN oder ⌂ + Strg + M. Wechseln Sie dort zum Reiter DREHEN, geben Sie -45 Grad ein und wenden Sie die Einstellung dann an.

Das Auge wird um genau diesen Wert gedreht. Für das rechte Auge muss das linke Auge lediglich dupliziert und mithilfe des Schalters in der Werkzeugeinstellungsleiste oder dem Tastaturkurzbefehl H horizontal geflippt werden. Das Auge muss anschließend nur noch an die entsprechende Position verschoben werden.

Für den Mund können Sie die Form des alten Mundes wiederverwenden, müssen die Form aber vertikal flippen. Die Zähne müssen Sie allerdings neu zeichnen. Das funktioniert genauso, wie im vorherigen Abschnitt beschrieben.

Es fehlen jetzt also nur noch die Tränen. Aktivieren Sie dafür das Werkzeug zum Erstellen von Kreisen und Ellipsen und zeichnen Sie eine Ellipse im Hochformat. Diese Ellipse wandeln Sie über PFAD → OBJEKT IN PFAD UMWANDELN in einen Pfad um. Dann aktivieren Sie das Werkzeug zur Knotenbearbeitung und selektieren den obersten Knoten. Schieben Sie den linken und den rechten Anfasser in Richtung des Knotens, bis der jeweilige Anfasser direkt auf dem Knoten sitzt – schon ist die Form der Träne fertig.

Weisen Sie dieser Träne die Füllung Hellblau zu und skalieren Sie sie auf die passende Größe. Halten Sie dabei die Strg-Taste gedrückt, damit sie gleichmäßig skaliert wird. Mit einem weiteren Klick werden die Anfasser für das Drehen sichtbar und Sie können die Träne drehen. Der Winkel sollte in etwa zwischen 40 und 45 Grad betragen. Anschließend können Sie auch die Konturlinie hinzufügen und deren Wert auf Dunkelblau setzen. Sie brauchen jetzt nur noch die Träne an der richtigen Stelle zu positionieren und zu duplizieren. Das Duplikat flippen Sie anschließend einmal horizontal und verschieben es mit gedrückter Strg-Taste auf die andere Seite des Emoticons.

Damit ist auch das letzte Emoticon fertig.

12.2 Tutorial 2: Batchexport

In diesem Tutorial zeige ich Ihnen, wie Sie mit dem Batchexport von Inkscape eine Reihe von Objekten aus Inkscape als PNG exportieren können. Das ist sehr nützlich, wenn Sie verschiedene Elemente, die Sie später einzeln benötigen, in einem Dokument gezeichnet haben, wie zum Beispiel die Emoticons aus dem ersten Tutorial.

Öffnen Sie also die Datei mit Ihren Emoticons. Die Gitter und Führungslinien werden nicht mehr benötigt und können mit der $\boxed{\#}$- und der $\boxed{\;\;}$-Taste ausgeblendet werden. Ebenfalls nicht mehr benötigt wird der Seitenrahmen; dieser kann in den Dokumenteneinstellungen abgeschaltet werden.

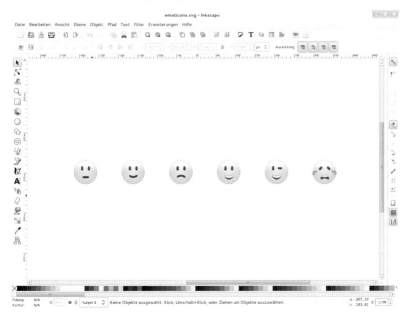

Sortieren Sie jetzt Ihre Emoticons im Dokument so, dass sie auf einer Linie stehen; das Werkzeug zum Ausrichten von Objekten ist dabei eine Hilfe. Lassen Sie viel Platz zwischen den einzelnen Emoticons. Das Ganze sollte am Ende in etwa so aussehen wie in der Abbildung.

Wenn Sie mit dem Anordnen der Emoticons fertig sind, zeichnen Sie mit dem Werkzeug zum Erstellen von Rechtecken und Quadraten ein Quadrat. Halten Sie dafür die $\boxed{\text{Strg}}$-Taste gedrückt. Die Farbe des Quadrats spielt vorerst keine Rolle, nur die Größe ist entscheidend. Das Quadrat sollte eine Größe von 32 x 32 px haben und darf keine Konturlinie besitzen. Duplizieren Sie dieses Quadrat für jedes Ihrer Emoticons. Selektieren Sie dann alle Quadrate, indem Sie mit der Maus einen Rahmen um sie ziehen, und drücken Sie anschließend die $\boxed{\text{Ende}}$-Taste. Das setzt die Quadrate im Stapel ganz nach unten. Nun schieben Sie die Quadrate unter die Emoticons.

Selektieren Sie jeweils ein Emoticon und sein darunterliegendes Quadrat und richten Sie es exakt mittig aus. Dafür öffnen Sie den Dialog für das Ausrichten und zentrieren es jeweils horizontal und vertikal nach der Auswahl. Diesen Schritt müssen Sie für jedes Emoticon erneut durchführen.

Benutzen Sie die Tastenkombination ⌞Strg⌟ + ⌞A⌟. Das selektiert alle im Dokument befindlichen Elemente. Dann heben Sie die Gruppierung durch einen Klick auf den betreffenden Schalter in der Kommandoleiste oder durch Drücken der Tastenkombination ⌞⇧⌟ + ⌞Strg⌟ + ⌞G⌟ auf. Führen Sie das ruhig mehrmals durch, falls sich in den Gruppen weitere gruppierte Elemente befinden.

Nun selektieren Sie das Quadrat, öffnen den Dialog für die Farbeinstellungen und setzen den Wert des Alphakanals auf 0. Das Quadrat ist jetzt nicht mehr sichtbar, aber immer noch vorhanden. Ziehen Sie anschließend mit gedrückter Maustaste einen Rahmen auf, sodass alle Elemente des Emoticons und das Quadrat ausgewählt sind, und gruppieren Sie diese Objekte dann.

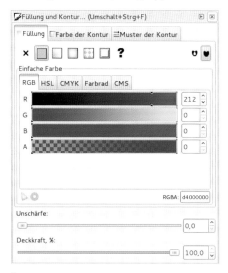

Öffnen Sie den XML-Editor. Im XML-Baum werden Sie links eine Gruppe finden (<svg:g id="gXXXX">). Wählen Sie diese mit einem Klick darauf aus, woraufhin rechts die Werte sichtbar werden. Klicken Sie rechts oben auf das Attribut, wodurch unten das Feld zur Eingabe aktiviert wird. Geben Sie dort der jeweiligen Gruppe einen Namen. Unter diesem Namen wird später das exportierte Bild abgespeichert. Wenn Sie Ihre eigenen Emoticons in Ihrem Messenger verwenden wollen, sollten die Gruppen so benannt werden, wie das verwendete Programm es verlangt. Klicken Sie nach der Eingabe auf SETZEN. Diese Schritte müssen Sie für jedes einzelne Emoticon wiederholen.

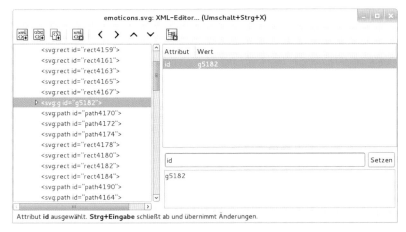

Wenn Sie alle Emoticons mit den Quadraten gruppiert und umbenannt haben, können Sie wieder mit `Strg` + `A` alle Objekte auswählen und dann den Exportdialog mit DATEI → BITMAP EXPORTIEREN oder `⇧` + `Strg` + `E` öffnen. Setzen Sie dort das Häkchen bei GEWÄHLTE OBJEKTE AUF EINMAL EXPORTIEREN. Dann werden die Gruppen mit den Namen, den Sie ihnen gegeben haben, exportiert.

Falls Sie eine andere Größe für die Emoticons benötigen, ist auch das schnell erledigt. Selektieren Sie dafür wieder alle Objekte und öffnen Sie den Transformationsdialog. Im Reiter MAßSTAB setzen Sie das Häkchen sowohl bei AUF JEDES OBJEKT GETRENNT ANWENDEN als auch bei PROPORTIONAL SKALIEREN und geben dann den gewünschten Wert ein. Damit werden alle Objekte auf diesen Wert skaliert.

12.3 Tutorial 3: Inkscape is Magic

In diesem Tutorial zeichnen Sie als Übung einen einfachen Zauberstab mit Schwung und magischem Leuchten. Die meisten Funktionen zum Zeichnen haben Sie bereits im ersten Tutorial kennengelernt. In diesem Tutorial kommen das Zeichnen von Bögen und die Wirkung von Farben sowie der Gebrauch des Sprühwerkzeugs hinzu.

Schritt 1 – der Zauberstab

Für den Zauberstab zeichnen Sie zunächst einmal ein Rechteck. Benutzen Sie dafür das Werkzeug RECHTECKE UND QUADRATE ERSTELLEN (F4). Da die Dimensionen dieses Zauberstabs eine Rolle bezüglich der Wirkung spielen, sollten Sie folgende Größeneinstellungen benutzen: 77,085 Pixel für die Breite und 524,192 px für die Höhe. Die Werte können Sie in der Werkzeugeinstellungsleiste bei aktiviertem Rechteckwerkzeug direkt eingeben. Auch die Abrundung der Ecken können Sie dort direkt eingeben; die betreffenden Werte betragen 31.357 px bei Rx und 49.937 px bei Ry.

Im Folgendem arbeiten Sie immer mit einer Kopie dieser Form; legen Sie also mit Strg + D eine solche an und schieben Sie sie auf einen freien Platz in der Zeichenfläche. Dann zeichnen Sie mit dem Rechteckwerkzeug ein Rechteck auf die Form. Bei diesem Rechteck ist nur die Höhe als Wert interessant; es sollten 341,572 px sein. Die Breite sollte so gewählt sein, dass das Rechteck links und rechts über die Form des Zauberstabs hinausragt. Nachdem dieses Rechteck gezeichnet ist, selektieren Sie es sowie die Form des Zauberstabs und richten das Ganze mithilfe des Werkzeugs Objekte ausrichten und Abstände angleichen horizontal mittig aus. Danach schneiden Sie das Rechteck aus der Form aus. Dazu wählen Sie Pfad → Differenz oder drücken die Tastenkombination Strg + -. Es bleiben von der Form des Zauberstabs nur die Enden übrig, wie in der Abbildung 4 zu sehen.

Nun weisen Sie dem Zauberstab die richtige Farbe zu. Die Farben für den Zauberstab sind nicht in der Farbkarte für dieses Beispiel angegeben, sondern können direkt aus der Farbpalette in Inkscape übernommen werden; diese sollte auf Inkscape default eingestellt sein. Weisen Sie den Enden die Füllfarbe 10% Grau zu. Aktivieren Sie dann das Werkzeug Farbverläufe erstellen und bearbeiten (Strg + F1) und stellen Sie sicher, dass die Option linearer Farbverlauf aktiviert ist. Mit einem Doppelklick auf die Form der Enden wandeln Sie dann die Füllung in einen Farbverlauf um. Aktivieren Sie anschließend das Ende des Verlaufs mit der durchsichtigen Füllung durch einen Klick auf den kleinen Kreis und weisen Sie auch diesem die Füllung 10% Grau zu. Durch einen Doppelklick auf die Linie, die den Verlauf des Farbverlaufs darstellt, fügen Sie einen weiteren Stopppunkt hinzu. Weisen Sie diesem die Farbe Weiß zu und schieben Sie ihn auf der Linie nach rechts. Dann fügen Sie links von diesem Stopppunkt einen weiteren hinzu und geben diesem ebenfalls eine 10%-Grau-Füllung.

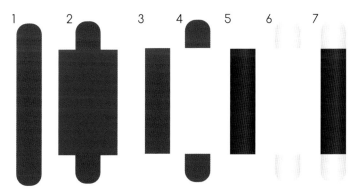

Duplizieren Sie anschließend die Form des Zauberstabs und wiederholen Sie die Schritte zum Erzeugen des Farbverlaufs wie bei den Enden. Nur wählen Sie hier 90% Grau für die dunkleren Stellen und 70% für den hellen Stopppunkt.

Danach können Sie diese Form und die Enden des Zauberstabs auswählen und mithilfe des Ausrichtenwerkzeugs horizontal und vertikal nach der Auswahl ausrichten. Die dunklere Form muss unter Umständen mit der $\boxed{\text{Bild} \downarrow}$-Taste im Stapel eins tiefer gesetzt werden. Ist alles in der richtigen Reihenfolge, können Sie die beiden Objekte mit $\boxed{\text{Strg}}$ + $\boxed{\text{G}}$ gruppieren.

Schritt 2 – das magische Leuchten

Duplizieren Sie die Form des Zauberstabs und wandeln Sie ihn über PFAD → OBJEKT IN PFAD UMWANDELN oder durch Drücken von $\boxed{\diamond}$ + $\boxed{\text{Strg}}$ + $\boxed{\text{C}}$ in einen Pfad um. Wechseln Sie anschließend zum Werkzeug BEARBEITEN DER KNOTEN UND ANFASSER EINES PFADES ($\boxed{\text{F2}}$), sodass die Knoten des Objekts sichtbar werden. Wählen Sie dann alle oberen Knoten dieses Objekts aus und drücken Sie die Tastenkombination $\boxed{\text{Strg}}$ + $\boxed{.}$, um das Objekt an diesen Knotenpunkten zu erweitern.

Für die nächsten Schritte benötigen Sie den Hintergrund des Bildes. Dafür zeichnen Sie ein Rechteck in der späteren Bildgröße. Füllen Sie dies mit Schwarz und wechseln Sie zum Farbverlaufswerkzeug. Stellen Sie die Einstellung dieses Werkzeugs auf RADIALER FARBVERLAUF und doppelklicken Sie auf das Rechteck. Die Füllung wird dadurch in einen Farbverlauf umgewandelt, dessen Zentrum schwarz und an den Rändern transparent ist. Die Richtung des Farbverlaufs kehren Sie nun um, indem Sie die Tastenkombination $\boxed{\diamond}$ + $\boxed{\text{R}}$ drücken. Öffnen Sie dann den Farbverlaufseditor und setzen Sie den Wert des inneren Stopppunkts auf den Wert für das Dunkellila. Der Farbverlauf muss wahrscheinlich später noch etwas angepasst werden, für den Moment reicht es allerdings, den Verlauf etwas gleichmäßig rund zu machen und etwa mittig zu setzen.

Weisen Sie der vorher erweiterten Form des Zauberstabs die Füllfarbe Hellgelb zu und setzen Sie sie mithilfe des Ausrichtenwerkzeugs mittig hinter die Gruppe mit dem Zauberstab. Selektieren Sie diese Gruppe sowie das hellgelbe Objekt und verschieben Sie es auf den Hintergrund. Bringen Sie es anschließend mit der $\boxed{\text{Pos1}}$-Taste in den Vordergrund. Dann drehen Sie diese Objekte ein wenig.

Wählen Sie nur die hellgelbe Fläche und öffnen Sie das Dialogfenster für die Objektfarbeinstellungen. Weisen Sie dem Objekt eine UNSCHÄRFE von 13.0 zu. Das Hellgelb reagiert jetzt mit den Farben des Hintergrunds; an den Stellen, an denen im Hintergrund Schwarz ist, bekommt die Fläche einen grünlich dunklen Schimmer, während auf dem Lila eher ein Leuchten hervorgerufen wird.

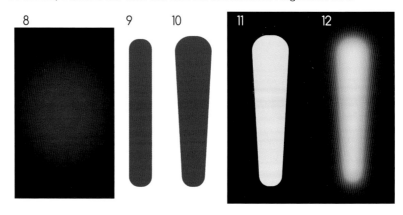

8   9   10   11   12

Zeichnen Sie nun mit dem Werkzeug Kreise, Ellipsen und Bögen erstellen (F5) einen Kreis wie in der Abbildung 13. Weisen Sie diesem Kreis eine Füllung mit einem radialen Farbverlauf von innen Weiß nach außen Hellgelb zu. Geben Sie auch diesem Kreis eine Unschärfe von etwa 15.0 und setzen Sie ihn mithilfe der Bild ↓ -Taste in der Stapelreihenfolge nach hinten. Das Ergebnis sollte in etwa so aussehen wie in der Abbildung 15.

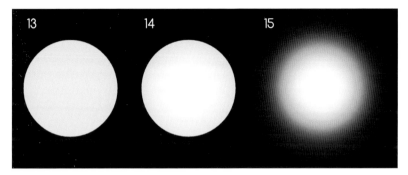

Zeichnen Sie einen etwas kleineren Kreis. Duplizieren Sie diesen vier Mal, versetzen Sie ihn und weisen Sie den Kreisen die verschiedenen Werte für die Farben Hellgrün, Orange, Dunkelrot, Graublau und Helllila als Füllung zu. Das Resultat sollte in etwa so aussehen wie in der Abbildung 16.

Versetzen Sie dann die Kreise mithilfe der Bild ↓ -Taste hinter den leuchtenden hellgelben Kreis. Das Ergebnis sollte in etwa so aussehen wie in der Abbildung 17. Auch diese Kreise bekommen in den Objektfarbeinstellungen eine Unschärfe; hier ist kein Faktor vorgegeben, er liegt irgendwo zwischen 30 und 40. Die Farbe sollte im inneren des Kreises noch erkennbar sein.

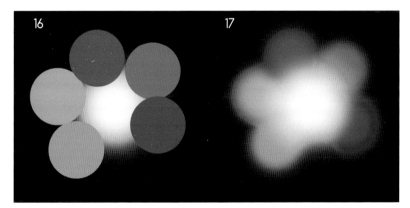

Schritt 3 – die Speedlines

Für die Speedlines, die in Comics dazu dienen, Bewegung anzuzeigen, zeichnen Sie mit dem Kreiswerkzeug eine Ellipse. Diese öffnen Sie zu einem Bogen, indem Sie den rechten und den runden Anfasser, die nach dem Zeichnen erscheinen, nach links schieben. Sobald Sie damit angefangen haben, können Sie in der Werkzeugeinstellungsleiste auch auf Bogen umstellen. Zur Bearbeitung können Sie dem Bogen eine Farbe für die Konturlinie zuweisen, indem Sie die ⇧ -Taste gedrückt halten und eine Farbe in der Palette auswählen. Die Farbe der Füllung hingegen können Sie entfernen. Danach passen Sie den Bogen durch Ziehen und Drücken in der Form Ihrer Zeichnung an. Duplizieren Sie den Bogen und skalieren Sie ihn für die zweite Speedline.

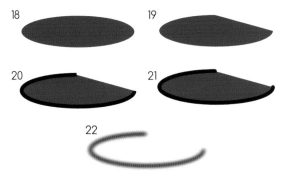

Ändern Sie dann die Füllfarbe der Konturlinie in Weiß und erhöhen Sie die Breite der Konturlinie etwas. Den Speedlines muss zum Schluss noch etwas Unschärfe von 3 oder 4 zugewiesen werden.

Schritt 4 – das Finish

Für das Finish brauchen Sie nur noch glitzernde und leuchtende Sterne zu zeichnen. Zeichnen Sie dafür ein schwarzes Rechteck als Zeichenhintergrund und zoomen Sie nah heran.

Wechseln Sie zum Werkzeug STERNE UND POLYGONE ERSTELLEN (★) und stellen Sie in der Werkzeugeinstellungsleiste auf STERN und 4 Ecken um. Zeichnen Sie damit einen Stern, den Sie anschließend mit den Anfassern anpassen, sodass die Strahlen lang und dünn sind.

Dann aktivieren Sie das Werkzeug zum Erstellen von Kreisen und erzeugen einen Kreis, der auf der Mitte des Sterns liegen sollte. Die Ecken des Sterns sollten an allen Seiten noch herausragen.

Öffnen Sie das Dialogfenster für die Objektfarbeinstellungen und geben Sie dem Stern eine Unschärfe von 2 oder 3 und dem Kreis so viel Unschärfe, dass er in der Mitte noch komplett Weiß ist.

Damit ist der Lichteffektstern fertig und kann gruppiert und skaliert werden.

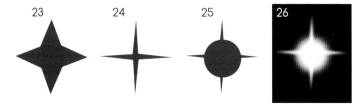

Zum Schluss aktivieren Sie das Werkzeug OBJEKTE SPRÜHEN DURCH VERFORMEN ODER MALEN (⇧ + F3). Dieses Werkzeug sprüht immer das zuletzt ausgewählte Objekt. Stellen Sie die Werkzeugeinstellungen auf KLONE ODER KOPIEN, dann können Sie später auch einzelne Sterne wieder löschen. Die Rotation, den Maßstab und die Streuung können Sie auf 100 heraufsetzen. Das erzeugt den größtmöglichen Zufall. Bei den Einstellungen der Pinselbreite und Menge sollten Sie vorsichtiger vorgehen. Weniger ist mehr!

Sprühen Sie nun einige Sterne auf Ihr Bild, so wie es Ihnen gefällt.

12.4 Tutorial 4: Jeanspocket

In diesem Tutorial erzeugen Sie mithilfe eines der in Inkscape enthaltenen Filter und einer Musterfüllung ein Stück Jeansstoff und zeichnen eine passende Tasche mit Nähten unter Verwendung der Live-Pfadeffekte.

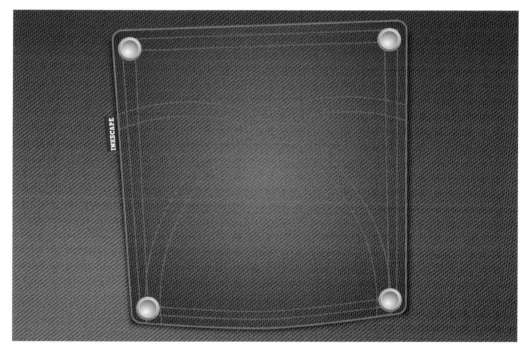

Wie auch in den vorangegangenen Tutorials hier zuerst die Erwähnung der verwendeten Farben mit den entsprechenden Werten für die jeweilige Farbe.

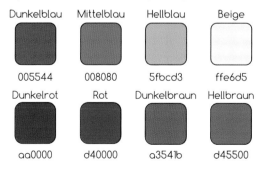

Dunkelblau	Mittelblau	Hellblau	Beige
005544	008080	5fbcd3	ffe6d5
Dunkelrot	Rot	Dunkelbraun	Hellbraun
aa0000	d40000	a3541b	d45500

Schritt 1 – der Jeansstoff

Für den Jeansstoff zeichnen Sie mit dem Werkzeug RECHTECKE UND QUADRATE ERSTELLEN (F4) ein Rechteck. Die Größe des Rechtecks ist dabei egal, es sollte nur etwas größer als die eigentliche Tasche sein, damit es später nicht skaliert werden muss.

Dieses Rechteck wird mithilfe des Werkzeugs FARBVERLÄUFE ERSTELLEN UND BEARBEITEN (Strg + F1) mit einem radialen Farbverlauf von Mittelblau in der Mitte nach Dunkelblau gefüllt. Den Farbverlauf sollten Sie dabei etwas versetzen, wie in der Abbildung 3 zu sehen – dadurch wirkt das Ergebnis natürlicher.

Im Anschluss wenden Sie auf das ausgewählte Rechteck den Filter FILTER → BILD-EFFEKTE → FILMKÖRNUNG an.

Im nächsten Schritt legen Sie mit dem Tastaturkurzbefehl Strg + D ein Duplikat des Rechtecks an und entfernen über FILTER → FILTER ENTFERNEN den Filter vom Duplikat. Dann rufen Sie den Dialog für die Objektfarbeinstellungen mit einem Klick auf das betreffende Icon in der Kommandoleiste oder durch Drücken der Tastenkombination ⇧ + Strg + F auf. Ein Klick auf das Icon für Musterfüllung füllt das Rechteck mit einer Musterfüllung. Wählen Sie in dem Dropdownmenü die Musterfüllung STREIFEN 1:1 aus, falls diese Option nicht bereits eingestellt ist. Schließen Sie dann den Dialog für die Objektfarbeinstellungen wieder und wechseln Sie zum Werkzeug BEARBEITEN DER KNOTEN UND ANFASSER EINES PFADES (F2). Dadurch werden die Anfasser für die Musterbearbeitung sichtbar, mit Sie die Ausrichtung und die Skalierung so anpassen, wie es in der Abbildung 6 dargestellt ist. Im Anschluss müssen Sie nur noch die Sichtbarkeit des Vierecks mit der Streifenfüllung anpassen.

Das können Sie durch Eingabe des Wertes in das Feld für die Objektsichtbarkeit links unten im Programmfenster von Inkscape bewerkstelligen. Die Sichtbarkeit sollte je nach Geschmack zwischen 20% und 40% betragen.

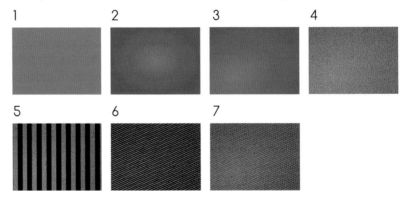

Alle verschiedenen Schichten des Jeansstoffs können dann gruppiert werden.

Schritt 2 – die Grundform der Tasche

Für die Grundform der Tasche zeichnen Sie als Erstes mit dem Werkzeug RECHTECKE UND QUADRATE ERSTELLEN (F4) ein Quadrat; halten Sie dazu die Strg -Taste gedrückt. Wechseln Sie anschließend zum Werkzeug KNOTEN UND ANFASSER

EINES PFADES BEARBEITEN ([F2]) und runden Sie die Ecken des Quadrats ein wenig ab. Für diese Abrundung gibt es keinen Richtwert, das hängt vom persönlichen Geschmack und der Größe des gezeichneten Quadrats ab.

Im Anschluss wandeln Sie dieses Quadrat über PFAD → OBJEKT IN PFAD UMWANDELN oder durch Drücken von [Strg] + [⇧] + [C] in einen Pfad um. Wechseln Sie zum Knotenbearbeitungswerkzeug und selektieren Sie alle unteren Knoten dieses Pfades. Mithilfe der Tastenkombination [Strg] + [.] versetzen Sie diese Knoten nach innen. Auch hier gibt es keinen Richtwert; wiederholen Sie also diese Tastenkombination so oft, bis Ihnen das Ergebnis gefällt.

Wählen Sie anschließend die beiden untersten Knoten aus und klicken Sie bei aktiviertem Knotenbearbeitungswerkzeug auf das Icon zum Hinzufügen eines Knotens. Damit wird exakt in der Mitte ein weiterer Knoten eingefügt. Selektieren Sie diesen Knoten und setzen Sie ihn mithilfe der Cursortaste etwas nach unten. Runden Sie diesen Knoten noch durch einen Klick auf den Schalter DIE GEWÄHLTEN KNOTEN AUTOMATISCH ABRUNDEN ab.

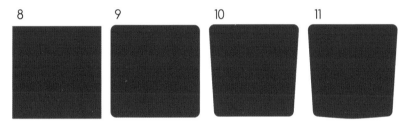

Damit ist auch die Form für die Tasche fertig gezeichnet. Sie werden sie mehrmals benötigen, arbeiten Sie also bei den nächsten Schritten immer mit einer Kopie.

Schritt 3 – die Formen für die Nähte

Als Nächstes zeichnen Sie die Formen für die späteren Nähte. Duplizieren Sie mit [Strg] + [D] die Grundform der Tasche und schieben Sie das Duplikat an eine frei Stelle zum Arbeiten. Legen Sie anschließend ein weiteres Duplikat der Form an und weisen Sie ihm eine andere Farbe zu; das dient nur der besseren Sichtbarkeit für den nächsten Schritt. Aktivieren Sie dann mit [Strg] + [J] oder über PFAD → DYNAMISCHER VERSATZ den dynamischen Versatz. Daraufhin wird oben links ein Anfasser sichtbar. Versetzen Sie diesen Anfasser nach innen, sodass der Abstand in etwa dem in der Abbildung 13 entspricht.

Selektieren Sie anschließend beide Formen und subtrahieren Sie sie über PFAD → DIFFERENZ oder durch Drücken von [Strg] + [−]. Zurück bleibt eine Form.

Die Kreisausschnitte können ebenfalls auf diesem Weg erzeugt werden; Sie machen es hier aber anders. Aktivieren Sie das Werkzeug KREISE UND ELLIPSEN ERSTELLEN (F5) und zeichnen Sie damit einen Kreis. Halten Sie dazu die Strg - Taste gedrückt. Drücken Sie dann die ⇧ -Taste und wählen Sie in der Farbpalette eine Farbe aus; damit wird die Farbe als Farbe für die Konturlinie gesetzt. Klicken Sie dann mit der rechten Maustaste unten links im Programmfenster von Inkscape auf die Farbe der Füllung und wählen Sie im Kontextmenü FÜLLUNG ENTFERNEN. Nun müssen Sie noch die Breite der Konturlinie anpassen. Öffnen Sie dazu das Dialogfenster für die Objektfarbeinstellungen, wechseln Sie dort zum Reiter MUSTER DER KONTUR und erhöhen Sie den Wert für die Breite der Konturlinie so, dass sie in etwa die gleiche Breite wie die Umrandung für die Nähte hat.

Setzen Sie nun den Kreis auf die zuletzt gezeichnete Form und passen Sie den Kreis durch Skalieren an; der Ausschnitt des Kreises sollte etwa zwei Drittel der Taschenform einnehmen und kurz vor der Innenseite der Form enden. Wenn der Kreis entsprechend passt, legen Sie ein Duplikat an und verschieben es auf die andere Seite. Halten Sie dabei die Strg -Taste gedrückt, um das Objekt beim Verschieben zu arretieren, damit es auf einer Höhe mit dem anderen Kreis bleibt. Wählen Sie dann beide Kreise aus und wandeln Sie sie über PFAD → KONTUR IN PFAD UMWANDELN oder durch Drücken von Strg + Alt + C in einen Pfad um.

Legen Sie im Anschluss ein weiteres Duplikat der ursprünglichen Taschenform an und setzen Sie es auf Ihre Kreise. Zum Ausrichten können Sie das Werkzeug OBJEKTE AUSRICHTEN UND ABSTÄNDE AUSGLEICHEN benutzen. Dabei sollte allerdings nur vertikal zentriert werden.

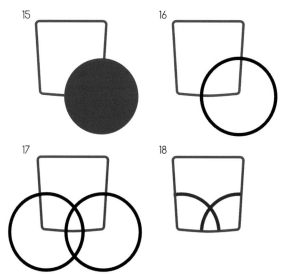

Wenn diese Form die richtige Position hat, können Sie ein weiteres Duplikat anlegen und dieses sowie das verbleibende einzeln mithilfe der Funktion PFAD → ÜBERSCHNEIDUNG (Strg + *) entsprechend ausschneiden. Zurück bleiben sollten Kreisausschnitte, wie in der Abbildung 18 gezeigt.

Damit sind alle Formen, die Sie später für das Erzeugen der Nähte brauchen, gezeichnet.

Schritt 4 – die Nähte

Für die Nähte benutzen Sie einen Effekt der Live-Pfadeffekte, den Effekt MUSTER ENTLANG PFAD, für den Sie das entsprechende Muster benötigen.

Zeichnen Sie dafür mit dem Werkzeug BÉZIERKURVEN UND GERADE LINIEN ZEICHNEN (⇧ + F6) eine kleine Kurve. Um direkt mit diesem Werkzeug die gewünschte Kurve zu erzeugen, bedarf es ein wenig Übung.

Um das Ganze etwas zu beschleunigen, schalten Sie mit der # -Taste das Gitter ein und prüfen, dass die Einrastfunktion eingeschalten ist. Dann zoomen Sie mithilfe der + -Taste so weit in das Dokument ein, dass Sie die Abstände des Gitters gut erkennen können.

Das Gitter ist so eingeteilt, dass es alle fünf Kästchen eine etwas dickere Linie gibt. Klicken Sie mit dem aktivierten Bézierkurvenwerkzeug in die Nähe einer solchen dickeren Linie, um den Knoten dort automatisch einrasten zu lassen. Anschließend ziehen Sie mit der Maus um ein Kästchen hoch bis zur nächsten dickeren Linie. Dort klicken Sie wieder; auch hier wird der Knoten direkt an der Linie eingerastet. Dann setzen Sie den nächsten Knoten, indem Sie wieder ein Kästchen nach unten bis zur nächsten dickeren Linie ziehen. Der Knoten wird wieder eingerastet, und Sie beenden dort den Zeichenvorgang mit einem Doppelklick.

Sie haben damit keine Kurve, sondern eine Ecke gezeichnet, was Sie jetzt ändern, indem Sie den mittleren Knoten mit dem aktivierten Knotenwerkzeug auswählen und automatisch abrunden. Diesen Knoten können Sie im Anschluss löschen. Es bleiben die beiden äußeren Knoten übrig, die nun Anfasser besitzen und damit diese Kurve beschreiben.

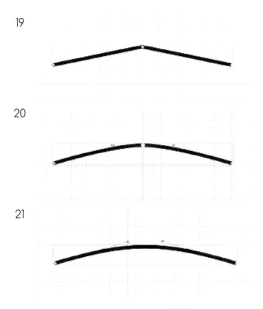

Das Gitter können Sie nun mit einem weiteren Drücken der # -Taste wieder abschalten, und anschließend das Dialogfenster für die Objektfarbeinstellungen öffnen. Wechseln Sie in diesem Dialogfenster auf den Reiter MUSTER DER KONTUR.

Dort stellen Sie das Linienende auf ABGERUNDET und erhöhen die Breite der Konturlinie ein wenig.

22   23

Diese Konturlinie müssen Sie nun noch mit der Funktion PFAD → KONTURLINIE IN PFAD UMWANDELN in einen Pfad umwandeln. Falls dieser Nadelstich im Vergleich zu den Formen der späteren Nähte noch zu groß ist, können Sie die Form kleiner skalieren. Passt die Form, können Sie sie mit der Tastenkombination ⌈Strg⌋ + ⌈C⌋ in die Zwischenablage kopieren.

Anschließend selektieren Sie eine der Formen, auf die der Pfadeffekt angewendet werden soll, und öffnen das Dialogfenster für die Pfadeffekte mit PFAD → PFAD-EFFEKTE oder über ⌈⬆⌋ + ⌈Strg⌋ + ⌈7⌋. Die folgenden Schritte müssen für jede dieser Formen wiederholt werden:

Wählen Sie im Dropdownmenü den Effekt MUSTER ENTLANG PFAD und fügen Sie ihn hinzu. Fügen Sie dann das Muster unter QUELLE DES MUSTERS durch einen Klick auf das Icon aus der Zwischenablage ein und setzen Sie MUSTER-KOPIEN auf WIEDER-HOLT.

Dem Ergebnis müssen Sie noch den Farbwert für Hellbraun zuweisen. Anschließend können Sie die verschiedenen Nähte gruppieren.

Schritt 5 – Einzelteile zusammensetzen

Machen Sie jeweils von der ursprünglichen Form der Tasche und dem Jeansstoff eine Kopie. Setzen Sie die Taschenform auf die Kopie des Jeansstoffs und suchen Sie sich einen Bereich des Musters aus, der Ihnen gefällt. Der Jeansstoff kann ruhig auch ein wenig gedreht werden. Wenn Ihnen die Position gefällt, wählen Sie die Form und den Stoff aus und klicken auf OBJEKT → AUSSCHNEIDEPFAD → SET-ZEN. Es bleibt die Form der Tasche mit einer Füllung des Stoffs übrig.

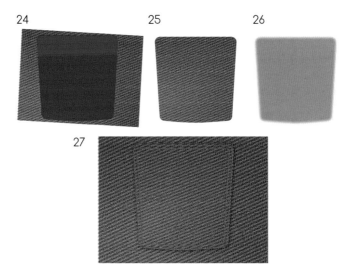

24   25   26

27

Legen Sie nun ein weiteres Duplikat der Taschenform an, füllen Sie es mit Schwarz, weisen Sie der Form in den Objektfarbeinstellungen eine Unschärfe von 2 oder 3 zu und setzen Sie die Objektsichtbarkeit auf 50% zurück. Selektieren Sie die Tasche mit der Stofffüllung sowie die schwarze Form und richten Sie diese Objekte mit dem Werkzeug OBJEKTE AUSRICHTEN UND ABSTÄNDE AUSGLEICHEN jeweils horizontal und vertikal mittig aus. Da der schwarze Schatten noch über dem eigentlichen Taschenobjekt liegt, verschieben Sie ihn mit der `Bild ↓`-Taste unter die Taschenform. Gruppieren Sie dann die Objekte, wählen Sie die Gruppe mit den Nähten aus und zentrieren Sie sie ebenfalls horizontal und vertikal. Auch hier muss die Reihenfolge des Stapels wieder angepasst werden. Nachdem auch die Nähte mit dem Rest der Tasche gruppiert wurden, kann die ganze Gruppe auf das noch übrig gebliebene Stoffmuster gesetzt werden. Die Stapelreihenfolge muss auch hier wieder angepasst werden und die Tasche kann dann noch ein klein wenig gedreht werden.

Schritt 6 – Knöpfe und restliches Finish

Für die Kupferknöpfe benötigen Sie als Erstes einen Kreis. Aktivieren Sie deshalb das Werkzeug KREISE, ELLIPSEN UND BÖGEN und zeichnen Sie mit gedrückter `Strg`-Taste einen Kreis. Weisen Sie diesem als Füllung den Farbwert für Beige zu.

Wechseln Sie dann zu dem Werkzeug zum Erstellen und Bearbeiten von Farbverläufen und stellen Sie sicher, dass die Einstellung auf radialer Farbverlauf steht. Wandeln Sie die Füllung des Kreises mit einen Doppelklick in einen Farbverlauf um. Setzen Sie den Wert für den äußeren Stopppunkt des Farbverlaufs im Farbverlaufseditor auf den Wert für Dunkelbraun. Versetzen Sie den Mittelpunkt des Farbverlaufs etwas nach rechts oben, so wie in der folgenden Abbildung zu sehen. Legen Sie dann ein Duplikat des Kreises an und skalieren Sie ihn mit gedrückter `⇧`- und `Strg`-Taste kleiner, sodass ein gleichmäßiger Rand entsteht.

Bei diesem Kreis muss der Mittelpunkt des Farbverlaufs nur etwas nach links unten versetzt werden. Das Ergebnis sieht bereits aus wie ein Kupferknopf einer Jeans. Geben Sie dem inneren Kreis noch eine Konturlinie mit dem Farbwert für Beige. Danach können Sie die beiden Kreisobjekte gruppieren und auf die benötigte Größe skalieren. Duplizieren Sie diese Gruppe drei Mal und setzen Sie in jede Ecke der Tasche einen solchen Knopf.

Nun fehlt nur noch das kleine rote Label der Jeans. Zeichnen Sie dies mit dem Werkzeug zum Erzeugen von Rechtecken und füllen Sie es mit einem Farbverlauf aus den beiden Rotwerten. Aktivieren Sie dann das Schriftwerkzeug und schreiben Sie den Namen Ihrer Jeansmarke. Setzen Sie das Schriftobjekt auf das Rechteck und passen Sie es durch Skalieren in der Größe an.

Inkscape

Zum Schluss können Sie auch diese beiden Objekte gruppieren und wieder durch Skalieren an die Größe der Taschenform anpassen. Setzen Sie es durch Verschieben an den richtigen Platz und drehen Sie es ein klein wenig.

12.5 Tutorial 5: Marker

In diesem Tutorial geht es darum, ein kleines Stillleben aus einem Marker und einem Blatt Papier mit einem Schriftzug zu erzeugen. Sie sollen hier einige der bisher erlernten Handgriffe zum Zeichnen festigen und zusätzlich auch Extensions und Live-Pfadeffekte anwenden.

Schritt 1 – das Muster für die Ausstanzungen des Papiers

Sie beginnen bei dieser Zeichnung mit dem Blatt Papier. Dafür zeichnen Sie mit dem Werkzeug RECHTECKE UND QUADRATE ERSTELLEN (F4) ein Rechteck. Benutzen Sie dabei den Rahmen der Seitengröße als Maßstab, das Rechteck sollte genau die Größe eines A4-Blatts besitzen.

Wechseln Sie anschließend zum Werkzeug KREISE, ELLIPSEN UND BÖGEN ERSTELLEN (F5) und erstellen Sie einen Kreis. Die Größe des Kreises beträgt im Beispiel 60 x 60 px. Danach zeichnen Sie mit dem Werkzeug FREIHANDLINIEN ZEICHNEN (F6) eine waagerechte kurze Linie. Diese sollte etwas zittrig sein. Dann wechseln Sie zu den Objektfarbeinstellungen und setzen die Breite dieser Konturlinie herauf. Bei einem Kreis von 60 px beträgt die Breite der Konturlinie 25 px.

Wandeln Sie diese Konturlinie in einen Pfad um, indem Sie PFAD → KONTUR IN PFAD UMWANDELN wählen oder die Tastenkombination Strg + Alt + C benutzen. Platzieren Sie dieses Objekt auf dem Kreis, sodass es in etwa mittig sitzt und über die Linie links über den Kreis hinausragt, wie in der Abbildung zu sehen. Dann vereinigen Sie diese beiden Objekte über PFAD → VEREINIGUNG oder Strg + + zu einem einzigen Objekt.

1

2

Für das Muster ist nur ein solches Objekt nötig; um das Ganze aber mehr zufällig wirken zu lassen, können Sie diese Schritte auch wiederholen und drei oder vier weitere derartige Objekte zeichnen.

Skalieren Sie dann dieses Objekt so klein, dass es für das Papier passt. Wechseln Sie zum Werkzeug BÉZIERKURVEN UND GERADE LINIEN ERSTELLEN (⇧ + F6) und zeichnen Sie damit eine senkrechte gerade Linie, die die ungefähre Länge des Papierblatts haben sollte. Dieser Linie fügen Sie dann das Kreisobjekt als Muster hinzu. Dafür öffnen Sie das Dialogfenster für die Pfadeffekte über PFAD → PFAD-EFFEKTE oder die Tastenkombination Strg + ⇧ + 7 .

Wählen Sie in dem Dropdownmenü den Effekt MUSTER ENTLANG PFAD aus und fügen Sie das Muster zu dem Pfad hinzu. Kopieren Sie das vorher gezeichnete Objekt mit Strg + C in die Zwischenablage und fügen Sie es dem Effekt durch einen Klick auf das Icon PFAD EINFÜGEN hinzu. Damit das Muster auch wie die gestanzten Löcher aussieht, müssen Sie MUSTER-KOPIEN auf WIEDERHOLT und das Häkchen bei MUSTER IST VERTIKAL setzen. Geben Sie dem Muster etwas Abstand, indem Sie im Feld ABSTAND den Wert auf 0,50 und das Häkchen bei VERSATZ IN EINHEITEN DER MUSTERGRÖßE setzen.

3

Wandeln Sie im Anschluss das Objekt in einen Pfad um. Nun können Sie es horizontal umkehren (H) und so auf das Blatt positionieren, dass es ganz links sitzt und Teile der Linien über das Blatt hinausragen. Wählen Sie anschließend zu diesem Pfad noch das Rechteckobjekt für das Papier aus und wenden Sie PFAD → DIFFERENZ (Strg + -) darauf an. Zurück bleibt eine Form, die wie eine aus einem Notizheft herausgerissene Seite aussieht.

Diese Form muss jetzt nur noch entsprechend eingefärbt werden. Benutzen Sie dazu einen Farbverlauf von einem 2,5-prozentigen Grau zu einem 5-prozentigen. Das ist aber dem eigenen Geschmack überlassen. Keine Angst, dass das Blatt kaum zu sehen ist, deshalb weisen Sie ihm einen Schatten zu.

Kopieren Sie das Blatt, weisen Sie ihm eine schwarze Füllung sowie in den Objektfarbeinstellungen eine Unschärfe von 0.5 zu und setzen Sie die Objektsichtbarkeit auf 50% zurück. Schieben Sie es dann in der Z-Order mit der Bild ↓ -Taste unter das Blatt Papier.

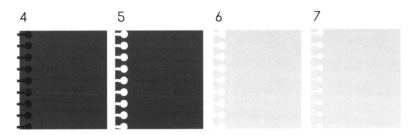

Schritt 2 – das Blatt bekommt sein Karomuster

Für das Karomuster auf dem Blatt Papier benutzen Sie eine der standardmäßig installierten Erweiterungen von Inkscape. Rufen Sie ERWEITERUNGEN → RENDERN → GITTER auf und geben Sie im sich öffnenden Dialogfenster folgende Werte ein: Linienstärke 0.7 und horizontale/vertikale Abstände 20.0.

Nach dem Anwenden erhalten Sie ein Gitter, das aus Konturlinien besteht und die Fläche der Seitengröße füllt, die Sie eingestellt haben. Aus diesem Gitter müssen nun ebenfalls die Löcher ausgeschnitten werden.

Dafür müssen Sie aber erst die Gruppierung des Gitters aufheben und dann die Konturlinien, aus denen es besteht, in Pfade umwandeln. Anschließend können Sie es mithilfe einer Kopie des Blattes und der Funktion PFAD → ÜBERSCHNEIDUNG (Strg + *) entsprechend zuschneiden. Weisen Sie dann noch dem Gitter die Farbe für Papierblau mit Wert #008080 zu, positionieren Sie es mithilfe der Ausrichtenfunktion passgenau und gruppieren Sie abschließend alle Objekte für das Papier.

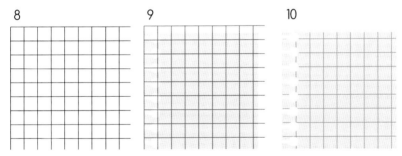

Schritt 3 – der Schriftzug

Die einfachste Methode, solche Schriftzüge zu erstellen, ist die Verwendung des Werkzeugs TEXTOBJEKTE ERSTELLEN UND BEARBEITEN (F8) und eine passende Schriftart. Es gibt ausreichend Schriftarten im Stil von Handschriften – im vorliegenden Beispiel wird Jenna Sue verwendet. Diese Schriftart ist 100% frei für jeden Einsatzzweck und liegt der Buch-DVD bei.

Aktivieren Sie also das Schriftwerkzeug und schreiben Sie Inkscape. Solange das Objekt ein Textobjekt ist, können Sie es mit dem Textwerkzeug bearbeiten. Ein Doppelklick bei aktiviertem Textwerkzeug setzt die Einfügemarke an die entsprechende Stelle im Text. Benutzen Sie die Tastenkombination Alt + Cursortasten, um die Überlappungen, die einige Zeichen haben, zu entfernen. Wandeln

Sie im Anschluss das Textobjekt über PFAD → OBJEKT IN PFAD UMWANDELN (⬆ + Strg + C) in einen Pfad um.

Heben Sie dann die Gruppierung dieses Pfades auf und vereinigen Sie alle Einzelteile zu einem Pfad über PFAD → VEREINIGUNG (Strg + +). Machen Sie von diesem Objekt ein Duplikat, schieben Sie es auf eine freie Stelle und duplizieren Sie es dort erneut. Drücken Sie ein Mal die Taste → , um das Objekt um zwei Pixel nach rechts zu verschieben. Selektieren Sie anschließend diese beiden Textobjekte und wenden Sie PFAD → DIFFERENZ (Strg + -) darauf an. Übrig bleibt ein kleiner Rand der Schrift, wie in der Abbildung zu sehen.

Selektieren Sie diesen Rand und Ihre Originalschrift und richten Sie sie mit dem Ausrichtenwerkzeug horizontal und vertikal nach der Auswahl aus. Reduzieren Sie dann die Objektsichtbarkeit in den Objektfarbeinstellungen auf 50% für die Originalschrift und auf 20% für den kleinen Rand. Wer mag, kann die Pfade jetzt über PFAD → ZERLEGEN trennen und anschließend so zusammenschieben, dass sich die Buchstaben wieder etwas überlappen.

Damit ist der Schriftzug fertig. Er muss nur noch in der Größe der Seite angepasst und etwas gedreht werden.

Schritt 4

Klicken Sie auf DATEI → IMPORTIEREN (Strg + I) und importieren Sie den der DVD beiliegenden Markerstift. Um diesen noch maßstabsgerecht zu skalieren, halten Sie die Strg-Taste gedrückt.

Damit die Farbe der Schrift mit der des Markers übereinstimmt, picken Sie einen der Blauwerte aus der Spitze des Markers. Aktivieren Sie dafür das Werkzeug FARBPIPETTE und achten darauf, dass die Objekte der Schrift vorher selektiert sind. Klicken Sie nun mit der Pipette auf die Spitze des Stifts; die Schriftobjekte erhalten so diese Farbe und stimmen mit dem Marker überein. Damit das Ganze noch realistischer wirkt, sollten Sie die Objektsichtbarkeit für die Schrift etwas herabsetzen. Stellen Sie dafür sicher, dass alle Schriftelemente ausgewählt sind, und stellem dann in den Schnelleinstellungen für die Objektsichtbarkeit den Wert 70% ein. Auf diese Weise wird das Karomuster unter der Schrift wieder etwas sichtbar und dort, wo Schriftelemente sich überlappen, wird es automatisch etwas dunkler. Damit ist unser kleines Stillleben auch schon fertig.

12.6 Tutorial 6: No Smoking

In diesem Tutorial geht es weniger um das Zeichnen mit Inkscape, sondern mehr darum zu zeigen, was alles mithilfe von Filtern erreicht werden kann. Außerdem benutzen Sie die Importfunktion der Open Clip Art Library.

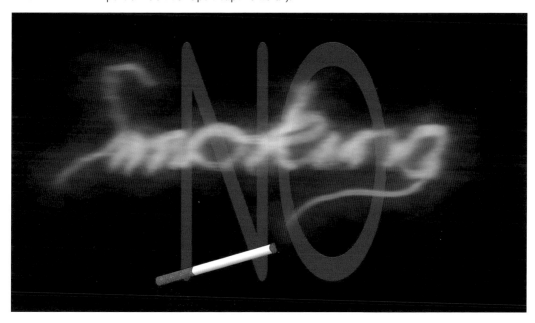

Schritt 1 – Dokumenteneinstellungen

Eine zwingende Größe ist für dieses Tutorial nicht vorgegeben, da der spätere Schriftzug aber eher breit als hoch ist, ist ein Querformat hier besser geeignet.

Öffnen Sie also das Dialogfenster DOKUMENTENEINSTELLUNGEN (⬆ + Strg + D) und setzen Sie dort das Format der Ausrichtung auf Querformat. Da der Rauch später besser auf einem dunklen Hintergrund wirkt, könnten Sie auf die Idee kommen, auch die Hintergrundfarbe auf Schwarz zu stellen. Das hat allerdings den Nachteil, dass Sie beim Zeichnen mit Schwarz bis zum ersten Wechsel der Konturfarbe nichts sehen. Deshalb gehen Sie hier einen anderen Weg und lernen dabei auch gleichzeitig das Arbeiten mit Ebenen kennen.

Schließen Sie also das Dialogfenster für die Dokumenteneinstellungen wieder und wählen Sie das Werkzeug zum Zeichnen von Rechtecken. Zeichnen Sie ein Rechteck mit den Maßen 1052,36 px x 744,09 px. Das entspricht der Größe A4 im Querformat. Nun müssen Sie das Rechteck nur noch an die richtige Stelle setzen; dafür benutzen Sie das Werkzeug OBJEKTE AUSRICHTEN UND ABSTÄNDE AUSGLEICHEN. Stellen Sie hier RELATIV ZU: SEITE ein und richten Sie das Rechteck horizontal und vertikal mittig aus.

Öffnen Sie nun den Ebenendialog über EBENE → EBENEN oder ⬆ + Strg + L und sperren Sie dort die Ebene für die Bearbeitung, indem Sie auf das Schlosssymbol klicken. Klicken Sie dann auf das Icon mit dem großen Pluszeichen, um eine neue Ebene anzulegen. Wählen Sie ÜBER DER AKTUELLEN EBENE und geben Sie der Ebene einen Namen.

Nachdem Sie das Dialogfenster wieder geschlossen haben, wird alles, was Sie nun zeichnen, auf dieser Ebene abgelegt, während der schwarze Hintergrund nicht aus Versehen verschoben werden kann.

Schritt 2 – der Schriftzug für den Rauch

Aktivieren Sie das Werkzeug FREIHANDLINIEN ZEICHNEN (F6) und schreiben Sie damit das Wort Smoking. Das sieht zwar wie die ersten Schreibversuche eines Schulanfängers aus und eine Eins für Schönschreiben ernten Sie damit nicht, für das, was Sie damit vorhaben, ist es aber genau richtig.

Duplizieren Sie diesen Schriftzug und versetzen Sie ihn ein klein wenig; das Ergebnis sollte in etwa so aussehen wie in der Abbildung. Öffnen Sie nun das Dialogfenster für die Objektfarbeinstellungen, wechseln Sie dort zum Reiter FARBE DER KONTUR und setzen Sie den Wert auf d5e5ffff.

Das Ergebnis kann dann gruppiert werden und da es auf dem weißen Hintergrund schlecht zu sehen ist, auf die schwarze Fläche versetzt werden.

Schritt 2 – der Filter für den Raucheffekt

Öffnen Sie nun das Dialogfenster für die Filterbearbeitung über FILTER → FILTER BEARBEITEN.

Bevor Sie die einzelnen Filterprimitiven hinzufügen und die betreffenden Werte setzen, sollten Sie bedenken, dass es auch zu geringen Abweichungen kommen kann, da zum Beispiel die Stärke der Konturlinie eine Rolle spielt. Das Definieren von Filtern hat sehr viel mit Erfahrung, aber auch mit Ausprobieren zu tun.

Fügen Sie als Erstes alle benötigten Primitiven dem Filter hinzu. Klicken Sie dazu erst auf NEU und fügen Sie dadurch einen Filter hinzu. Mit einem Doppelklick auf den Namen FILTER1 können Sie den Namen des Filters ändern. Namen, mit denen man auch später noch etwas anfangen kann, machen immer Sinn.

Wählen Sie dann die folgenden Primitiven nacheinander aus und fügen Sie sie hinzu:

1. GAUSSSCHER WEICHZEICHNER (10.0 und 3.0)
2. TURBULENZ (FRAKTALES RAUSCHEN, 0.010, 0.020, 1 und 0)
3. VERSATZKARTE (30.0, ROT und ALPHA)
4. ZUSAMMENFÜHREN
5. GAUSSSCHER WEICHZEICHNER (30.0 VERBUNDEN)
6. VERSATZ (5.0 und -7.0)
7. TURBULENZ (FRAKTALES RAUSCHEN, 0.015, 0.020, 10 und 0)
8. VERSATZKARTE (70.0, ROT und ALPHA)

9. KOMBINIERE (ARITHMETISCH, 0, 1.00, 0.40 und 0)

Diese Filterprimitiven werden nun miteinander verknüpft. Dafür ziehen Sie von dem kleinen Dreieck immer zu der entsprechenden anderen Filterprimitiven oder zu dem Eingangswert.

Nun müssen Sie noch die Werte der einzelnen Filterprimitiven einstellen, die entsprechenden Werte stehen in der Aufzählung oben. Dabei ist der erste Wert (links) in der Einstellung der oberste und weiter nach rechts geht es nach unten.

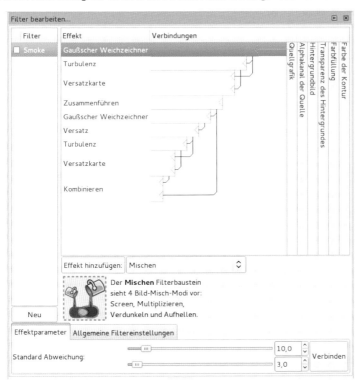

Wenn alle Filterprimitiven mit den Werten versehen sind, können Sie den Filter auf den Schriftzug anwenden. Wählen Sie den Schriftzug dazu aus und setzen Sie das Häkchen vor dem Namen des Filters. Alle Änderungen am Filter werden auch live im Bildfenster gezeigt.

Schritt 3 – Import der Zigarette und Finish

Öffnen Sie den Dialog für den Import aus der Open Clip Art Library – wählen Sie dazu DATEI → IMPORT AUS DER OPEN CLIP ART LIBRARY. In dem sich öffnenden Dialogfenster geben Sie im Suchfeld Cigarette ein. Mit etwas Zeitverzögerung wird eine Liste aller Cliparts angezeigt, die das entsprechende Tag enthalten. Bei einem einfachen Klick auf den Namen wird auch die Vorschau der Clipart angezeigt. In diesem Beispiel habe ich mich für eine Clipart mit dem Namen Lit Cigarette entschieden, da sie aufgrund ihres Realismus am ehesten zu dem Raucheffekt passt. Sie können aber auch gern eine andere Zigarette wählen. Klicken Sie dann auf IMPORT, um die Clipart in Ihre Zeichnung zu importieren. Die Zigarette muss durch Skalieren und Drehen der Zeichnung angepasst werden, sie enthält zwar eigenen Rauch, der bei Bedarf entfernt werden kann, aber auf dem schwarzen Hintergrund nicht stört.

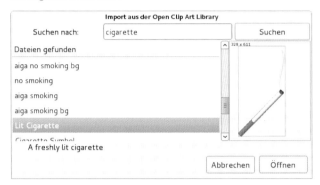

Jetzt müssen Sie noch den Schriftwerkzeug »NO« schreiben. Wählen Sie dafür eine Schriftart Ihres Geschmacks und färben Sie sie rot ein. Mit der ⟨Ende⟩-Taste wird diese Schrift in der Stapelreihenfolge ganz nach hinten gesetzt und muss im Anschluss noch richtig positioniert werden.

12.7 Tutorial 7: Fruity Kiwi

In diesem Tutorial zeichnen Sie ein süßes Früchtchen. Dabei kommt neben dem Zeichnen von Formen und der Gestaltung mit Farbverläufen auch das Versetzen des Drehpunkts zum Einsatz.

Auch zu diesem Tutorial gibt es eine Reihe von Farben, die Sie benötigen.

Hellbraun	Dunkelbraun	Grün1	Grün2
37f4f	845a32	f7ffcb	e0eeb0

Grün3	Grün4	Grün5	Grün6
c1e223	afd423	778a2c	403b1b

Schritt 1 – die Kiwi-Grundform

Die Grundform der Kiwi besteht aus einem einfachen Kreis. Aktivieren Sie also das Werkzeug KREISE UND ELLIPSEN ERSTELLEN und halten Sie die Strg-Taste gedrückt, um einen Kreis zu zeichnen. Füllen Sie diesen Kreis mit der Farbe Grün2 und aktivieren Sie das Werkzeug zum ERSTELLEN UND BEARBEITEN VON FARB-VERLÄUFEN. Stellen Sie sicher, dass die Einstellung des Werkzeugs auf RADIALER

FARBVERLAUF steht, und doppelklicken Sie dann auf den Kreis. Klicken Sie anschließend in der Werkzeugeinstellungsleiste hinter dem Farbverlauf auf BEARBEITEN. Der Farbverlaufseditor öffnet sich; dort fügen Sie zwei weitere Stopppunkte hinzu.

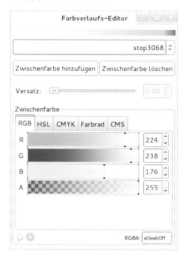

Dem zweiten Stopppunkt weisen Sie ebenfalls die Farbe Grün2, dem dritten Grün4 und dem letzten Dunkelbraun als Farbwert zu. Dann schließen Sie den Farbverlaufseditor wieder; das Versetzen der Stopppunkte erledigen Sie besser mithilfe des Farbverlaufswerkzeugs. Verschieben Sie den dritten Stopppunkt mit dem Grün4 fast bis an den Rand des Kreises. Das Ergebnis sollte in etwa so aussehen wie in der Abbildung.

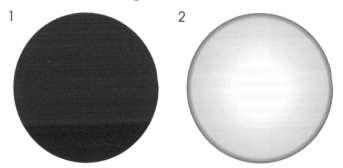

Schritt 2 – das Innenleben der Kiwi

Zunächst einmal aktivieren Sie das Werkzeug STERNE UND POLYGONE ERSTELLEN und setzen die Werkzeugeinstellungen auf STERN, 20 Ecken, Spitzenverhältnis 0,280, Abrundung 0,050 und die Zufallsänderung auf 0,015. Zeichnen Sie dann mit diesen Einstellungen einen »Stern«. Weisen Sie dieser Form den Wert von Grün1 als Füllung und etwas Unschärfe von etwa 2 oder 3 zu. Setzen Sie die Form auf die Form der Kiwi und passen Sie sie in der Größe an. Anschließend setzen Sie die Objektsichtbarkeit auf 50% zurück.

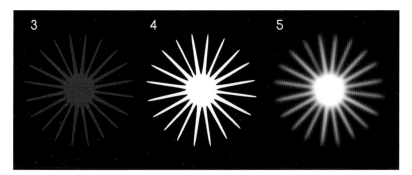

Für den nächsten Schritt benötigen Sie als Erstes ein Rechteck. Aktivieren Sie deshalb das entsprechende Werkzeug und zeichnen Sie die Form, wie in der Abbildung zu sehen. Wandeln Sie das Rechteck über PFAD → OBJEKT IN PFAD UMWANDELN in einen Pfad um. Selektieren Sie dann beide äußersten rechten Knoten und drücken Sie einige Male die Tastenkombination Strg + . ; das bringt die Knoten näher zueinander.

Fügen Sie anschließend durch einen Klick auf KNOTEN HINZUFÜGEN zwischen den beiden Knoten einen weiteren ein. Selektieren Sie den hinzugefügten Knoten, versetzen Sie ihn mithilfe der Taste → etwas weiter nach rechts und runden Sie ihn dann mit einem Klick auf den Schalter KNOTEN AUTOMATISCH ABRUNDEN ab.

Nun weisen Sie der Form einen Farbverlauf als Füllung zu. Aktivieren Sie das Farbverlaufswerkzeug und stellen Sie die Werkzeugeinstellung auf LINEARER FARBVERLAUF zurück. Mit einem Doppelklick auf das Objekt wandeln Sie die Füllung in einen Farbverlauf um. Durch Klicken auf die Linie, die den Farbverlauf darstellt, fügen Sie weitere Stopppunkte für den Farbverlauf hinzu.

Es werden drei weitere Stopppunkte benötigt. Weisen Sie den Punkten nun die entsprechenden Farben zu: ganz links und der zweite von links erhält Grün3, der dritte Stopppunkt wird Hellbraun, der vierte wieder Grün3 und der äußerst rechte Stopppunkt bekommt Grün1. Das Ergebnis des Farbverlaufs sollte in etwa so aussehen wie in der Abbildung.

Klicken Sie nun zweimal mit der linken Maustaste auf das soeben gezeichnete Objekt; die Anfasser für das Drehen werden sichtbar. In der Mitte des Objekts befindet sich der Rotationspunkt für die Drehung. Klicken Sie auf diesen Punkt und ziehen Sie ihn mit gedrückter Maustaste ans linke Ende des Objekts. Duplizieren Sie anschließend mit der Tastenkombination Strg + D das Objekt und drehen Sie es mithilfe der Anfasser etwas. Wiederholen Sie diesen Schritt, bis die Objekte um 360 Grad gedreht sind und einen Kreis bilden. Die Objekte müssen nicht gleiche Abstände zueinander haben, etwas Ungenauigkeit ist nur natürlich.

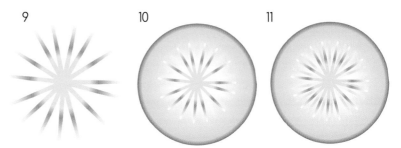

Ziehen Sie nun mit der linken Maustaste einen Rahmen um die Objekte und gruppieren Sie sie mithilfe der Tastenkombination [Strg] + [G]. Setzen Sie die Gruppe anschließend auf die Form der Kiwi und passen Sie sie mittels Skalieren in der Größe entsprechend an. Duplizieren Sie die Gruppe ein Mal, drehen Sie sie etwas und setzen Sie die Objektsichtbarkeit dieser Gruppe auf 30% zurück.

Aktivieren Sie das Werkzeug BÉZIERKURVEN UND GERADE LINIEN ZEICHNEN ([⇧] + [F6]) und zeichnen Sie damit ein Vieleck, wie in der Abbildung zu sehen. Weisen Sie diesem Vieleck für die Füllung den Wert für Grün1 zu und entfernen Sie die Konturlinie.

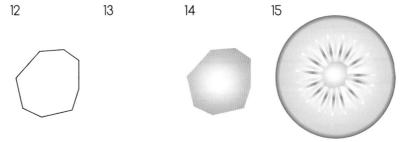

Wandeln Sie anschließend die Füllung in einen radialen Farbverlauf um und geben Sie dem äußeren Stopppunkt den Wert von Grün5. Versetzen Sie den äußeren Stopppunkt etwas nach außen. Setzen Sie das Objekt dann auf die Kiwiform und passen Sie sie mit Skalieren in der Größe an. Im Anschluss weisen Sie diesem Objekt etwas Unschärfe zu.

Jetzt fehlen noch die charakteristischen Kerne der Kiwi. Dafür zeichnen Sie mit dem Werkzeug KREISE, ELLIPSEN UND BÖGEN ERSTELLEN ([F5]) einige Ellipsen. Weisen Sie diesen Ellipsen Grün6 als Füllfarbe zu. Sie können die Ellipsen auch etwas drehen. Je mehr verschiedene Ellipsen Sie zeichnen, desto natürlicher sieht am Ende das Ergebnis aus. Weisen Sie einer oder zwei der größeren Ellipsen einen radialen Farbverlauf als Füllung zu, bei dem der innere Stopppunkt die Füllfarbe Weiß bekommt.

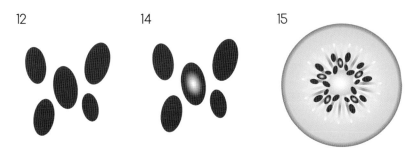

12   14   15

Gruppieren Sie dann die Ellipsen für die Kerne. Klicken Sie hierzu zweimal mit der linken Maustaste auf diese Gruppe, sodass die Anfasser für das Drehen sichtbar werden. Auch hier wird der Rotationspunkt versetzt. Dieses Mal nur nicht ans Ende der Gruppe, sondern etwas weiter entfernt. Je weiter entfernt er ist, desto weiter werden die Kerne vom Zentrum entfernt sein.

Wenn Sie diesen Schritt erledigt haben, duplizieren Sie auch diese Gruppe und drehen sie immer wieder, wie zuvor beim Fruchtinneren. Gruppieren Sie im Anschluss die Objekte für die Kerne und verschieben Sie sie auf die Kiwi. Skalieren Sie die Gruppe, sodass sie in der Größe passt.

Schritt 3 – Form und Finish

Alles, was nun noch fehlt, ist der Körper der Kiwi und ein Schatten, der das Ganze realistischer aussehen lässt. Aktivieren Sie das Werkzeug BÉZIERKURVEN UND GERADE LINIEN ZEICHNEN (⌂ + F6) und zeichnen Sie damit ein Dreieck auf die Kiwi wie in der Abbildung zu sehen. Aktivieren Sie dann das Werkzeug KNOTEN UND ANFASSER EINES PFADES BEARBEITEN (F2) und selektieren Sie den äußersten rechten Knoten. Runden Sie diesen Knoten ab. Nun können Sie die Form noch durch Versetzen der Knoten und Ziehen der Anfasser entsprechend anpassen.

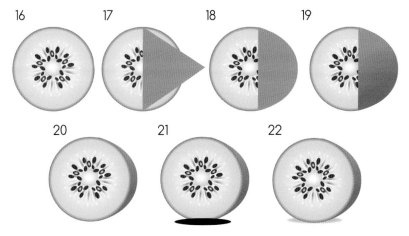

16   17   18   19

20   21   22

Weisen Sie anschließend der Form eine Füllung mit einem linearen Farbverlauf von Hellbraun zu Dunkelbraun zu, der von oben nach unten verläuft. Dieser Verlauf muss nicht direkt horizontal sein.

Damit ist die Form für die Kiwi fertig und kann mithilfe der [Ende]-Taste im Stapel ganz nach unten gesetzt werden; damit verschwindet sie hinter der grünen Fläche.

Zum Schluss zeichnen Sie noch eine kleine schwarze Ellipse auf die Kiwi und weisen ihr im Anschluss etwas Unschärfe zu. Setzen Sie die Objektsichtbarkeit auf einen Wert zwischen 30% und 50% zurück. Auch diese Form setzen Sie mit der [Ende]-Taste ganz nach hinten. Mit diesem Schatten ist die Kiwi nun fertig.

Index

David Feller

Digital Painting
Digitale Kunstwerke mit Adobe Photoshop erstellen

- Digitale Kunstwerke erschaffen
- Mit unzähligen Tricks zum Einsatz von Photoshop
- Den eigenen Stil suchen und finden

Künstlerisches Zeichnen am Computer kann man ebenso erlernen wie die herkömmliche Malerei.

Mit diesem Buch erlangen Sie das Handwerkszeug, selbst digitale Kunstwerke am Computer zu erstellen. Dabei richtet sich dieses Buch vor allem an Einsteiger in die digitalen Arbeitsweisen. Nach einer kleinen Einführung zum benötigten „digitalen Werkzeug" zeigt Ihnen der Photoshop-Künstler David Feller Schritt für Schritt, wie Sie z.B. Stillleben erstellen, Fantasiegestalten zeichnen oder ganze Landschaften entstehen lassen. Die Anleitungen sind so verfasst, dass Sie ab Photoshop CS2 bis einschließlich CS5 zurechtkommen.

Lassen Sie den Funken der Begeisterung auch bei Ihnen überspringen, wenn auf Ihrem Monitor eigene Kunstwerke entstehen – und ganz nebenbei werden Sie zum Photoshop-Experten!

Auf der beiliegenden DVD finden Sie die Beispiele aus dem Buch, so dass Sie mit dem Material kreativ arbeiten können.

Probekapitel und Infos erhalten Sie unter: **www.mitp.de/5887**

ISBN 978-3-8266-5887-7

Georg Hornung

GIMP 2.8

Praxisbuch mit Übungen und Video-Tutorials

Von den Grundlagen der Bildbearbeitung und Fotoretusche bis hin zu Profi-Themen wie HDR, Skript-Fu und RAW

Unterteilung der Abschnitte für Anfänger, Fortgeschrittene und Profis

Bildmaterial zu den zahlreichen Übungen auf DVD und mehr als 90 Minuten Video-Tutorials als Download

GIMP 2.8 ist ein kostenloses und frei verfügbares Bildbearbeitungsprogramm, das keine Wünsche offen lässt und mit dem Sie Ihre Bilder beinahe genauso gut bearbeiten können wie mit den bekannten teuren Softwareprodukten.

Dieses umfassende Praxisbuch führt Sie Schritt für Schritt in GIMP ein: Sie erlernen nicht nur die grundlegenden Arbeitstechniken für einfache Korrekturen von Fotos wie das Bearbeiten bestimmter Bildbereiche oder die gezielte Retusche von Fehlern oder störenden Details. Sie erfahren auch etwas über die Arbeit mit Ebenen, Ebenenmasken, Kanälen und Pfaden. Letztlich führt der Autor Sie sogar in Profi-Themen wie die Erstellung von HDR-Bildern, die Nutzung externer Skript-Plug-ins und die RAW-Entwicklung ein. Dabei wird die erforderliche Theorie so kurz wie möglich gehalten. Alle wichtigen Werkzeuge und Befehle werden präzise beschrieben und zahlreiche praktische Übungen zeigen Ihnen, wie Sie das Gelesene gleich in der Praxis anwenden können.

Der Autor Georg Hornung nimmt eine Einteilung der einzelnen Unterkapitel für Anfänger, Fortgeschrittene und Profis vor, die Ihnen das gezielte Erlernen bestimmter GIMP-Funktionalitäten noch leichter macht. Durch die Video-Tutorials werden Ihnen zusätzlich auch anfangs kompliziert erscheinende Bearbeitungsvarianten schnell klar und Sie können auf diese Weise Ihr Wissen vertiefen.

So erhalten Sie – immer praxisnah mit Beispielen, Übungen und Video-Tutorials belegt – einen umfassenden Einblick in die Möglichkeiten dieses tollen Open-Source-Programms und Sie werden in die Lage versetzt, das Erlernte sofort erfolgreich an den eigenen Bildern anzuwenden.

Probekapitel und Infos erhalten Sie unter:
www.mitp.de/9032

ISBN 978-3-8266-9032-7

Joachim Schlosser
4. Auflage

Wissenschaftliche Arbeiten schreiben mit

LaTeX

Leitfaden für Einsteiger

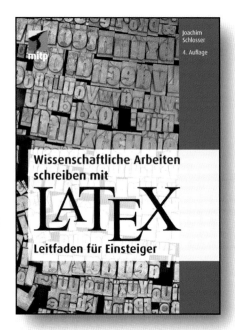

- Schnell zur fertig gesetzten Arbeit – ohne Vorkenntnisse

- Lösungsorientierte und verständliche Beschreibungen

- Von Tabellen und Formeln über Grafiken bis zum Literaturverzeichnis

Das professionelle Setzen von Texten mit LaTeX ist in vielen akademischen Disziplinen Standard. Besitzen Sie keine Vorkenntnisse und wollen sich in kurzer Zeit in LaTeX einarbeiten, um Ihre Arbeit zu verfassen, wird Ihnen dieses Buch eine wertvolle Hilfe sein. Speziell für diese Aufgabe konzipiert, vermittelt es Ihnen genau das praxisorientierte Wissen, das Sie benötigen – ohne überflüssigen Ballast. Anhand vieler Beispiele lernen Sie alles, was Sie brauchen, um eine formvollendete wissenschaftliche Arbeit mit LaTeX zu erstellen.

Dank dieses »Last-Minute-LaTeX-Buches«

kann selbst der unerfahrene Leser eine gut gesetzte wissenschaftliche Arbeit erstellen. Schritt für Schritt wird die Installation beschrieben ebenso wie das Erstellen und Einfügen von Tabellen, Formeln, Abbildungen, Fußnoten, des Literaturverzeichnisses mit biblatex etc. Neben weiteren Themen wie PDF-Erstellung und Druckoptimierung schließt das Buch mit einem umfassenden Kapitel zum Troubleshooting.

Das Buch ist von Anfang bis Ende praxisorientiert und enthält zahlreiche Beispiele, die die Anwendung von LaTeX veranschaulichen.

Probekapitel und Infos erhalten Sie unter:
www.mitp.de/9102

ISBN 978-3-8266-9102-7

Michael Firnkes

Blog Boosting

Marketing | Content | Design | SEO

- Design, Content und Marketing optimieren

- Praxisbeispiele und Insidertipps für mehr Umsatz und Reichweite

- Die Dos und Dont's der Blogosphäre

Bloggen ist im deutschsprachigen Raum längst kein Nischenthema mehr. Auch hierzulande entsteht mehr und mehr die Möglichkeit, mit Weblogs haupt- oder nebenberuflich Geld zu verdienen. Vom privaten Fotoblog bis hin zum umfassenden Online-Portal oder Corporate Blog – jeder Blogger erhofft sich mehr Leser, größere Reichweite, höhere Einnahmen und die Verbreitung seines Themas. Ein professionelles Blog-Marketing wird deshalb immer wichtiger.

In diesem praktischen Ratgeber finden Sie hilfreiche Tipps zum Aufbau und zur Optimierung Ihres Blogs. Autor Michael Firnkes erklärt spezielle Blog-Marketingmaßnahmen, Suchmaschinenoptimierung für Blogs, die Verwendung nützlicher Addons und Plugins und den Einsatz von PR, Eigenwerbung und Kooperationen. So erreichen Sie in Zukunft noch mehr Leser.

Teilweise können Sie schon mit kleinen Veränderungen große Wirkung erzielen. Wussten Sie zum Beispiel, dass ein einfaches Plugin mit Verweisen auf ähnliche Artikel die Besuchszeit auf Ihrem Blog um 60% erhöhen kann? Oder dass die regelmäßige Überprüfung Ihrer alten Affiliate-Texte Ihre Einnahmen um 40% steigern kann?

Alle Maßnahmen sind vielfach praxiserprobt, leicht nachvollziehbar und stammen aus der sechsjährigen Erfahrung des Autors als ProBlogger. Zahlreiche Best-Practice-Ansätze, hilfreiche Insider-Tipps und ein Handlungsplan zur konkreten Umsetzung der Maßnahmen runden dieses Handbuch ab.

Über den Autor:
Nach journalistischer Tätigkeit und diversen Aufgaben im Bereich Marketing bei einem der größten deutschen Internetportale bloggt der Informatiker und Autor Michael Firnkes nun seit sechs Jahren – inzwischen hauptberuflich. Unter www.blogprofis.de gibt er wertvolle Tipps zum professionellen Bloggen.

Probekapitel und Infos erhalten Sie unter:
www.mitp.de/9238

ISBN 978-3-8266-9238-3

Elisabeth Jung   Band I

Java 7

Das Übungsbuch
Über 200 Aufgaben mit vollständigen Lösungen

■ **Trainieren Sie Ihre Java-Kenntnisse**

■ **Learning by Doing anhand praktischer Übungen**

■ **Mit vollständigen und kommentierten Lösungen**

Dieses Buch ist kein Lehrbuch, sondern ein reines Übungsbuch und wendet sich an Leser, die ihre Java-Kenntnisse anhand zahlreicher praktischer Übungen durch „Learning by Doing" vertiefen und festigen möchten. Es ist ideal, um sich auf Prüfungen vorzubereiten oder das praktische Programmieren mit Java zu üben.

Jedes Kapitel enthält zunächst eine kompakte Zusammenfassung des Stoffes, der in den Übungsaufgaben dieses Kapitels verwendet wird. Anschließend haben Sie die Möglichkeit, zwischen Aufgaben in drei verschiedenen Schwierigkeitsstufen – von einfach bis anspruchsvoll – zu wählen. Anhand dieser Aufgaben können Sie Ihr Wissen praktisch testen. Am Ende des Kapitels finden Sie vollständige und kommentierte Musterlösungen.

Es werden folgende Themen abgedeckt:
Die Kapitel 1 bis 3 enthalten Aufgaben zur objektorientierten Programmierung mit Java, in den Kapiteln 4 bis 6 üben Sie die Java-GUI-Programmierung mit AWT und Swing, die Kapitel 7 bis 9 beschäftigen sich mit inneren Klassen, Generics, Reflection und Exceptions. Die wichtigsten Änderungen, die die Versio-

nen 6 und 7 mit sich bringen, werden in den Kapiteln 10 und 11 behandelt.

Nach dem Durcharbeiten des Buches verfügen Sie über fundierte Programmierkenntnisse und einen umfangreichen Fundus an Beispielcode.

Amazon-Leserstimme:
„Beispiellose Beispielreihe.
Prädikat: Sehr empfehlenswert."

Aus dem Inhalt:
· Klassendefinition und Objektinstantiierung
· Java-Standard-Klassen
· Abgeleitete Klassen und Vererbung
· Abstrakte Klassen und Interfaces
· Graphische Programmierung mit AWT und Swing
· Die Architektur Model View Controller (MVC) von Swing-Komponenten
· Innere Klassen
· Generics
· Reflection
· Exceptions und Errors

Probekapitel und Infos erhalten Sie unter:
www.mitp.de/9240

ISBN: 978-3-8266-9240-6

Steven Levy

Google Inside

Wie Google denkt, arbeitet und unser Leben verändert

Nur wenige Unternehmen waren jemals derart erfolgreich wie Google – das Unternehmen, das das Internet verändert hat und zu einem unentbehrlichen Teil unseres Lebens geworden ist. Der erfahrene Technikredakteur Steven Levy erhielt beispiellose Einblicke in das Unternehmen und begleitet den Leser in die Google-Zentrale, um ihm zu zeigen, wie Google arbeitet.

Noch während ihres Studiums in Stanford gelang es den beiden Google-Gründern Larry Page und Sergey Brin, die Internet-Suche zu revolutionieren und daraufhin Milliarden mit Internet-Werbung zu verdienen. Dank dieses Goldesels konnte das Unternehmen enorm expandieren und weitere Projekte wie effizientere Datenzentren, Open-Source-Mobiltelefone, kostenlose Internet-Videos (YouTube), Cloud Computing und die Digitalisierung von Büchern in Angriff nehmen.

Der Schlüssel zu Googles Erfolg in all diesen Bereichen ist, wie Levy enthüllt, ihr technischer Ansatz und ihre Orientierung an Internet-Werten wie Geschwindigkeit, Offenheit, Experimentierfreudigkeit und Risikobereitschaft.

Aber hat Google vielleicht seinen innovativen Schwung verloren? In China ist es böse gescheitert. Levy enthüllt, wie Brin und Co. hinsichtlich der China-Strategie uneins waren und wie Google im Bereich der sozialen Netzwerke nun erstmals erfolgreichen Konkurrenten hinterherhetzt. Kann sich das Unternehmen mit seinem berühmten Motto, nicht böse sein zu wollen, weiterhin im Wettbewerb behaupten?

Kein anderes Buch enthüllte jemals derart viele Google-Interna wie Levys Google Inside.

Probekapitel und Infos erhältst du
unter: **www.mitp.de/9243**

ISBN 978-3-8266-9243-7

Tim Wu

DER
MASTER
SWITCH

AUFSTIEG UND NIEDERGANG
DER MEDIENIMPERIEN

Bei der gegenwärtigen Diskussion um das offene Internet und die Netzneutralität kann man schnell vergessen, dass alle amerikanischen Informationsindustrien – angefangen mit der Telefonie – am Ende in rücksichtslosen Monopolen oder Kartellen aufgegangen sind. Alle unsere medialen Daten werden heute innerhalb eines einzigen Netzwerks fortbewegt. Dies birgt ungeahntes Potenzial für eine zentrale Kontrollausübung darüber, was wir zu hören und zu sehen bekommen. Könnte sich die Geschichte mit der nächsten industriellen Konsolidierung wiederholen? Könnte das Internet von einem einzigen industriellen Monopolisten im Besitz des *Master Switch* beherrscht werden?

Wie Tim Wus mitreißende geschichtliche Darstellung zeigt, war jede neue Medienindustrie des 20. Jahrhunderts – ob Radio, Telefon, Fernsehen oder Film – ursprünglich frei und offen. Sie alle luden zur uneingeschränkten Nutzung und zu unternehmerischen Experimenten ein, bis sich schließlich jemand die absolute Vorherrschaft erkämpfte.

Wu zeigt auf, wie Erfindungen Industrien und Industrien wiederum Imperien hervorbrachten – eine oftmals mit dem Segen der Regierung vollzogene Entwicklung, die typischerweise erdrückende Folgen sowohl für die freie Meinungsäußerung als auch für technische Innovationen nach sich zog. Anhand solcher Entwicklungen ergründet er ein altbewährtes Muster, das auch bei den größten Informationsmächten von heute wie Apple und Google wieder Anwendung findet.

Der Master Switch ist die mitreißende Dokumentation eines Dramas, das nun mit erschreckenden möglichen Auswirkungen seinen Höhepunkt erreicht.

Probekapitel und Infos erhältst du
unter: **www.mitp.de/9166**

ISBN 978-3-8266-9166-9

Dirk Chung, Robert Agular,
Thomas Kobert

HTML
GE-PACKT

4. Auflage

- Schnelles und effektives
  Nachschlagen aller HTML-Befehle
- Inklusive einer CSS-Referenz
- Einbinden von Multimedia-
  Elementen und Skripten

Mit dieser kompakten Referenz erhalten Sie alle Informationen, die Sie brauchen, um mit HTML Ihre Webseiten zu erstellen. Zusätzlich gibt es eine Referenz zu CSS für alle, die ihre Webseiten mit Cascading Style Sheets aufwerten wollen.

Im zweiten Teil des Buches finden Sie viele wertvolle Tipps und Hilfen für die praktische Umsetzung und die Erweiterung Ihrer Webseite wie das Einbinden von Skripten und Multimedia-Elementen. Ein weiterer Teil befasst sich mit den Themen Testphase, Providerauswahl, Suchmaschinenoptimierung und Barrierefreiheit und bietet zugleich eine Übersicht über verschiedene hilfreiche Tools, die Sie z.T. kostenlos aus dem Internet beziehen können.

Für die tägliche Praxis ist dieses Buch ein wertvoller Ratgeber.

Probekapitel und Infos erhalten Sie unter:
www.mitp.de/9026

ISBN 978-3-8266-9026-6

Bleiben Sie in Kontakt.

www.mitp.de

Hier finden Sie alle unsere Bücher, kostenlose Leseproben
und ergänzendes Material zum Download.

Auf Twitter, Google+ und Facebook erfahren Sie Neues
aus dem Verlag und zu unseren Produkten.

www.twitter.com/mitp_verlag   plus.google.com/112909657010310891049   www.facebook.com/mitp.verlag